JN437996

80세 할아버지가
손자들에게 들려주는

가을 낙엽의 이야기

가을 낙엽의 이야기

초판 인쇄 ● 2018년 01월 03일
초판 발행 ● 2018년 01월 05일

지 은 이 ● 김경식
펴 낸 이 ● 한인배
편 집 처 ● 도서출판 길동무
발 행 처 ● 도서출판 한림당
주 소 : 14099 경기도 안양시 동안구 동안로 6, 505-504호
전 화 : 010 6537 6869
E-mail : hanlimdang13@naver.com
등 록 ● 300-2011-46

ISBN 978-89-97766-66-6 13320
정가 15,000원

온 가정에 비치하고 읽어야 할 책!

80세 할아버지가
손자들에게 들려주는

가을 낙엽의 이야기

김경식 씀

길동무

프롤로그

숲길에서

바람이 분다. 차가운 바람이다. 겨울이 다가오는 늦가을 아침의 숲길은 온통 나뭇잎 세상이다. 우수수 떨어지는 잎들, 땅에 누워 두런두런 이야기를 나누는 잎들 ….

나는 지금 이들 나뭇잎들의 세상을 걸어 산길을 오르고 있다. 어디서 나직한 소리가 들린다. 가지 끝에 매달려 있는 잎이 흔들리고 있다. 이야기를 하고 있다.

따사로웠던 햇님의 손길이 차가워지고, 같이 노래하고 춤추던 바람은 매정해졌네요. 손잡고 오래오래 살자던 나뭇가지는 이별을 말합니다.

시간이 등을 두드립니다. 이제 떠날 시간이 되었다고 하네요.

흘러간 세월이 아쉽네요. 돌아보면 나에게도 좋은 시절이 있었답니다.

희망의 꿈에 부풀던 봄날, 모든 것은 축복이었지요. 햇빛은 따사로웠고 바람은 향기로웠으며 새들의 노래는 즐거웠지요.

무더운 여름에는 땀을 흘리며 열심히 일했답니다. 햇님, 비님, 바람님 등의 도움을 받으며 식구들을 먹이고 키워냈어요.

나무는 더 커졌고 열매도 풍성하여 삶의 보람을 느끼며 행복했습니다.

우리를 좋아하는 친구도 많았습니다. 온갖 곤충들이 모여들고 새들은 즐거워했지요. 사람들은 우리가 없으면 살 수 없다고 하면서 고마워했습니다.

참으로 보람을 느끼며 살았지만 좋은 날만 있었던 건 아니에요.

황사와 미세먼지 때문에 숨통이 막혀 헐떡거릴 때도 있었고 비가 안 와 목마른 날도 많았지요. 천둥 번개 치고 비바람이 몰아치는 날은 무서워서 벌벌 떨었고 친구들을 잃고는 얼마나 슬펐는지 몰라요.

살아오면서 고난과 시련도 많았지만 즐겁고 행복한 날도 있었지요.

태풍이 지나간 날밤 하늘의 별님들과 사랑을 속삭이고 달님이 불러주는 자장가를 들으며 꿈나라를 헤매기도 했답니다.

찬바람이 더 거세어지는군요. 파란만장한 삶을 정리할 때가 되었나 봅니다. 눈에 보이지 않은 시간 앞에 우리는 너무나 허약한 존재니까요.

그동안 많은 도움과 가르침을 주셨던 분들께 감사의 말씀을 전합니다.

이제 저는 낙엽이 되어 저를 키워준 뿌리가 있는 땅으로 돌아갑니다.

거기서 해야 할 일이 남아 있습니다.

추운 겨울 다음 세대의 씨앗들이 추위에 떨지 않게 보살피고 새봄을

프롤로그

준비하도록 도와주려고 합니다. 긴긴 겨울밤 내가 살아온 이야기, 보고 듣고 배우고 느끼고 깨닫고 후회하고 다짐했던 이야기들을 들려주려고 합니다.

아마 쓸데없는 잔소리로 들릴지도 모르지요. 그래도 알 수 있나요?

내 이야기의 어느 마디가 더운 여름날 그늘을 던져 주는 한 조각의 구름이 되고, 때로는 가슴 답답하고 숨이 막힐 때 한 잔의 냉수가 되거나 한 가닥의 위로가 될 수 있을런지 ….

그리고는 서서히 썩어가 다음 세대를 위한 한줌의 거름이 되려고 합니다.

날씨가 더욱 쌀쌀해졌습니다. 여러분 건강하세요. 그동안 고마웠습니다. 그리고 사랑합니다. 아! 바람이 불어오네요. 안녕.

나뭇잎이 내 얼굴을 스치며 땅으로 떨어진다. 꿈속에서 깨어난 기분이다. 주위를 둘러본다. 낙엽이 산길을 굴러 가고 있다.

나뭇잎의 이야기! 낙엽의 마음이 내 마음으로 흐른다.

나의 인생도 늦가을에 접어들었다. 나뭇잎처럼 떨어질 것이다. 내가 할 일을 생각해 본다.

김경식 씀

이야기 차례

이야기 차례

숲길 단상

이야기 차례

미래를 향한 소망

회상

제주해협 위의 삶과 죽음

'세 살배기 시리아 난민 아기가 터키 해변에서 숨진 채 발견되었다. 빨간 티셔츠에 푸른색 반바지 차림의 꼬마는 바다 쪽으로 머리를 두고 모래밭에 코를 박고 있었다. 일행 23명이 그리스로 가다가 터키 해변에서 배가 뒤집혔고 12명이 죽었다. 해변 아이의 다섯 살 형도 죽었다.'

2015년 10월 18일자 신문기사이다.

이 기사를 읽으며 나도 70여 년 전 이 아이처럼 어느 해변가에 시체로 떠올랐을 수도 있었다는 생각이 머리를 스치며 그 때의 장면이 파노라마처럼 눈앞에 펼쳐졌다.

1944년 8월 하순의 어느 날 오후 6시가 지날 무렵 제주 산지 항을 떠난 일본 군함 한 척이 목포를 향해 제주해협을 항해하고 있었다. 우리 식구 4명이 타고 있던 배였다.

승선의 설렘을 가라앉히고 갑판 위에 임시로 설치된 천막 아래 앉거나 누워 있을 때 갑자기 울려 퍼지는 공습경보인 사이렌 소리와 이어서 터지는 총소리에 놀란 어머니는 한 집안의 6대 종손이요 4년 10개월 된 외아들을 품에 안고 당신의 몸을 방패 삼아 엎드렸다. 날아드는 독수리에 맞서 병아리를 날개 속에 숨기고 지키려는 어미 닭의 모습이었다.

비행기에서 내리쏘는 총탄과 배에서 쏘아 올리는 해공전의 치열함이 계속되는 가운데 오직 천막 한 장의 가리개 속에서는 아들을 살리려는 어머니의 간절한 소망을 담은 관세음보살을 애타게 찾는 낮은 외침만이 총포 소리에 섞여 흐르고 있었다.

사방이 조용해지고 공습이 지나갔음이 알려지자 어머니는 나를 품속에서 내려놓으셨다. 어머니 얼굴을 올려다보았더니 땀과 눈물로 범벅이 된 채 눈을 감고 '나무아미타불 관세음보살'을 읊조리고 계셨다.

얼마의 시간이 흐른 후 누나들을 따라 천막 밖으로 나갔다. 마침 서쪽 하늘에는 고운 노을 속에 하루의 해가 바다 속으로 가라앉고 있었다. 배는 선체 여기저기에 많은 상처를 남겼지만 운항에는 지장이 없는지 잔잔한 바다 위를 전속력으로 달렸다. 시원한 바닷바람에 살아 있음을 느끼고 있을 때 멀리서 "사람 살려! "하는 소리가 들려 왔다. 사람들은 또 무슨 일이 벌어졌나 하고 사방을 둘러보았다. 저녁노을이 붉게 물들인 바다 위에서 사람들이 허우적거리는 모습이 희미하게 보이기 시작했다. 그리고 한 척의 큰 배가 바다 속으로 기울어져 있었다.

나중에 알게 된 사실이지만 전날 산지 항을 출항한 배가 미군기의 공습으로 침몰했다는 것이었다.

"아이고, 우리가 저 배를 탔다면 죽었을 텐데, 관세음보살" 하며 어머니께서 누나들을 보며 안도의 한숨을 섞어 하신 말씀이다.

배는 구조 요청을 무시하고 항해를 계속했다. 그들을 구조하려고 시간을 지체하다 다시 공습을 받을 수 있기 때문이라고 하였다.

어째, 시작하는 이야기가 살벌하고 으스스하여 전쟁 영화의 한 장면 같다고 생각할 것이나. 그렇다. 이 전쟁 장면이 나의 삶의 기억 노트에 기록되고 각인되어 있는 첫 사건이다.

여기서 이 장면의 배경을 이해하려면 세계사의 샛길로 빠져야 할 것 같다. 너희들이 학교에서 배운 바와 같이 일본은 1910년 우리나라를 그들의 식민지로 합방한 후 1931년 만주사변을 일으켜 만주를 점령한 후 1937년 중국으로 쳐들어가 중·일 전쟁을 일으켰다. 일본은 중국과 싸우면서 미국, 영국 등 외국인이 살고 있는 개방도시와 외국 선박이 출입하는 개방항구를 폭격하여 외국인 선박을 격침시키고 외국인 학교 병원 교회 등을 파괴하였다.

미국은 일본의 중국 침략을 중지하고 군대를 철수하라고 요구하였다. 그러나 일본은 이를 무시하고 1939년 9월 1일 폴란드를 침공하면서 제2차 세계대전을 일으킨 독일 및 이탈리아와 함께 3국동맹을 체결하고 동남아시아로 침략의 야욕을 확대하였다.

이에 미국은 동남아에 식민지를 갖고 있던 영국, 네덜란드와 함께 석유를 비롯한 전쟁물자의 대일본 수출을 전면 금지하였다. 전쟁물자의 부족 등으로 궁지에 몰린 일본은 1941년 12월 7일 미국의 해군기지인 하와이의 진주만을 기습 공격하여 막대한 피해를 미국에 안겼다. 이른바 태평양전쟁이 시작된 것이다.

일본의 갑작스런 공격에 휘청대던 미국은 "진주만을 잊지 말라!" (Remember Pearl Habor!) 라는 구호 아래 전시 비상사태에 들어가 전쟁 승리를 위해 총력을 기울이기 시작했다. 1942년 6월 태평양 가운데 있는 미드웨이 해전에서 일본의 항공모함 함대를 대파하여 제해권과 제공권을 장악하기 시작한 미국은 8월, 남태평양 솔로몬제도의 과달카날을 기점으로 태평양의 섬들을 하나하나 탈환하면서 북상하였다.

1944년 초에는 마셜제도, 6월에는 사이판 등을 점령하여 일본 본토와의 거리를 좁혀 나갔다. 위기에 몰린 일본은 본토와 가까운 오끼나와와 제주도 등지에 군사기지를 건설하여 점점 좁혀 오는 미국의 공격을 중간에서 차단하려고 하였다. 그래서 제주도에 군용 비행장을 만들고 제주 해안을 따라 오름(기생화산)에 굴을 파서 대공 포대를 건설하는 등 방어와 공격 시설을 갖추어 나가고 있었다. 이러한 일본의 의도를 저지하기 위해 미국은 제주도의 군사시설에 대한 공중 공격을 시작하고 군수물자와 병력의 이동을 막는 작전의 일환으로 제주의 산지 항을 드나드는 선박을 공격하게 된 것이다.

여기까지 이야기하면 그 당시 제주해협에서 해공전이 벌어진 사연을 이해할 수 있을 것이다.

이번에는 왜 그 위험한 일본 군함에 타서 생사의 고비를 넘겼느냐 하는 점이 궁금할 것이다. 당시 아버지는 토목기사로서 서울에 있는 회사에서 근무하고 있었다. 전쟁 상황이 점점 악화되자 아버지와 함께 살던 가족들은 고향인 제주가 안전할 것이라 생각하고 제주도에 내려가 있었다. 그러나 오히려 제주도에 대한 미군의 공격이 심해지자 아버지께서는 우리를 서울로 다시 불렀다.

서울로 가는 길은 험난하였다. 전쟁이 한창 때라서 제주와 육지를 연결하여 사람과 화물을 수송하는 배는 민간 소유의 배도 있었지만 주로 군함이었다. 그래서 우리 가족은 어렵사리 일본 군함을 타게 된 것이며 삶과 죽음을 갈라놓은 것은 일본군의 군사력도 미군의 자비심도 아닌 개역(제주사투리 : 보리로 만든 미숫가루)이었다. 보리를 볶아 빻은 가루가 무슨 요술을 부린 것이 아니라 그것을 만드느라 시간이 걸려 하루 전날 타기로 예정된 배를(침몰된 배) 간발의 차이로 타지 못하는 바람에 어쩔 수 없이 다음날 떠나는 배를 타게 된 것이다. 불운이라 생각된 것이 복이 된 이른바 전화위복이었다.

우리 가족의 목숨을 살린 개역은 비상식량이며 간편식이고 간식거리로 예부터 쌀이나 보리 등 곡식을 볶아 가루로 만들어 여행할 때 가지고 다니며 먹었다. 부피가 작고 가벼워서 휴대하기에 편하며, 물만 있으면 그릇에 부어 섞어 마시면 배고픔과 목마름을 해결할 수 있었다

피난길에 오르는 우리 가족도 서울까지 가는데 며칠이 걸릴지 모르는 상황에서 비상식량을 준비하는 것은 당연한 일이었다. 그런데 이 개역을 만드는 일이 보통 시간이 걸리는 것이 아니었다. 잘 말린 보리를 가마솥 뚜껑을 불판으로 하여 볶으려면 상당한 시간이 소요되며, 볶아낸 보리는 맷돌에서 갈았다.

너희들은 상상할 수 없는 일이다만 더운 여름날 부엌에서 짚으로 불을 때며, 한 줌 한 줌 볶은 후 다시 한 줌씩 맷돌로 갈아 가루로 만들었다. 집을 떠나면서 우리 가족만 먹을 것을 만들 수 없어 친가, 외가의 할아버지 할머니에게 드릴 몫까지 만드느라 시간이 많이 걸린 데다 피난 보따리를 짊어지고 여름날 대낮에 8km 정도를 걸어서 산지 항까지 가느라 시간이 지체될 수 밖에 없었다.

기진맥진 산지 항에 도착했을 때 타기로 예정된 배는 고동소리의 여운을 남기며 항구를 떠나고 있었다. 땀과 먼지로 뒤범벅이 된 몰골로 우리 식구는 그냥 땅바닥에 주저앉아 멀리 사라지는 배를 하염없이 바라볼 수밖에 없었다. 그러나 넋을 잃고 앉아 있을 수만은 없는 어머니는 여기저기를 알아보시더니 다음날 군함 한 척이 떠난다는 것을 알고 어렵게 수속을 마쳤다. 우리 식구는 다음 날에 대비해 산지 항 근처에 사시는 친척 집에서 신세를 지고 다음날 출항하는 일본 군함에 승선함으로서 죽지 않고 살았던 것이다.

삶과 죽음을 생각해 본다. 내가 그때 어느 해변의 소년이 되었다면 이런 이야기를 너희들에게 할 수 없다. 동시에 나의 이야기를 들어 줄 너희들도 있을 수 없다. 삶과 죽음의 갈림길이 된 제주해협 위의 그 때를 그래서 잊지 못하는 것이다.

서울에서 맞이한 해방

천신만고(千辛萬苦)라는 말이 있다. 천 가지 신맛과 만 가지 고통 즉 온갖 종류의 어려움을 일컫는 말이다. 집 떠나면 고생이라고 하지만 서울 가는 길은 너무나 고생이 많았다.

미군기의 공습에서 살아난 배는 목포 항에 도착하여 우리를 내려놓았다. 바다 위에서 죽음을 면한 사실에 안도하면서도 불안한 마음을 안고 기차역을 찾았다. 어린 나의 기억에는 시멘트 바닥 위에서 잠을 자고 무엇인가 먹던 일등 단편적인 것들뿐이나 나중에 들은 바에 의하면 역 주변에서 5~6일을 헤매었다고 한다.

너희들도 짐작하겠지만 전쟁 중인 그 당시에 기차는 군인과 전쟁 물자를 운송하는 주요 수단이었기 때문에 공습의 목표물이 되었다. 이로 인해 기차 운행은 비정규적이었으며 운행 횟수도 적었을 것이다. 따라서 어머니와 아이들뿐인 우리 가족이 기차를 얻어 탄다는 것은 어려운 일이었다. 고향 출신이 산다는 집을 수소문하여 찾아가거나 역사 구석에서 모기에 뜯기고 새우잠을 자며 지내다가 겨우 열차에 몸을 실을 수 있었다.

기차를 타고 나서도 어려움은 계속되었다. 기차가 달리다가 공습경보와 함께 아무 데나 멈추어 서면 사람들은 뛰어내려 논두렁이나 밭두렁 등 몸을 가릴 만한 곳을 찾아 엎드렸다. 어린 나도 밭두렁 밑에 엎드려 곁눈질로 비행기가 날아가는 것을 살피던 기억이 생생하다. 오늘날이야 제주에서 김

포공항까지 1시간 남짓이면 갈 수 있고 목포에서 서울역까지 두세 시간이면 충분한 거리인데 그 때 집을 떠나 서울까지 가는데 정확히 며칠이 걸렸는지 나는 모른다.

이 이야기를 하면서 다시 생각해 보아도 그 당시의 상황은 참으로 어려웠다.

전쟁을 일으킨 것은 일본이고 상대는 미국 등 연합국인데 불쌍한 우리나라의 민초들이 그런 고생을 해야 했으니 말이다. 약소민족의 비애요, 나라를 잃은 국민이 당해야 하는 고통이었다.

일제의 압제에서 우리 민족이 당한 고통은 이루 말할 수 없었다. 태평양 전쟁을 일으킨 일본은 한반도를 군수물자 조달을 위한 병참기지로 만드는 한편 그들의 부족한 식량을 보충하기 위하여 배급제를 실시하여 식량 소비를 억제하고 애써 지은 농산물을 공출이라는 이름으로 빼앗아 갔다. 뿐만 아니라 전쟁 무기를 만들기 위해 농기구 식기 제사용 그릇, 심지어는 사찰이나 교회의 종까지도 징발하였다.

부족한 인력을 보충하려고 20여 만 명의 젊은이와 4~5천 명의 학생들을 강제 동원하여 전쟁터로 보내고 백만 명이 넘는 청장년을 강제 동원하여 일본 중국 사할린과 태평양의 여러 섬에 보내 지하 탄광의 막장, 비행장 건설, 군수 공장 등에서 노예처럼 일을 시키다 공사가 끝나면 군사기밀 유지를 이유로 무자비하게 학살하기도 하였다.

어린 학생과 여성들도 예외는 아니었다. 일본은 초등학생까지 근로동원이라 하여 비행장 등 군사시설 건설과 토목공사 등에 동원하였으며 여성들은 근로 보국대라 하여 각종 공사에 동원하여 노동력을 착취하였다.

더욱이 젊은 여성들을 정신대라는 이름으로 징발하여 일본군의 성노예로 삼는 천인공노할 비인도적 만행을 저지르고 있었다.

아시아 민족이 다 함께 힘을 합쳐 서양 오랑케를 무찌르고 아시아인이 모두 잘 사는 세상을 만들자고 선전하며 일으킨 이른바 대동아(大同亞) 전쟁은 1945년 8월 6일과 9일 히로시마와 나가사키에 떨어진 원자탄과 함께 끝이 났다.

1945년 8월 15일 정오, 일본인들이 살아있는 신이라고 떠받들던 천황이 연합국에게 무조건 항복한다는 소리가 라디오 방송 전파를 타고 흘러 나왔다.

그때 우리는 서울 노량진에 살고 있었다. 16일인지 17일인지 확실치 않지만 나의 기억 속에 남아 있는 영상은 거리에 넘치는 태극기 물결이었다. 달리는 트럭과 전차마다 태극기로 덮였고 거리에 나온 사람들은 손에 손에 태극기를 흔들고 있었다.

그리고 어느 학교에서는 일본의 민족 신을 모시는 사당을 사람들이 망치로 때려 부수고 있었다. '왜 해방의 기쁨을 누려야 할 때에 벽돌로 지은 집을 때려 부숴야 했을까' 하고 의아하게 생각될 것이다.

일본 제국주의자들은 우리 한민족의 민족정신을 말살하고 전쟁수행에 동원하기 위해 내선일체(內鮮一體 : 일본과 조선은 한 몸과 같음)라는 허울 좋은 명분을 내세워 한국인도 일본 천황의 백성이라는 황민화(皇民化) 정책을 추진하였다. 뿐만 아니라 동조동근론(同祖同根論) 즉 한민족과 일본민족은 한 조상 한 뿌리에서 나왔다고 주장하며 일본인의 민족 신을 모시는 사당을 학교 교정이나 공공시설에 건립하여 아침저녁으로 예배하게 하였다. 남의 조상 그것도 민족의 원수인 그들의 조상에게 제사를 지내도록 강요당했넌 설움이 얼마나 뼈에 사무쳤으면 해방의 소식이 전해짐과 동시에 신사를 때려 부숴야 했는지, 당시를 살았던 조상들의 심정을 너희들이 이해할 수 있을런지 모르겠다.

그런데 너희들이 표정이 좀 이상하다. 지금까지의 이야기가 전부 역사 교과서에 나오는 이야기라고 생각하는 것 같구나. 그렇다. 역사 이야기이기도 하다. 나는 그러한 역사의 격동기에 어린 시절을 살았다. 개인의 삶은 국가와 사회의 전체적인 움직임과 역사 속에서 이루어지는 것이다.

개인이 잘 살려면 국가가 잘 살아야 하고 내가 떳떳하려면 떳떳한 국가가 있어야 한다. 개인의 운명은 국가의 운명 속에서 결정된다. 역사를 의식하고 국가의 의미를 생각하며 사는 게 나를 위한 삶이라는 것을 잊어서는 안 될 것이다.

내가 겪은 4 · 3사건

이념 대립

해방 후 우리 가족은 어머니의 병환 때문에 고향으로 이사를 하였다. 다행히 어머니는 병원에 입원하여 치료가 됨으로써 오랜만에 온 가족이 안정과 여유를 갖게 되었다.

아버지는 미 군정하의 제주도에 근무하시게 되어 아침이면 자전거를 타고 출근하시고 누나들은 학교로, 나는 서당으로 가서 천자문을 공부하였다. 게다가 동생이 태어나 집안에는 웃음소리가 퍼졌다.

그러나 이런 평화스러운 모습도 오래가지 않았다. 동네 청년 3~4명이 찾아와 아버지와 얘기를 나누다 돌아가곤 하였다. 아버지의 수심은 깊어지고 집안 분위기는 점점 어두워지기 시작하였다. 그 청년들은 남로당원이었고 아버지에게 하는 말은 "미 군정에 협조하지 말라" "당장 제주도청에 다니는 것을 그만 둬라" "그렇지 않으면 가만두지 않겠다" 대강 이런 이야기였다고 하였다.

이념 대립의 검은 그림자가 우리 집까지 침투해 들어온 것이다. 이때의 이념 대립은 소련의 공산주의와 미국의 민주주의의 대립이다. 해방 후 북위 38도 선을 경계로 남과 북에 미군과 소련군이 진주하여 각각 자국의 체제를 따르는 정치체제의 구축을 추진하였다. 이에 따라 남한에서는 좌익과 우익의 대립과 갈등이 격화되었다. 여기에서 좌익이란 공산주의 내지 사회주의를 추구하는 자들이다.

공산주의란 노동자 농민이 국가 사회의 주체가 되어 필요한 만큼 일하고 필요한 만큼 나누어 씀으로써 빈부의 격차를 불러오는 사유재산 제도와 자본주의의 폐해를 극복하려는 매우 달콤한 사상이다. 19세기 중반 칼 막스에 의해 창도된 이 사상은 1917년 레닌이 이끄는 볼세비키가 로마노프 전제 왕정을 무너뜨리고 공산 정권을 수립하는 러시아혁명을 일으키면서 현실적인 정치 권력으로 등장하였다.

공산혁명의 주도자들은 러시아의 공산주의를 지키고 확산시키기 위해 국제 공산주의 운동을 조직하고 세계 각국의 약소민족의 독립을 지원한다는 명분으로 공산주의 이념과 실천 활동을 전파하였다.

우리나라에도 3·1 독립만세운동 후 공산주의자들이 민족 해방과 계급 해방을 내세워 독립운동에 참여하였으며 1926년 조선공산당이 창립되는 등 일찍부터 공산주의 활동이 전개되었다. 일제의 탄압으로 지하에서 활동하던 그들은 해방 후 다시 전면에 나서 미 군정하에서 민족주의자, 자본주의 민주주의를 지향하는 우익들과 대립하면서 미 군정에 저항하였다.

또한 중도 좌파를 자처하는 여운형이 해방 전후에 조직하였던 건국준비위원회를 조선인민공화국으로 개편하여 독립국가의 수립을 지향하다 미군정의 반대로 해산되었다. 이들 조직의 주요 구성원 또한 공산주의자들이였다.

제주도에도 자연히 이들 조직에 참여한 공산주의자들이 많았으며 더욱이 남로당(조선 공산당과 인민당이 통합 결성)이 창립되고 1946년 2월 김일성이 이끄는 북 조선 인민위원회가 실질적으로 북한을 지배하면서 이들의 활동이 조직화되고 활발해지는데 영향을 미쳤을 것이다.

4·3 사건 전야

시골인 우리 마을에도 남로당원이 꽤 여러 명 있었다. 당시에는 초등학교만 졸업해도 공산주의에 대해 아는 듯이 말하는 사람이 많았다. 해방 전 학교 선생님들 중에는 공산주의를 신봉하는 자가 있어 그 사상을 학생들에게 침투시켰기 때문이었다.

남로당원의 활동이 활발해지면서 경찰과 서북청년단원(해방 후 소련과 김일성이 북한 사회를 지배하면서 기득권 세력으로 몰리자 탄압을 피해 남하한 사람들이 1946년 10월 결성한 극우 반공 단체)들이 남로당원과 이들에 협조한 자를 검거하고 구속하여 고문하는 일들이 벌어졌다.

좌익은 경찰관과 그 가족을 테러하고 우익은 좌익을 잡아 가두는 일이 한 마을에서 벌어졌고 친족들 중에도 좌우익이 공존하고 있었다. 마을 공회당 옆의 깃대에는 밤에는 인공기, 낮에는 태극기가 바뀌며 내걸렸다. 외삼촌 한 분은 경찰에 의해 살해되었고 친족 한 분은 경찰의 추격을 피해 일본으로 밀항하였고 또 한분은 우리 마을 남로당 세포위원장이었다.

그분은 몇 번이나 우리 집에 와 숨어 지냈다. 하루는 그 분이 경찰이나 이상한 사람이 오는가 망을 보라하여 망을 본 적도 있다.

4·3 사건 발생

적과 동지를 구분할 수 없는 대립과 갈등이 격화되는 가운데 1948년 4월 3일 남로당 무장대원들이 도내 12개 경찰지서와 우익 인사들을 무장 공격하면서 4·3 사건이라는 비극이 표면화 되었다. 그들이 내건 명분은 단선

(單選 : 남한만의 단독 선거)과 단정(單政 : 남한 단독 정부) 반대였다. 여기서 단선, 단정을 설명하려면 다시 샛길로 빠져야 한다.

1945년 12월 2차 세계대전에서 승리한 연합국인 미국, 영국, 소련 외무장관들이 모여 회의를 하였다. 이른바 모스크바 3상회의이다. 이 회의에서 전쟁 후의 세계질서에 대한 논의와 함께 한반도 문제에 대해서도 논의되었는데 그 요점은

"한반도에 한국인으로 구성되는 임시정부를 수립하여 미국, 영국, 소련, 중국의 감독과 후견을 받으면서 5년간 신탁통치를 한 후에 총선거를 실시하여 독립 정부를 수립한다. 임시정부의 수립과 신탁통치의 조건은 미·소 공동위원회가 한국의 민주적인 정당 사회 단체등과 협의한다." 였다.

3상회의 결과가 알려지자 국내에서는 찬탁(신탁통치 지지 : 좌익)과 반탁(당장 독립정부 수립 : 우익)을 둘러싼 대립이 격화되는 가운데 두 차례의 미·소 공동위원회가 열렸다.(1946.3.20~5.6, 1947.5.21~10.21) 그러나 아무런 합의도 끌어내지 못하였다.

주요 쟁점은 임시정부 수립에 참가할 정당 사회단체의 범위를 둘러싸고 소련은 모스크바 3상회의 결정에 동의하는(찬탁) 정당 사회단체에만 자격을 주자고 하는데 반해, 미국은 반탁운동도 자유로운 의사 표현의 한 방법이므로 참가를 통제하는 것은 부당하다고 주장하면서, 서로 자기 나라의 체제를 지지하는 세력을 옹호하려 하였다.

미 소간의 합의가 불가능해지자 미국은 소련의 반대를 무릅쓰고 한반도 문제를 유엔이 결정하도록 이관하였다. 유엔은 인구 비례에 의한 총선거안을 결정하고 선거 감시위원단을 한국에 파견하였으나 소련은 유엔 한국위원단이 38선 이북으로 들어가지 못하게 막고 총선거 시행도 반대하였다. 남한에서도 김구, 김규식 등은 남북 전지역에서 총선거 실시를 주장하는

반면 이승만 등은 우선 선거가 가능한 남한지역에서만 선거를 하여 독립 정부를 수립한 후 점진적으로 통일을 이루자고 하여 통합된 의견을 얻을 수 없었다.

그러자 유엔은 다시 가능한 지역에서의 총선거 실시를 결의(1948.2.26)함으로서 남한 지역에서의 선거가 결정되었다. 이에 따라 남로당 등 좌익 계열은 남한 지역 단독 선거(단선)와 단독 정부 수립(단정)을 반대하였으며 남로당 제주도당 에서는 이를 4·3사건을 일으키는 명분으로 내건 것이다.

설명이 길어졌다만 4·3사건을 아는데 매우 중요한 요인이다.

5·10선거 반대 투쟁

단독 선거 반대는 주장으로만 끝난 것이 아니라 실제 선거 방해 공작으로 전개되었다. 1948년 5·10선거 전날 밤 우리 마을 주민들은 남로당원들의 공갈 협박에 못 이겨 집을 나와 그들이 지시하는 대로 한라산 쪽으로 집단 이동하기 시작하였다. 다음날 있을 선거에서 투표장에 나가지 못 하도록 원천적으로 차단시키려는 공작이었다. 우리 가족은 나이 많은 할아버지 할머니를 비롯하여 아버지 어머니 누나 세 명과 갓 태어난 동생 그리고 나 아홉명이 일행이 되었다. 경찰의 눈에 띄지 않게 우마차도 다니지 못하는 좁은 길을 허리를 숙이고 반은 기어가듯 숨을 죽이고 걸었다. 비가 내렸다. 돌에 채이고 미끄러져 넘어지면서도 아프다는 소리 한마디 못하고 공포에 떨며 걸었다.

몇 시간 후에 도착한 곳은 중산간 마을의 초등학교였다. 여기저기서 윽박지르는 고함소리, 때리고 신음하는 소리가 들렸다. 끌려온 사람 중에 우익 성향으로 의심되는 사람이나 자기들 노선에 비협조자라고 지목되는 사람을 따로 불러내어 고문을 자행하는 것이었다.

소떼처럼 끌려가는 우리 동네 주민들은 다시 한라산 쪽으로 더 올라가라는 그들의 지시에 따라 또 빗속을 걸었다. 우리 마을에서 약 6km 떨어진 조그만 산간 마을에서 선거일인 5월 10일을 넘기고 다음 날 다시 경찰의 눈을 피하면서 살금살금 도둑고양이처럼 집으로 돌아왔다.

5·10선거에 전국 200개 선거구 중 제주도의 2개 선거구를 제외한 198개 선거구에서 95.5%의 유권자가 투표에 참여하였으나, 우리 마을 어른들은 투표를 하지 못하였다.

선거에서 당선된 국회의원들로 구성된 제헌국회에서 헌법이 제정되고 그 헌법에 따라 대통령과 부통령이 선출됨으로서 1948년 8월 15일 대한민국이 건국되었다.

우리 정부가 수립되고 북한에도 공산정권이 세워짐에(1948.9.9) 따라 무장대원은 한라산을 거점으로 하여 강력한 무장투쟁을 전개하기 시작하였다.

폭도들의 습격

정부의 강경 진압에 궁지로 몰린 무장 세력은 경찰과 대치하면서 주민들에 대해서도 포악한 행동을 서슴치 않았다. 주민들은 그들을 폭도라고 불렀다.

1949년 1월 3일 폭도들은 우리 마을을 습격하여 주민들을 학살하고 민가를 불태웠을 뿐만 아니라 학생들의 배움터인 학교를 불태우고 교장선생님 마저 살해하였다.

아버지도 그때 살해되었다. 아버지는 계엄령이 선포된 후 직장에서 가까운 시내에 거처하시다가 집에 들르셨다. 마을 주민들은 폭도들의 습격에 대비하기 위한 자율 민간조직인 민보단(民保團)을 조직하여 밤이면 교대로 마을을 지키고 있었다. 아버지께서는 밤마다 고생하시는 동네 분들과 하루 밤이라도 같이 지내기 위해 민보단 사무실에 가서 밤을 새고 계셨다. 폭도들은 국군 복장을 하고 들어와 죽창과 철창으로 민보단원들을 찌르고 집에 불을 놓았다.

아버지는 그들의 창에 가슴과 옆구리에 찔려 중상을 입었으나 마지막 힘을 내어 불타는 집에서 기어 나오셨다. 폭도들이 물러가고 한참 후에야 길가에서 발견되어 집으로 모셨으나 곧 운명하셨다.

민심은 흉흉해졌다. 폭도들의 재침입에 대비해 마을에서는 성벽을 쌓아 폭도들의 습격을 막으려 하였다. 높이 2m, 폭 1m 정도의 돌 성벽으로 마을 주위를 둘러싸고 성담 안에는 대나무 끝을 창처럼 뾰족하게 깎아 폭 1.5m 정도의 땅에 촘촘히 박아 성벽을 뛰어 넘어오지 못하게 하였다. 그리고 마을을 드나드는 길목에는 문을 만들어 세우고 주민들이 교대로 지켰다.

이러한 노력에도 불구하고 폭도들의 습격은 계속되었다. 아버지가 돌아가신 몇 개월 후 어느 날 밤, 한밤중에 총소리에 놀라신 어머니가 잠자고 있는 식구들을 깨웠다. 일어나 밖으로 뛰쳐나가 사방을 둘러보니 이곳저곳에서 불길이 솟아오르고 사람들이 울타리 담을 허물며 우리 집으로 달려들었다. 얼른 집 뒤 돌담 밑에 가서 숨자마자 폭도들이 부엌, 고방(쌀 등을 보관하는 곳), 방 등을 뒤지며 식량과 기타 쓸만한 물건을 챙기고 나가면서 들고 있는 횃불을 초가 지붕 위로 던졌다.

바로 눈앞에서 집이 타들어 가는데도 폭도들이 다시 들어올지 몰라 애타는 가슴만 안고 숨죽이고 바라볼 수밖에 없었다. 집과 재산은 한줌의 재로 사라졌다.

폭도들은 사람을 살상하고 쌀과 옷 등은 물론 소나 말까지 끌고 가는 것도 부족하였는지 집마저 불을 질렀다. 그들이 지나간 곳은 폐허처럼 변하였고 피해를 당한 사람들의 마음 속에는 원한이 쌓여 갔다.

하루는 길거리에서 사람들의 고함 소리가 들려 무슨 일인가 하여 나가 보았더니 초췌한 모습의 폭도 5명이 밧줄에 묶여 일렬로 서 있었고 동네사람 몇 명이 이들을 몽둥이로 때리고 돌로 내려치면서 "우리 아방(아버지) 살려내라", "우리 어멍(어머니) 살려내라" 하며 울부짖고 있었다. 무슨 영문인지 모르고 어리둥절하여 보고 있는데 그들을 끌고 다니는 사람이 설명하였다. "이놈들은 다시 우리 마을을 습격하려고 마을 인근의 절간 천정에 숨어 있다가 발각되어 잡힌 놈들이다. 이렇게 마을을 돌면서 조리돌림을 하여 고통을 줌으로서 다른 놈들에게도 겁을 주려는 것이다."

그 사람들이 아버지를 죽인 사람인지 우리 집을 불태운 사람인지 모른다. 그러나 그들이 한 패거리임에 틀림없다고 생각했다. 나는 돌멩이를 주워 들었다. 그러나 차마 던지지는 못했다. 몸이 떨렸다. 눈물만 흘러 나왔다.

참으로 비극이었다. 모든 사람이 제정신이 아니었다. 무기를 들고 교전중인 상대도 아닌데 왜 무고한 주민을 살상하고 살아갈 집마저 불태워야 했는지 지금도 이해가 안 된다. 자기네들의 이념을 실현하기 위해서 사람을 못 살게 하는 그런 이념은 위험한 것이다. 그들이 인민을 위하여 투쟁한다는 것은 거짓이었다.

한국 현대사의 비극

폭도들에게 당하는 사람이 있는가 하면 진압군과 경찰에게 죄 없이 죽어가고 재산을 잃은 사람도 많다. 폭도들의 은신처를 없애기 위해 중산간 마을(해안가에서 떨어져 있는 마을) 주민들을 해안가 마을로 강제로 이주시키고 남아있는 집을 불태우는 초토화 작전도 전개되었다. 이 과정에서 이주하지 않은 사람들은 폭도들에 대한 동조자로 취급되어 학살당하고 해안가 마을 사람들도 특별한 죄도 없이 체포되어 재판 절차 없이 집단 학살당하는 일도 많았다. 그야말로 무법천지였다.

그때를 산 사람들은 모두가 할 말이 있고 여러 가지 견해를 말한다. 나의 견해를 말한다면 "4·3사건은 남로당 제주도당이 그들이 신봉하는 이념을 실현시키기 위해 무장 폭동을 일으킨 후 한라산을 근거지로 해안가 마을을 습격하여 수많은 인명을 살상하고 주택을 불태우고 재산을 탈취하는 등의 활동을 전개함에 따라 그들의 활동을 진압하는 과정에서 무리한 방법이 동원됨으로서 무고한 사람들이 희생된 우리나라 현대사의 비극이었다." 고 말하고 싶다.

2003년 10월 4·3사건진상조사위원회는 다음과 같이 4·3사건을 정의하였다. "4·3사건은 1947년 3월 1일 삼일절 기념식 후 시위 군중에게 경찰이 발포한 사건(6명 사망, 6명 부상)을 기점으로 하여 경찰과 서북청년단이 탄압에 대한 저항과 단선, 단정 반대를 기치로 1948년 4월 3일 남로당 제주도당 무장대가 무장봉기한 이래 1954년 9월 1일 한라산 금족지역이 전면 개방될 때까지 제주도에서 발생한 무장대와 토벌대 간의 무력 충돌과 토벌대의 진압 과정에서 수많은 주민들이 희생된 사건이다."

팥소 빠진 찐빵이다.

6 · 25의 기억 – 국군은 죽어서 말한다

1950년 6월 말경 어느 날, 국민학교(초등학교) 5학년인 나는 교실로 쓰는 창고에 앉아 급우들이 하는 이야기를 듣고 있었다. 한 아이가 말했다.

“38선이 터졌대-”, 다른 아이가 “38선에 고망(구멍)이 나서 그 고망으로 북한 괴뢰군이 쳐들어 왔대” 또 한 아이는 “철판으로 만든 문인지 무엇인지가 무너졌다고 허던디(하던대)?”

아이들은 김일성 집단의 불법 남침 소식을 들은 대로 의미도 내용도 잘 모르고 한 마디씩 말하였다. 사실 38선이 무슨 뜻인지, 거기에 담장이 있어 무너졌다는 것인지, 세워 놓은 대문에 구멍이 났다는 말인지, 또한 북한 오랑캐는 무엇인지 알지 못하였으나 무엇인가 큰일이 터졌다는 것만은 분위기로 알 수 있었다. 당시에 우리 마을에 라디오를 가진 집이 없었고 신문을 받아 보는 집도 제대로 없던 때라 시골 마을에는 입소문을 타고 이런저런 이야기가 퍼지고 있었다.

조금 지나자 동네가 술렁이기 시작하였다. 징집영장이 나오고 자원 입대자가 늘어나면서 출정 행사가 열렸다. 동네 사람들이 모여 “살아서 돌아오라” “무찌르자 공산당” “무운장구” 등의 격려의 글이 쓰여진 태극기를 입대자의 어깨에 메어 주고, 십시일반으로 조금씩 모은 돈을 주면서 눈물로 전송하였다. 입대자들은 비장한 얼굴로 마을 사람들의 박수를 받으며 새벽길을 떠났다.

인천상륙작전의 성공 후 유엔군과 국군이 북진하여 통일을 눈앞에 두고 있을 때 중공군의 개입으로 다시 1·4후퇴가 시작되면서 피난민들이 제주도에까지 밀려왔다. 우리 마을에는 4·3사건으로 산간마을 사람들이 피난 아닌 피난을 와서 방을 나누어 쓰고 있는데 피난민까지 섞여 살게 됨에 따라 생활은 더욱 어려워졌다.

더욱이 우리 집은 국민방위군 대장의 숙소가 되면서 군복 입은 사람들로 북적거렸다. 아닌 밤중에 홍두깨도 아니고 6·25전쟁 얘기하다 국민방위군은 무엇이며, 대장 숙소는 또 무슨 소리냐는 생각이 들 것이다.

국민방위군은 중공군의 개입 참전에 대응하여 부족한 현역 병력을 보충하기 위해 40세 이하의 남자를 소집하거나 피난 중의 젊은 남자들을 반 강제적으로 끌어다 구성한 부대였다. 이 부대가 국민들의 기억에 남아 있는 것은 '국민방위군' 사건이다. 이 사건은 방위 병에게 보급될 군수품인 군량이나 피복 등에 소요될 예산을 방위군 고위층에서 착복함으로써 많은 방위 병들이 굶어 죽고 얼어 죽어 당시에 큰 사회 문제가 되었으며 연루된 사람들은 처벌을 받고 부대는 해산되었다.

이 국민방위군의 한 부대가 우리 마을 학교에서 훈련을 받았고 우리 집은 그 부대장의 숙소가 된 것이다. 그때 우리 집은 폭도들의 습격 때 불타 없어졌으나 다시 지어 동네에서는 가장 새 집이었다. 집에는 군복 입은 사람들이 들락거리고 밤에는 보초 서는 사람이 있어 마치 군대의 막사 같은 분위기였다. 우리 학교에서 훈련받던 사람들도 군수품이 제대로 지원되지 않아 배고프고 추워서 마을에 나와 음식을 얻어먹고 옷을 도둑질해 가는 사람도 있었다.

중학교에 다닐 때는 1·4 후퇴 시 미 공군 대령 딘 헤스에 의해 C-47 수송기 15대로 1,000여 명의 전쟁고아를 피난시켜 이들을 수용하는 고아원이 여러 곳에 있었다. 같은 반에서 공부도 하였으나 어떤 아이들은 지나는 학생들을 불러 세워 돈을 빼앗거나 폭력을 행사하기도 하였다.

휴전회담이 진행되면서 전쟁은 일진일퇴를 거듭하여 마을 사람과 친척 중에 전사 통보를 받는 사람의 수가 늘어났다. 군대에 입대하는 사람이 있는가 하면 부상당하고 돌아오는 사람이 늘어나고 한라산에는 폭도들도 남아 있어 불안한 삶은 계속되었다.

이승만 대통령이 휴전회담을 반대하고 북진통일을 주장함에 따라 학생들은 학교에서, 거리에서 휴전회담 반대 궐기대회에 참석하여 미국 대통령과 유엔군 사령관에게 보내는 호소문을 낭독하고 멸공통일, 북진통일 구호를 제창하며 행진하기도 하였다.

밤에는 석유 등잔 밑에서 모윤숙 시인이 쓴 〈국군은 죽어서 말 한다〉를 읽으며 목이 메어 눈물을 흘리고 북한 괴뢰군에게 분노하며 통일의 날이 하루 속히 오기를 기원하였다. 그 시를 하도 많이 읽어 거의 외우고 있었으나 지금은 잊어버린 시를 다시 찾아 읽어보며 그 때를 떠올려 본다.

국군은 죽어서 말한다

모 윤 숙

산 옆 외따른 골짜기에
혼자 누워 있는 국군을 본다.
아무 말 아무 움직임 없이
하늘을 향해 눈을 감은 국군을 본다.

누런 유니폼 햇빛에 반짝이는 어깨의 표지
그대는 자랑스런 대한민국의 소위였고나

가슴에선 아직도 더운 피가 뿜어 나온다.

장미 냄새보다 더 짙은 피의 향기여
엎드려 그 젊은 주검을 통곡하며
나는 듣노라 그대가 주고 간 마지막 말을

나는 죽었노라, 스물다섯 젊은 나이에
대한민국의 아들로 나는 숨을 마치었노라
질식하는 구름과 바람이 미쳐 날뛰는 조국의 산맥을 지키다가
드디어 드디어 나는 숨지었노라.

내 손에는 범치 못할 총자루, 내 머리엔
꺼지지 않을 철모가 씌워져
원수와 싸우기에 한 번도 비겁하지 않았노라.
그보다도 내 핏속엔 더 강한 대한의 혼이 소리쳐
나는 달리었노라. 산과 골짜기, 무덤 위와 가시 숲을

이순신 같이 나폴레옹 같이 시이저 같이
조국의 위험을 막기 위해 밤낮으로
앞으로 앞으로 진격! 진격!
원수를 밀어가며 싸웠노라.
나는 더 가고 싶었노라. 저 원수의 하늘까지
밀어서 밀어서 폭풍우같이 모스크바 크레믈린 탑까지
밀어가고 싶었노라.

내게는 어머니, 아버지. 귀여운 동생들도 있었노라.
어여삐 사랑하는 소녀도 있었노라.
내 청춘은 봉오리지어 가까운 내 사람들과 함께
이 땅에 피어 살고 싶었었나니
아름다운 저 하늘에 무수히 나르는
내 나라의 새들과 함께
나는 자라고 노래하고 싶었노라.
나는 그래서 더 용감히 싸웠노라. 그러다가 죽었노라.
아무도 나의 주검을 아는 이는 없으리라.
그러나 나의 조국, 나의 사랑이여!
숨지어 넘어진 내 얼굴의 땀방울을
지나가는 미풍이 이처럼 다정하게 씻어주고
저 하늘의 푸른 별들이 밤새 내 외롬을 위안해주지 않은가?

나는 조국의 군복을 입은 채
골짜기 풀숲에 유쾌히 쉬노라.
이제 나는 잠시 피곤한 몸을 쉬이고
저 하늘에 나르는 바람을 마시게 되었노라.
나는 자랑스런 내 어머니 조국을 위해 싸웠고
내 조국을 위해 또한 영광스리 숨지었노니
여기 내 몸 누운 곳 이름 모를 골짜기에
밤 이슬 내리는 풀숲에 나는 아무도 모르게 우는
나이팅게일의 영원한 짝이 되었노라.

바람이여! 저 이름 모를 새들이여!
그대들이 지나는 어느 길 위에서나

고생하는 내 나라의 동포를 만나거든
부디 일러 다오. 나를 위해 울지 말고
조국을 위해 울어 달라고
저 가볍게 날으는 봄나라 새여.
혹시 네가 날으는 어느 창가에서
내 사랑하는 소녀를 만나거든
나를 그리워 울지 말고 거룩한 조국을 위해 울어달라 일러다고.

조국이여! 동포여! 내 사랑하는 소녀여!
나는 그대들의 행복을 위해 간다.
내가 못 이룬 소원, 물리치지 못한 원수,
나를 위해 내 청춘을 위해 물리쳐다오.

물러감은 비겁하다. 항복보다 노예보다 비겁하다
둘러싼 군사가 다아 물러가도 대한민국 국군아 너만은
이 땅에서 싸워야 이긴다. 이 땅에서 죽어야 산다.
한번 버린 조국은 다시 오지 않으리라.
보라! 폭풍이 온다. 대한민국이여!

이리와 사자 떼가 강과 산을 넘는다.
내 사랑하는 형과 아우는 서 백리아 먼 길에
유랑을 떠난다
운명이라 이 슬픔을 모른 체 하려는가?
아니다. 운명이 아니다. 아니 운명이라도 좋다.
우리는 운명 보다는 강하다. 강하다.

이 원수의 운명을 파괴하라. 내 친구여!
그 억센 팔 다리. 그 붉은 단군의 피와 혼
싸울 곳에 주저 말고 죽을 곳에 죽어서
숨지려는 조국의 생명을 불러 일으켜라.
조국을 위해선 이 몸이 숨길 무덤도 내 시체를 담을
작은 관도 사양하노라.

오래지 않아 거친 바람이 내 몸을 쓸어가고
저 땅의 벌레들이 내 몸을 즐겨 뜯어가도
나는 즐거이 이들과 함께 벗이 되어 행복해질
조국을 기다리며
이 골짜기 내 나라 땅에 한 줌 흙이 되기 소원이노라.

산 옆 외따른 골짜기에
혼자 누운 국군을 본다.
아무 말, 아무 움직임 없이
하늘을 향해 눈을 감은 국군을 본다.
누런 유니폼 햇빛에 반짝이는 어깨의 표지
그대는 자랑스런 대한민국의 소위였구나.
가슴에선 아직 더운 피가 뿜어 나온다.
장미 냄새보다 더 짙은 피의 향기여!
엎드려 그 젊은 주검을 통곡하며
나는 듣노라! 그대가 주고 간 마지막 말을.

뻐꾸기 우는 사연

싱그럽게 우거진 숲 속에서 뻐꾸기가 울고 있다. 어디 가서 살고 있다가 꼭 이맘때쯤 찾아와서 아침부터 저녁까지 울어댈까. 다른 새의 둥우리에 낳아 놓은 알이 걱정되어 가슴 아프게 우는가, 아니면 아직도 배고픈 시절의 한이 남아 있어 저렇게 구슬피 우는 것인가. 뻐꾸기 울음소리는 언제나 나를 어린 시절로 끌고 간다.

옛날 어느 집에서 시어머니가 이웃집에서 가래떡 몇 조각을 얻어와 며느리에게 떡국을 끓이라고 하였다. 며느리가 떡국을 끓여놓고 빨래하러 냇가로 나간 사이에 강아지가 떡국을 전부 먹어 버렸다. 배고픈 시어머니는 며느리 혼자 다 먹어 버린 줄 알고 며느리를 마구 때렸다. 며느리는 억울하게 맞아 죽었다. 그 후 며느리의 영혼이 새가 되어 식량이 떨어져 배고픈 시기인 5월 이맘때쯤이면 돌아와 "떡국, 떡국, 개 개 개 개"하고 울었다. 떡국은 자기가 아니라 개가 먹었다는 하소연이다.

가난한 시대에 살았던 옛 사람들은 뻐꾸기 우는 소리가 "뻐꾹 뻐꾹"이 아니라 "떡국 떡국"으로 들렸다고 한다. 그래서 이런 설화가 만들어졌을 것이다.

나는 지금 5월의 찬란한 태양 아래 싱그러운 잎들이 살랑살랑 춤을 추고 새들의 합창이 울려 퍼지는 숲길을 걷고 있다. 내 고향 보리밭에는 초록 파도의 물결이 장관을 이루어 지나가는 관광객의 눈길을 사로잡고 있을 것이며, 종달새는 하늘 높이 나르며 "지지배배" 지저귀고 있을 것이다.

이 아름다운 계절이 나의 어린 시절에는 너무나 길고 괴로웠다.

그래서 이맘때를 춘궁기 또는 보릿고개라 하였다. 보릿고개! 고개 이름 치고는 낭만적이고 멋진 이름으로 들릴지 모르겠으나 이 고개는 죽음의 고개였다. 이 고개를 넘으면 살았고 못 넘으면 죽었다. 그 시대의 어려움을 황금찬 시인은 다음과 같이 그려냈다.

보릿고개

황 금 찬

보릿고개 밑에서
아이가 울고 있다.
아이가 흘리는 눈물 속에
할머니가 울고 있는 것이 보인다.
아버지의 눈물, 외할머니의 흐느낌
어머니가 울고 있다.
내가 울고 있다.
소년은 죽은 동생의 마지막
눈물을 생각한다.

에베레스트는 아시아의 산이다.
몽불랑은 유럽,
와스카란은 아메리카의 것,
아프리카엔 킬리만자로가 있다.

이 산들은 거리가 멀다.
우리는 누구도 뼈를 묻지 않았다.

그런데 코리아의 보릿고개는 높다.
한 없이 높아서 많은 사람이 울고 갔다.
-- 굶으며 넘었다.
얼마마한 사람은 죽어서 못 넘었다.
코리아의 보릿고개
안 넘을 수 없는 운명의 해발 구천 미터
소년은 풀밭에 누웠다.
하늘은 한 알의 보리알
지금 내 곁에 아무것도 보이는 것이 없다.

나의 어린 시절에 주로 먹었던 음식은 여름에서 가을까지는 보리밥이고 겨울에서 봄까지는 조팝(조밥)과 고구마였다. 가을걷이 후 11월경 보리 씨를 뿌리면 이듬해 6월이 되어야 먹을 수 있었다. 4월말쯤 되면 그동안에 먹던 좁쌀은 거의 떨어지고 땅 속에 묻어 두고 몇 개씩 꺼내 먹던 고구마도 다 먹어 치웠거나 남아 있어도 날씨가 따뜻해지면서 썩어 버렸다.

먹을 것이 부족하여 바다에 가서 해초를 뜯어다가 밀 겨에 섞어 개떡을 만들어 먹기도 하고 나물을 캐다 죽을 쑤어 먹기도 하였다.

5월이 되어 보리 이삭이 조금 여물기 시작하면 파란 보리 이삭을 베어다가 불에 그슬린 후 보리알을 털어 내어 죽을 쑤어 먹기도 하였다. 이런저런 거친 음식을 닥치는 대로 먹다 보면, 변비로 고통을 당하기도 하였다.

요즘에는 건강식으로 일부러 찾지 않으면 먹을 수 없고 쌀보다도 비싼 곡물이 되었지만 재배하는 농가가 줄어들어 고향에 가도 보리밭을 보기 어렵게 되었다. 하지만 옛날에는 보리가 제주도의 주곡이었다. 제주의 땅은 화산 폭발로 이루어져 비가 오면 바로 땅속으로 스며들어 지하로 흐르기 때문에 벼를 재배할 수 없었다. 그래서 집집마다 보리를 심어야 했고 보리에 생명을 걸어야 했다. 어떤 농사도 마찬가지지만 자연의 손길에 좌우되고 노동력이 많이 드는 보리농사는 참으로 힘든 과정이었다. 가을걷이가 끝난 11월에 보리 씨앗을 파종한 후 이듬해 6월에 거두기까지 7~8개월 동안 많은 시간을 밭에서 보내야 했다. 우선 씨 뿌리기 전에 돼지우리에서 만들어 낸 퇴비를 밭으로 옮기려면 마차의 힘을 빌려야 하고, 밭 갈고 씨 뿌리려면 소의 힘을 빌려야 했다.

1월에는 뿌리가 얼어 죽지 않게 밟아 주어야 하고 2월부터 4월 초까지에는 세 차례에 걸쳐 김을 매어 주어야 했다.

비와 눈이 섞여 내리는 밭에 앉아 시린 손으로 김을 뽑는 일은 매우 인내심이 필요한 일이었다. 특히 보리를 수확하는 과정은 훨씬 다난하였다. 보리 베기가 시작되는 6월 초에는 봄에서 여름으로 넘어가는 환절기여서 비가 자주 내렸다. 낫으로 한 줌씩 베어낸 후 하루 이틀 말리고 단으로 묶어 쌓아 놓았다가 마차를 빌려 집으로 운반하였다.

옛날의 농로는 좁고 울퉁불퉁한 흙길이어서 보릿단을 싣고 가던 마차가 웅덩이에 빠지거나 뒤집혀서 흩어진 보릿단을 다시 수습하여 실어야 하는 일도 많았다. 집으로 옮겨진 보릿단은 비에 젖지 않게 쌓아 두었다가 날씨 좋은 날 마당에 톱니처럼 생긴 홀테라는 기구를 설치하여 보리 이삭을 한 줌 한줌 훑어냈다. 이때 최소한 4명의 인력이 동원되었다. 한 사람은 보릿단을 풀어 한 줌씩 나누어 전달하면 다음 사람이 홀테에서 훑어내고 다음 사람은 보릿짚을 단으로 묶고 또 한 사람은 짚단을 정리하였다.

이 작업이 끝나면 마당은 보리 이삭으로 가득했다. 동네에 타작기를 가지고 돈을 받고 타작해 주는 사람을 찾아가 부탁하면 순서에 따라 그날 밤이 되기도 하고 다음날이 되기도 하였다. 타작은 보리 이삭을 보리알과 가시라기로 분리하는 일이다. 보리 이삭이 보리알, 보릿짚, 가시라기로 분류되면 보릿짚은 연료용이나 돼지우리에 넣어 퇴비가 되고 가시라기는 겨울에 구들방을 따뜻하게 하는 연료가 되었다. 버려지는 것 없이 모든 것이 순환되면서 쓰였다.

보리가 밥이 되려면 또 거쳐야 할 과정이 남아 있다. 보리를 찧어 껍질을 벗겨야 한다. 보리를 물에 불리고 말방아(연자방아)로 지고 갔다. 연자방아는 둥그런 돌판 위에서 폭 1m, 직경 2m 정도의 둥근 돌을 바퀴처럼 굴려 곡물의 껍질을 벗기는 원시적인 방앗간이다. 바퀴형의 둥근 돌은 무게가 3톤 정도로 짐작되나 어쨌든 그 돌은 소나 말이 끌거나 우리 집과 같은 경우에는 사람이 밀었다. 주로 학교에서 돌아온 후 밤에 작업을 했으므로 호롱불 하나를 켜놓은 컴컴한 어둠 속에서 다람쥐 쳇바퀴 돌 듯 직경 2~3m의 돌판 주위를 한 시간 이상 밀며 돌았다. 졸리고 힘이 빠져 돌덩이가 멈추면 어머니가 야단치셨다. 다시 정신을 차리고 밀다 보면 밤이 깊었다.

껍질과 보리알이 섞여진 것을 말린 후 보리알만 골라내면 보리쌀이 된다. 이 통보리 쌀은 맷돌로 부수거나 한 번 삶아 반을 익혀 두어야 밥을 지을 수 있었다.

이야기가 길어졌다. 한 그릇의 보리밥이 되려면 가을에서 겨울 봄을 거쳐 여름이 될 때까지 햇빛과 공기, 흙과 물이 있어야 하고 그리고 헤아릴 수 없는 땀방울을 흘려야 함을 말하는 것이다. 그래서 보리 이삭 하나도 매우 귀중하게 생각하여 밭이나 길거리에 떨어진 것 하나라도 그냥 버리는 일이 없었다. 땀과 눈물의 결정이었기 때문이었다.

무슨 신석기 시대 이야기 같다고 생각될 것이다. 그러나 지금부터 70여 년 전 내가 했던 일이다. 보리밥만 먹을 수 있어도 행복했던 시절의 이야기이다.

빼꾸기의 한 맺힌 울음은 지금도 계속되고 있다.

금강산도 식후경

나는 지금 자동차를 타고 제주 해안을 따라 잘 만들어진 해안도로 위를 달리고 있다. 길 옆으로 펼쳐진 봄 바다는 잔잔하고 아름답고 길게 뻗어 있는 백사장은 햇빛에 눈부시다. 노랗게 핀 유채 밭에는 신혼부부로 보이는 젊은이 몇 쌍이 사진을 찍으며 웃고 있다. 그 즐거운 웃음소리가 아지랑이 따라 하늘로 올라가는 듯 가볍다.

나는 고운 유채 밭과 행복해 보이는 관광객들을 바라보며 또 다른 세상을 떠올리고 있다.

옛날에 유채는 꽃을 보기 위해 심은 것이 아니라 열매인 유채 씨를 얻기 위해 심었다. 유채 씨는 정부에서 수매하였고 질의 등급과 양을 계량하여 돈을 주었다. 농가에서 현금을 만져보는 기회의 하나였다. 땅에 매달려 먹고살던 때인지라 돈을 만질 수 있는 방법은 많지 않았다. 그러나 아무리 농경이 주된 사회였다 해도 돈이 쓰일 곳은 많았다.

옷이나 신발도 사야 했고 아이들 학비도 내야 했으며 1년에 10여 차례 돌아오는 제사 명절 용품에도 큰돈이 들어갔다. 특히 자녀의 결혼, 부모의 장례와 삼년상 등 관혼상제에 많은 돈이 필요했다.

우리 집에서도 유채를 심었다. 유채는 보리와 같은 시기에 뿌리고 거두었다. 보리 심을 밭을 나누어 심었기 때문에 팔 수 있는 양도, 받을 수 있는 돈도 얼마 안 되었다. 그 외 맥주보리와 벌레 잡는 약품 원료가 되는 제충

국이라는 약초도 심어 보았다. 돼지도 키워 팔면 돈이 되었으나 사료가 없어 여러 마리를 키울 수 없었고 겨우 키운 한 마리는 할아버지, 할머니 장례와 삼년상에 쓰이거나 누나들 결혼할 때 잔치 음식으로 쓰였다.

닭도 길러 보았다. 오늘날처럼 닭 공장 같은 곳에 가두어 사료를 먹여 매일 알을 낳는 닭이 아니었다. 토종닭은 며칠에 알 하나를 낳았고 개량종이라고 하여 새로 사온 닭도 2~3일에 하나를 낳았다. 귀하게 얻은 알도 사가는 사람이 없었다. 돈이 필요한데 돈이 없어 어쩔 수 없이 두고 먹어야 할 곡식을 덜어내어 팔거나 높은 이자의 사채를 빌어 써야 했다. 사채가 늘어나면 농사지을 밭을 팔았다. 그래서 식량도 부족하고 돈도 부족하였다.

맹자는 항산(恒産)이라야 항심(恒心)이라고 했다. 배고플 걱정이 없고 필요할 때 쓸 돈이 있어야 마음이 안정이 된다. 마음에 여유가 없고 하루살이에 여념이 없는데 아름다운 유채꽃이 눈에 들어올 리가 없었다.

가을이 되면 제주도의 억새꽃이 바람에 흔들리는 아름다운 광경을 보러 관광객이 모여든다. 은색 물결이라는 아름다운 이름도 붙였다. 그러나 나에게는 눈물과 땀의 기억 밖에 없다. 감정이 메말라서 아름다움을 볼 줄 모른다고 나무라도 어쩔 수 없다.

나에게 있어 억새는 은색 물결의 장관을 만들어내는 대상이 아니라 살아가기 위해 먹어야 할 밥을 짓는데 필요한 땔감의 하나였다. 농사짓는 집에서 무슨 땔감 타령이냐고 질문이 나올 것이다. 그렇다 땔감 타령이다. 당시에는 땔감이 부족하였다.

지금이야 연탄, 전기, 석유, 가스 등 여러가지 연료가 있어 억새가 취사용 연료가 된다는 것은 이해할 수 없을 것이다. 그때의 연료는 나무 아니면 짚이었다. 나무를 베면 형사처벌을 받았기 때문에 보릿짚, 조짚, 콩깍지 등 짚이 연료인 동시에 퇴비의 재료였다. 그래서 취사용 연료는 항상 부족했다.

설사 곡식이 있어도 땔감이 없으면 밥을 지을 수 없으니 토요일이나 일요일엔 낫을 들고 멜빵이나 지게를 짊어지고 들로 산으로 나갔다. 떨어진 소나무 잎을 긁어 모아 오기도 했고 덤불과 잡초를 베어다가 말려 땔감으로 썼다. 그러고도 부족하여 억새가 많이 자라는 곳을 찾아 높은 지대로 5~6km를 올라가야 했다. 12월에는 억새의 솜털 같은 하얀꽃은 다 떨어지고 마른 잎새와 줄기만 남았으며, 2월에는 방목하는 가축에게 달라붙는 진드기를 없애기 위해 불을 놓아 태우기 때문에 잎은 타 없어지고 눈밭위에 줄기만 남아 있다.

낫으로 베어 몇 개의 단으로 묶어 짊어지면 처음엔 무겁게 느껴지지 않으나 시간이 지나면서 어깨는 아프고 다리는 무거워진다. 맞받아치는 거센 하늬바람은 무거운 짐을 더욱 무겁게 만들어 짐을 덜어낼까 망설이다가 욕심을 부리고 그냥 걷는다. 땅만 보며 한 발짝 한 발짝 옮기다 고개를 들어 앞을 보면 아직도 갈 길은 멀었다. “아리랑 아리랑 아라리요 아리랑 고개로 넘어간다.” 입 속으로 중얼거려 본다. 땀이 비 오듯 흐른다. 쉬려고 짐을 내려놓고 허리를 펴며 서쪽 하늘을 바라보면 노을이 붉게 물들어 있다. “아이구, 어두워지는구나” 다시 짐을 지고 일어서 걷는다. 허리는 점점 굽어지고 배고픔이 밀려온다. 저 멀리 마을의 불빛이 보이는 지점에 이르면 어머니가 마중을 나오신다. 짐을 나누어 지고 돌아갈 때는 발걸음이 가벼워지나 어머니가 마중을 나오지 못할 때는 기대가 실망으로 바뀌며 남은 거리가 더 멀어진다. 기운이 소진한 상태에서 무거운 짐을 지고 걷는 몇 십 미터 거리는 참으로 멀고도 멀었다.

억새풀을 베다 고개를 들면 한라산의 설경이 손에 잡힐 듯 펼쳐져 있고 가까이서 멀리서 노루들이 뛰었다. “저놈의 노루 한 마리 잡을 수 있으면 얼마나 좋을까?” 중얼거리며 다시 억새를 베었다.

금강산도 식후경이었다.

유리가루와 DDT

건강보험공단에서 시행하는 건강검진을 하는 김에 위와 대장내시경 검사를 하고 나오다가 약국에 들러 혈압약도 사 왔다. 참으로 편리한 세상에 살고 있다. 병원이나 약국만이 아니라 TV만 돌리면 각종 건강 관련 프로그램이 넘치고 몸에 좋다는 음식도 널렸다. 내 80평생 살아오면서 여러 가지가 좋아졌지만 의료제도만큼 실감나는 것도 없다.

중학교 다닐 때 오른손 중지 손톱이 빠진 적이 있다. 학교에서 집으로 돌아오던 중 남의 고구마 밭에 들어가 급히 흙을 파다 손톱이 고구마에 박혀 들리면서 피가 쏟아졌다. 이 상처를 치료하려면 병원에 가거나 약국에 가는 게 상식이나 당시에 나는 빨래할 때 쓰다 남은 양잿물을 빈 깡통에 넣고 화로 위에 올려놓아 솟아오르는 뜨거운 김에 상처 난 손가락을 쬐었다. 점잖게 말해 양잿물 훈증치료였다. 고통은 오래갔다.

우리 마을에도 의사 선생님이라고 불리는 사람이 있었다. 열이나 통증이 심한 경우 등 큰 병이 있을 때 그분을 찾았다. 그분은 가방을 들고 와서 청진기로 진단한 후 주사를 놓고 약을 주었다. 하는 일은 의사였으나 약종상이었다. 정규대학에서 약학을 공부한 사람이 아니라 단기 교육을 받고 조제약이 아닌 일반 약을 팔도록 허가받은 사람이다. 그러나 그는 의사도 약사도 없는 마을에서 의사 선생님이었다.

주사든 약이든 모두 돈이 들어가는 일이므로 웬만하면 의사를 찾지 않고 민간요법에 의존하였다. 초등학교 6학년 때 '백선'이라고도 하고 '이발충'이라고도 하는 병이 나의 머리에 번졌다. 비위생적인 바리캉으로 머리를 깎았기 때문이다. 악성 버짐의 일종으로 머리 여기저기에 원형 탈모가 생기고 머리 빠진 자리에 비듬 같은 것이 일어나 가려웠다. 보기에도 흉했다. 이 병을 치료하기 위해 민간요법으로 좋다는 것은 다 해 보았다. 복쟁이(복어) 기름을 구해다 불에 뜨겁게 구워 환부에 올려놓았더니 뜨거워서 죽는 줄 알았다. 다음에는 뜨겁지 않게 씻지도 않은 돼지 위장을 머리에 뒤집어썼다. 냄새가 고약하고 꼴이 말이 아니었다. 빙초산을 발랐더니 따가웠다. 밖에 나가 놀면 괜찮을까 하여 밖으로 나갔다. 더운 여름날 뜨거운 햇볕이 사정없이 머리로 쏟아지자 머리 가죽이 찢어지는 것 같았다. 참으려니 눈물이 나왔다. 어느 처방이 효험이 있었는지 모르나 낫기는 나았다.

비위생적인 환경 속에서 아무것이나 먹던 시절이라 배 속에 기생충이 많았다. 나도 기생충 때문에 배가 매일 아프고 학교에서 조퇴하기도 하였다. 어머니가 어디서 휘발유를 구해 왔다. 마셨더니 속이 뒤집혀서 혼이 났다. 기생충도 혼절했다.

병의 증세가 뚜렷하면 민간요법을 써 볼 수도 있지만 그렇지 않은 병은 아마추어 침술사를 찾아가거나 삼신할머니를 불러다 '넋들이'를 하였다. 중학교 다닐 때 군용 트럭에 깔린 적이 있었다. 그 당시에는 후생사업을 하는 군용트럭에 민간인을 돈 받고 태워 주었다. 마침 하교 길에 둘째 누나가 타고 있으면서 나를 불렀다.

막 출발하는 차에 올라타 우리 마을에 이르러 정차하자마자 나는 얼른 뛰어내렸다. 무임승차하여 겁이 났기 때문이었다. 뛰어내리면서 주저앉자마자 차가 후진하여 나는 차 밑으로 사라졌다. 사람들이 웅성웅성하는 소리를 들으며 차 밑에서 기어 나왔다. "아이고, 살았구나." 누나가 소리치며 달려들었다. 나는 영문도 모른 채 서 있었다. 아마 잠깐 기절을 하였던 모양이다. 나는 키가 작고 왜소한 체구여서 차가 후진하며 머리를 치자 바로 쓰러져 크게 다치지 않은 것으로 짐작되었다.

외상이 없으니 병원에 갈 일도 없었으나 차 밑에 들어갈 때 넋이 나갔을 것이라고 걱정하신 어머니의 성화로 다음 날부터 삼 일 간 사고 현장에서 쌀 한 그릇, 물 한 대접을 상 위에 차려놓고 삼신할머니를 모셔다가 '넋들이'를 하였다. 삼신할머니의 주문은 "제주도 00에 사는 아무개가 며칠몇시경 어디에서 무슨 사고를 당하여 넋이 나갔으니 옥황상제님을 비롯하여 조상님과 여러 신들께서 넋이 다시 돌아오게 하여 아무 탈 없이 되도록 도와주십시오" 하는 내용의 말을 수차례 반복하였다. 나는 두 손을 모으고 길바닥 돗자리 위에 얌전히 앉아 있었다. 넋이 나갔는지 들어왔는지는 모르지만 3일 동안 이 행사를 치렀다.

웬만한 병은 병원을 찾아가기보다 삼신 할망이나 무당을 찾는 일이 많았다. 무당들은 대개의 경우 조상 탓을 하거나 동티가 났다고 진단하고 조상이나 귀신을 달래기 위해 푸닥거리를 권하였다.

목욕을 어쩌다 하고 옷을 자주 갈아입지 못하는 것을 즐기는 곤충이 있었다. 이 놈의 크기는 2mm 내외로 사람의 몸에 기생하여 발진티푸스, 재귀열 등의 전염병을 매개하였다. 그 이름은 '이'로, 영어로는 louse라 한다. 그런데 이 놈들은 보통 놈들이 아니다. 사람의 옷 속에 진을 치고 영양상태 부실한 사람들의 피를 탐하고 피부 구석구석까지 공격함으로써 밤새도록 긁어 온몸에 상처를 남겼다. 이 놈들은 번식력이 왕성하고 끈질긴 생명력과 활동력을 갖고 있어 잡고 또 잡아도 그 수가 줄지 않고 끓는 물에 삶으면 다른 옷에서 불러들여 사람을 못살게 하였다.

하루는 외할머니 댁에 갔더니 툇마루에 하얀 가루를 담은 그릇이 있었다. 손으로 만져보니 밀가루도 쌀가루도 아니었다. “아! 요게 소문에 듣던 그 약, ‘이’를 꼼짝 못하게 하는 디디티(DDT)라는 약이구나!” 나는 사방을 둘러보았다. 아무도 없다. “에라 모르겠다, 급한 불부터 끄고 보자” 하는 마음으로 가루 한 줌을 쥐어 가슴과 등 속으로 그리고 허리띠 속으로 뿌렸다. “이제 그 끈질긴 놈들이 비명소리 지르며 항복하겠지” 하고 회심의 미소를 짓고 있을 때 이종사촌 형이 돌아왔다. 그릇에 있던 가루가 줄어든 것을 알아차린 형은 나의 얼굴을 쳐다봤다. “너, 이 가루 손댔어?” “응, 디디티인 줄 알고 몸에 뿌렸는데 …”. “이런 멍청이! 이거 디디티가 아니라 유리가루란 말이야! 연줄에 바르려고 어제 하루 종일 갈아 놨는데, 이걸 뿌리면 어떻게 하란 말이야?” 하고 야단을 쳤다.

사촌형은 연줄 끊어먹기 놀이에서 이기려고 유리를 주워다 깨고, 절구에 넣어 가루처럼 빻고 다시 그것을 베 조각으로 걸러내어 미세한 가루로 만들었는데 철없는 동생은 그것을 사타구니에 뿌렸으니 한편 화가 나고 한편 기가 막힌 표정이었다.

‘이’라는 놈들은 무수한 날카로운 유리칼날의 공격에도 끄떡없이 살아남아 더욱 기승을 부렸다. 요샛말로 웃기면서도 슬픈 이야기라 할 수 있다. 그런데도 사람은 살아남았다.

코스모스와 가을 운동회

텃밭 모퉁이에 코스모스가 피어 있다. 수십 그루에 지나지 않아 아름답게 출렁이는 코스모스의 정취는 덜 하지만 바람에 흔들리는 가녀린 모습은 예나 지금이나 다름이 없다. 코스모스는 해가 점점 짧아지기 시작하는 6월 말부터 한 둘 피기 시작하여 9월, 10월까지 오래도록 피어난다. 텃밭의 코스모스도 하나 둘 피더니 지금은 제법 무리 지어 색색으로 피어 있다. 내 기억의 공책에는 〈코스모스 = 가을 운동회〉로 기록되어 있다.

가을 운동회는 코스모스가 만발하는 9월 말에서 10월 초에 열렸다. 이때는 더운 여름이 지나고 가을바람이 서늘하게 불어와 덥지도 춥지도 않은 때이고 여름에 씨 뿌린 농작물도 익지 않아 수확하기 전이므로 농촌에서는 비교적 한가한 때였다. 학교의 운동회는 온 마을의 축제였다. 어머니는 운동회 날이 가까워지면 운동복을 준비하고 먹을거리를 준비하느라 바빴다.

손꼽아 기다리던 운동회 전날 밤 새로 사온 운동화를 신고 마당에 나가 뛰어 보면서 비가 오지 않을까 하늘을 수없이 쳐다보았다. 운동회 날 아침 산뜻한 운동복 차림에 흰색이나 청색 띠를 머리에 두르고 신나게 학교로 간다. 파란 하늘 아래 만국기가 춤을 추고 배색 선이 선명한 운동장 주변에는 코스모스가 이 날을 기다렸다는 듯이 아우성 치듯 피어 있다. 오늘이야말로 공책이나 연필 한 자루는 꼭 받고야 말겠다는 각오를 다지며 운동장을 달려 본다.

"청군 이겨라! 백군 이겨라!" 응원 속에 운동회가 시작되고 학부형들이 점심을 준비하여 모여들기 시작한다. 앉아서 응원을 하거나 운동장에 나가 청 백 대항전을 하면서도 눈은 학부형들 속에서 가족의 모습을 찾아 돌아간다. 점심시간이 가까워지면 운동장에는 사람들이 들어 찬다. 농사로 바쁜 기간도 아니고 특별히 따로 구경거리가 없는 시절인데다 어른들이 참여하는 종목도 많아 운동회는 온 마을의 잔칫날과 같았다.

뭐니 뭐니 해도 아이들은 점심시간이 가장 즐거운 시간이다. 쌀 섞은 밥에 고기 반찬도 먹을 수 있고 쌀뜨물에 떫은 맛을 우려낸 감이라도 먹어 볼 수 있으며 솜사탕을 들고 자랑을 할 수도 있었다.

오후에는 상품을 탈 수 있는 개인 경기, 학부형이 참여하는 경기, 마을 대항 릴레이, 마라톤 경주 등 운동회 내용이 다채로웠다. 나도 상품을 받고 싶었다. 8명이 달리는데 거꾸로 두 번째로 달렸다. 이번에도 연필 한 자루 받기는 글렀다고 생각하였다. 그런데 기적이 일어났다. 앞에 달리던 아이들이 서로 부딪히며 넘어지기 시작했다. 간신히 3등 하여 연필 한 자루를 받았다. 어떻게 3등을 하였느냐는 문제가 아니었다. 나도 달리기 경주에서 3등을 하였다는 사실과 가족에게 상품을 보여 줄 수 있는 일이 중요했다.

물건 찾기 경기였다. 달려가 종이쪽지를 집어 들었다. 달리면서 읽으니 뭣인지 알아차릴 수가 없었다. 다른 아이들은 찾는 물건의 이름을 외치고 있었다.

고무신! 수건! 담뱃대! 안경! 읽기도 쉽고 찾기도 쉬운 물건들이다. 간신히 쪽지에 적힌 품목이 무엇인지 이해했을 때 다른 아이들은 물건을 찾아 들고 뛰고 있었다.

나는 그냥 뛰었다. 내가 들고 있는 쪽지에는 '자전거 바퀴' 다섯 자가 쓰여 있었다. 아니, 자전거도 구경하기 어려운데 자전거 바퀴라니, 구경하던 사람들이 무엇을 찾느냐고 물었다. '자전거 바퀴' 하고 힘없이 대답했다. 아무도 도와줄 수 없는 물건을 찾고 있었던 것이다. 나중에 선생님이 말씀하셨다. "아, 그거 본부석에 준비해 두었는데" 나는 학부형들이 갖고 있는 물건 중에서 찾는 경기라고만 생각했지 본부석 구석에 나를 위해 신중히 모셔 두었으리라고 생각할 만큼 영리하지 못 하였다.

똑똑한 아이들은 본부석으로 달려가 교장 선생님의 안경을 벗기다시피 하여 달린 아이도 있었는데 빨리 달리지도 못하면서 머리 회전도 느렸으니 상품 타기는 하늘의 별 따기였다. 불운은 다음 해에도 찾아왔다. 이번에는 사람 찾기였다. 내가 집어 든 쪽지에는 '아버지'라고 적혀 있었다. 할아버지, 할머니, 어머니, 형, 동생도 아닌 하필이면 '아버지'라고 적힌 쪽지가 잡히다니….

다른 아이들은 자기 할아버지 할머니가 안 계시면 아무 할아버지 손목이라도 잡고 달리는데 나는 너무 정직해서인지 주변머리가 없어서인지 그냥 땅만 보며 천천히 뛰었다. 보다 못한 누나가 운동장으로 뛰어나와 나의 쪽지를 빼앗아 보더니 아무 말없이 그냥 나갔다. 나는 눈물이 났다. '아 …, 아버지 ….'

그 후에 진행되는 학부형 마을 대항 릴레이도 전 학년 청백 대항 릴레이 때 운동장이 들썩여도 사람 찾기 경주가 머리를 떠나지 않았다. 운동회는 부푼 마음으로 시작해서 쓸쓸한 마음을 남기고 끝나곤 하였다.

코스모스가 옛날과 다름없이 피어 있는 것처럼 가을 운동회의 기억도 변함없이 살아있다.

녹 슨 바리캉

이사 오면서 머리 깎는 곳이 바뀌었다. 전에 다니던 이발소에서는 남자 이용사가 빗과 가위로만 머리를 다듬듯이 잘랐다. 이사 온 후에는 〈남자 머리 컷 전문〉이라는 집으로 간다. 그런데 여기 여자 이용사는 빗과 바리캉만 사용한다. 가만히 보니 바리캉이 하나만 있는 게 아니라 서너 개가 있어 바꿔가며 사용했다. 전기코드에 연결되었던 바리캉을 빼어 가볍게 손에 들고 요리조리 돌려가며 머리를 다듬는 것을 보며 새삼스레 옛 기억이 되살아났다.

한 여자는 촛불을 들고 서 있고 그 옆에 한 남자는 녹슨 쇳덩이를 들고 서 있다. 그들 앞에 조그만 사내아이가 불안한 표정으로 앉아 있다. 이윽고 남자는 왼손으로 아이의 머리를 누르고 오른손으로는 쇳덩이 한쪽 끝을 아이의 머리털 속으로 밀어 넣고 손을 움직인다. 아이는 "아이고" 하고 비명을 지른다. 여자가 "조금, 참아라"라고 말한다. 아이의 고통을 참는 비명에 가까운 소리는 계속된다. 쇠뭉치를 들고 있는 남자의 얼굴에서 흘러내린 땀과 여자가 들고 있는 초가 녹으면서 뜨거운 것이 아이의 머리로 떨어졌다. 아이는 "아이고 아파", "아이고 뜨거워"를 노래처럼 반복하며 눈물을 흘리고 있다.

무슨 일이 벌어지고 있는 것일까? 종교의식? 아니면 성인식? 정답을 맞히기가 어려울 것이다. 정답은 “한 소년이 머리를 깎고 있다”이다. “어떻게 쇠뭉치로 머리를 깎을 수 있으며 머리를 깎는데 촛불은 무엇이며 눈물은 왜 흘리는가?“ 라는 의문이 들것이다.

사연은 이러하다. 중학교 2학년 때라 기억한다. 해가 짧은 초겨울 어느 날 학교에서 집에 오니 캄캄한 밤이 되었다. 마침 다음 날은 학교에서 위생 검사가 있는 날이어서 머리가 길면 안 되었다. 동네에 이발소가 한 곳 있었지만 전기가 없던 시절이라 어두워지면 문을 닫았다. 가령 문이 열려 있었다 할지라도 이발비가 아까워 못 갔을 것이다. 나는 외가에 사는 이종 사촌 형에게 부탁하였다. 그는 안 된다고 말하였다. 이발 기계가 오래되어 녹이 슬었고 날이 무디어져 머리가 깎이지 않을 것이라고 말하였다. 누나가 거들었다. “조심 조심 천천히 하면 될 수 있을거야. 한번 해 보자.” 사촌형은 마지못해 녹이 슨 바리캉을 꺼내 분해한 후 천에 석유를 묻혀 대강의 녹을 벗겨낸 후 다시 조립하였다. 누나는 제사 때 쓰다 남은 초를 찾아내 불을 밝히고 보자기를 나의 목에 둘렀다.

걱정스러운 표정의 세 사람은 비장한 각오로 앉고 섰다. 스프링의 반동을 시험해 본 형은 쇠뭉치나 다름없는 수동 바리캉을 나의 뒷머리에 대었다. 싸늘한 쇠의 감촉을 느끼자마자 머리칼이 당겨지면서 빠지는 아픔이 왔다. 형의 입에서 “이거 안 되겠는데”하는 소리가 나왔다. 나는 머리를 깍아야 한다는 생각에 “참을 수 있어” 하고 말하였다. 누나는 “그래, 조금 참아봐” 하고 격려하였다.

참을 수 있다는 말에 형은 다시 바리캉을 내 머리에 대고 조심조심 깎기 시작했다. 나는 아픔을 참느라고 눈물을 흘리고 깎는 형은 어떻게든 안 아프게 깎아 보려는 손놀림 속에 긴장의 땀이 흐르고 촛불을 들고 서 있는 누나는 너무 안타까워 조바심치며 땀을 흘렸다. 그들 사이로 무심하게 초는 녹아내렸다.

한 시간이 넘는 사투 끝에 작업은 끝났다. 모두가 깊은 한숨을 몰아쉬었다. 나는 고마운 마음을 표하려고 형의 얼굴을 보았다. 어쩐지 벌레 씹은 얼굴이었다. 누나의 얼굴을 보았다. "고생했다"고 하는 말에 힘이 없었다. 머리를 만져 보았다. 혹시 머리털이 빠지면서 피가 나지 않았을까 걱정이 되어서였다. 손바닥을 살펴보니 피는 없었다. 다소 안심하며 다시 머리를 만져 보았다. 뭔가 감촉이 이상하여 누나가 들고 있는 촛불을 뺏어서 거울 앞으로 달려갔다. 머리에 검은 무늬가 보였다. 꼴이 말이 아니었다. 나는 화를 내면서 외쳤다. "이게 뭐야! 머리가?", "이런 머리가지고 내일 어떻게 학교에 가?" 모두가 난감한 표정이었다. 누나가 가위를 찾아왔다. 할머니가 바느질할 때 쓰는 시커먼 쇠로 된 큰 가위였다.

이번에는 누나가 내 머리에 달라붙어 다듬기 시작했다. 조금 나아지기는 했으나 꺼림칙한 기분은 가시지 않은 채 '개그'같은 머리 깎기는 막을 내렸다.

이해할 수 없을 것이다. 그렇다 이해할 수 없는 일들이 일상사처럼 벌어지던 옛날 이야기이다.

어린 시절의 바닷가

절기는 입추(立秋)라는데 불볕더위는 오늘도 계속될 것 같다. 바람 한 점 없는 산길을 오르려니 구슬땀이 비 오듯 흐른다. 새들은 더위에 지친 듯 조용한데 매미 소리만 요란하다. 매미 소리 따라 어린 시절의 여름 바닷가가 눈 앞에 펼쳐진다.

제주에는 참매미는 볼 수 없고 말매미가 많았다. 놀이 기구나 시설이 없던 때라 심심하면 매미가 우는 나무를 올려 보다가 매미가 보이면 살금살금 기어 올라가 손으로 잡았다. 눈치 빠른 매미는 손이 덮치기 전에 날아가 버리고 우둔한 놈이 손에 잡히면 잡고 내려와 말총으로 묶어 날려 보기도 하고 숫놈의 가슴통을 누르며 맴맴 소리가 나게 하면서 괴롭히기도 하였다. 매미와의 장난에 싫증이 나면 바닷가에 가서 개헤엄을 치기도 하고 물 싸움을 하며 놀다가 낡은 자동차 튜브를 가지고 온 아이가 있으면 그것에 매달려 놀았다.

때로는 작은 물고기를 잡아 긴 줄에 매달아 막대기에 묶어 물 속 모래 바닥에 꽂아 놓으면 모래 속에 살던 꺽갱이(꽃게)가 나와 물고기 미끼를 뜯어 먹는다. 그때 살금살금 다가가면 재빠르게 도망가는 놈도 있고 느린 놈은 나의 손에 잡혔다. 발로 주변을 더듬으면 발끝에 밟히는 놈도 있어 잡았다. 그때 잡던 꺽갱이는 서해안에서 잡는 꽃게와 달리 바닷가의 얕은 물속에서 사는 것이므로 아주 작은 놈들이었다. 딱딱한 껍질만 있어 먹을 만한 속살은 빈약하였다. 썰물 때 갯바위가 드러나면 바위 틈에 있는 게를 쇠꼬챙이로 잡다가 굴이 있으면 까먹고 톳이나 청각 미역 등이 보이면 뜯어 먹었다.

보름이나 초하루 전후의 사리 때 물이 많이 빠지면 고동을 잡기도 하고 돌 틈에서 게 낚시를 하였다. 게 낚시는 20~30cm쯤 길이의 줄에 작은 물고기를 미끼로 매달아 돌 틈에 드리우면 게들이 미끼 냄새를 맡고 사방에서 모여든다. 이때 줄을 잡아 올리면 게도 따라 올라와 손으로 잡았다. 시간 가는 줄도 모르고 게 낚시에 몰두하다 보면 어느덧 밀물이 밀려오고 해는 서산에 기울고 있었다. 잡은 게를 모아 담은 그릇을 들고 집에 와 작은 절구에 넣어 빻아 즙을 낸 다음 체로 걸러내어 좁쌀을 넣고 죽을 쑤었다. '게죽'의 맛은 먹어보지 않은 사람에게는 아무리 설명해도 모른다. 그야말로 천하일미인 게죽은 한 여름 무더위를 이기는 보양식이었다.

때로는 모험을 하기도 하였다. 해안에서 약 2km 거리에 있는 암초는 사리 때만 모습을 드러냈다. 그 암초에는 소라와 오븐제기(전복의 일종) 등 해산물이 많았다. 나는 한번 다른 아이들과 함께 그 암초로 헤엄쳐 갔다. 옷을 모두 벗어 바위 틈에 눌러 놓고 알몸에 철사를 목걸이처럼 목에 걸었다. 육지에서 바라볼 때는 가까운 거리처럼 보였으나 막상 바다에 뛰어들어 헤엄을 쳐 보니 멀고도 먼 거리였다. 개헤엄으로 이 악물고 허우적거리다 보니 암초에 도착했으나 기진맥진하였다.

그러나 암초의 여기저기에 보이는 소라들을 보니 생기가 솟아나 열심히 잡아 돌멩이로 까서 목에 걸고 간 철사에 차례차례 꽂았다.

소라 목걸이를 다시 목에 걸고 마지막 남은 힘을 모아 헤엄기 출발 지점으로 돌아왔다. 집에 가서 어머니께 자랑삼아 모험담을 말씀드렸더니 크게 꾸중하셨다. 소라 몇 개 잡으려 위험한 짓을 했다는 것이었다.

우리 마을의 바닷가는 검은 모래로 덮여 있어 모래찜으로 유명하다. 여름이 되면 제주도 전 지역뿐만 아니라 일본에 사는 교포들도 찾아와 뜨거운 모래에 찜질을 하며 신경통 피부병 등을 치료하였다. 어머니도 신경통으로 고통을 겪고 있었으므로 여름이면 5~6일 간 모래찜을 하셨다. 이 때에 나는 아침 일찍 일어나 모래판으로 나가는 것이 하루의 시작이었다. 모래판에 나가 자리를 확보하고 사람이 누울 수 있을 만한 크기의 구덩이를 파서 햇빛에 뜨거워지도록 기다린다. 그리고 '숨부기'라는 가느다란 관목을 여러 개 묶어 베개를 만들었다. 숨부기는 주변 모래언덕에서 자라나 쉽게 얻을 수 있었으며 잎에서 나는 향기가 좋고 모래찜할 때 땀이 고이지 않아서 많이 이용하였다.

10시가 지나 구덩이의 모래가 뜨거워질 때쯤이면 어머니께서 찜질장으로 나오셔서 파놓은 구덩이에 누우시고 나는 솔박(나무 바가지)으로 머리만 남기고 온몸에 뜨거워진 모래를 덮어 드렸다. 어머니는 얼굴을 우산이나 삿갓 등으로 가린 채 뜨거운 모래 속에서 땀을 흘리신다. 한 시간쯤 누워 계시던 어머니가 더위를 참지 못하고 일어나 바닷물에 몸을 적시며 더운 몸을 쉬시는 동안 나는 다시 구덩이를 파고 덮는 일을 하루에도 몇 번 반복하였다. 찜질 중에 어머니 얼굴에 흐르는 땀이 눈에 들어가지 않도록 닦아드리고 냉수를 떠 오고 음식을 준비하였다.

맨발이 뜨거워 깡충깡충 뛰지 않으면 견딜 수 없을 정도로 뜨거운 모래 위에서 며칠을 보내면 보릿짚 모자를 쓰고 있지만 얼굴은 익은 대춧빛이 되고 온몸은 새까맣게 탔다. 저녁에 집에 와서 보면 피부에 물집이 생겨 가렵고 아팠다. 이러는 동안 여름은 갔다.

어린 시절에도 여름은 오늘처럼 더웠다. 그러나 재미도 있었다. 그때 뛰놀던 바닷가가 그립다.

사탕수수에 담긴 정

어느 집에서 관리하는 텃밭인지 무성하게 자란 잡초 사이에 옥수수 세 그루가 서 있다. 이맘때쯤이면 튼실하게 자란 줄기와 잎새 사이에 몇 개의 큼직한 옥수수를 매달고 있어야 하는데 씨만 뿌리고 관리를 제대로 안 한 탓인지 작고 가냘픈 잎과 줄기 사이에 조그만 옥수수 하나가 힘겹게 끼어 있다. 가느다란 줄기에 간신히 붙어 있는 옥수수를 보니 마치 아프리카 어느 나라의 처연한 모습이 떠오른다. 전쟁과 기아에 시달리는 한 여인의 마른 가슴에 매달려 우는 어린아이의 가여운 모습을 보는 것처럼 가슴이 아프다.

옥수수와 아프리카에 대한 생각은 시공을 넘어 배우 김혜자씨가 쓴 〈꽃으로도 때리지 말라〉에서 읽은 한 구절로 옮아갔다. 김 씨가 에티오피아에서 구호 활동 중 도움을 받은 청년이 헤어질 때 "도와줘서 너무 고맙다" 고 인사하면서 사탕수수 몇 개를 새끼줄로 묶은 다발을 건네주더라는 것이다. 김 씨는 사탕수수 다발을 받고 그 청년의 딱한 처지와 착한 마음에 감동되어 돌아서서 울었노라고 썼다. 이 글을 읽고 나의 어린 시절이 생각되었기 때문에 얼마 전에 읽은 글이 잊혀지지 않고 나의 기억에 남아 있다.

사탕수수는 어린 시절의 추억 어린 먹을거리였다. 열대지방이나 아열대지방에서 자라는 사탕수수가 언제부터 제주에서 재배되었는지는 모르나 어린 시절 제주에서 흔하게 볼 수 있는 식물이었다. 요즈음 강원도 등 산간 지역에서 재배하는 수수와 줄기 모양은 같으나 수수는 이삭에서 열매를 얻으려고 심지만 사탕수수는 줄기에서 나오는 맛있는 즙을 먹기 위해 심었다. 시골의 농가에는 크든 작든 텃밭이 있고 집집마다 어린아이들이 자라고 있었기 때문에 사탕수수 몇 그루씩은 모든 집에서 심었다.

제주에서는 사탕수수를 '대죽'이라 불렀다. 왜 그런 이름이 붙었는지는 알 수 없으나 짐작하건대 대처럼 마디가 있고 바람이 불 때 잎이 서걱거리는 소리가 대나무를 닮아서가 아닐까 혼자서 짐작해 볼 뿐이다. 대죽은 봄에 씨를 뿌려 조금 자라면 그 모종을 텃밭의 돌담 주변에 옮겨 심었다. 씨를 뿌리지 못한 집에서는 이웃집에 가서 모종을 얻어서라도 심었다. 7월 말이나 8월이 되어 키가 2m 정도 자라면 연초록 색깔의 이삭이 나오고 이삭이 노르스름하게 변하기 시작하면 베어서 긴 잎과 이삭 그리고 맨 아래 딱딱한 마디와 위쪽 연한 마디를 버리고 가운데 부분 마디 3~4개만 추려내었다. 한 마디씩 손에 잡고 앞 이빨로 우산살처럼 껍질을 벗겨내면 연노란 빛 속살이 드러난다. 그것을 베어 물면 달콤한 물이 입 안을 적시며 삼복의 더위를 잠시나마 잊게 하였다.

먹을 것이 흔하지 않고 과자 같은 것을 사 먹을 여유가 없던 때라 대죽 한입 베어 물고 씹으면서 단물을 빨아먹는 즐거움은 긴 여름날의 허기를 잠깐이나마 달래주는 좋은 주전부리였다.

대죽은 집안 아이들의 먹을거리였을 뿐만 아니라 조그만 정이 오고 가는 접대용, 선물용으로도 유용하였다.

친척이 찾아왔다 돌아갈 때에는 대죽 몇 그루를 베어 새끼줄로 묶어 들려 보냈으며 어머니가 남의 집을 방문할 때에도 대죽 묶음을 들고 먼 길을 가시기도 하였다.

단 것에 익숙한 요즘 아이들 입에는 단맛이라고 할 수 없는 맛이라서 주어도 먹지 않겠지만 나의 혀 끝에 남아있는 대죽의 단물은 초콜릿 맛보다 더 진하다. 더운 여름날 나무 그늘에 앉아 매미 소리 들으며 다시 한 번 씹어 보고 싶다.

제주의 초가 - 띠집

추석날 밤이다. 방에 앉아 유리창을 통해 보름달을 바라보다 낮에 읽던 책인 〈중국, 당시(唐詩)의 나라〉를 다시 폈다. 시성(詩聖)이라 불리는 두보(杜甫)의 시 중 '띠집(茅屋)이 가을바람에 부서져 부르는 노래'가 나의 옛 생활을 떠올리게 하는 바가 있어 다시 읽어 본다.

팔월 가을 깊어 바람이 울부짖더니
우리 지붕 위 세 겹 띠를 말아가 버렸네
띠는 날아 강을 건너 들판에 흩뿌려져
높은 것은 긴 나무에 걸리고
낮은 것은 굴러다니다 연못에 가라앉네

……………………………………………………………………

지붕 새어 침상 머리 마른 곳 없고
빗발은 삼 줄기 같이 그칠 줄 모른다.

시와 시가 쓰여진 당시의 상황을 읽으면서 떠오른 생각은 1958년 추석날의 사라호 태풍이었다. 지금까지 살아오면서 매해 많은 태풍을 겪었지만 내 기억에 남아 있는 것은 60여 년 전의 그 태풍이다. 태풍이 제주도를 강타한 때는 추석날 아침이었다. 새벽부터 비바람이 거세지더니 차례를 지내기 위해 준비한 음식을 진설할 때쯤 지붕이 날아간다는 어머니의 외침 소리가 들렸다. 깜짝 놀라 집 밖으로 나와 보니 지붕을 덮었던 띠가 바람에 날리고 있었다.

그때 집에는 어머니와 나 그리고 어린 동생뿐이었다. 비바람을 무릅쓰고 가마니와 나무 토막을 지붕 위로 올린 다음 어렵게 올라갔다. 바람에 날리는 부분을 가마니와 쌀 포대 등 덮을 수 있는 것은 모두 동원하여 덮고 그 위에 나무 판자, 나무 토막 등으로 누른 다음 다시 돌덩이를 올려놓았다. 사람마저 날릴 정도의 바람과 싸우며 간신히 지붕을 지켜내고 내려오니 팔과 다리의 긁힌 자국에서 핏물이 흘러내렸다.

집 안으로 들이치는 빗물을 닦아내고 겨우 추석 차례를 지낸 후에도 지붕이 걱정되어 몇 번이나 나가 지붕을 쳐다보면서 마음 졸이던 일이 지금도 생생하다. 새마을운동으로 지붕이 개량되어 요즈음에는 농촌에 가도 초가집을 보기가 어렵지만 당시 농촌에는 대부분 초가집이었다. 초가집은 볏짚으로 덮는 것이 일반적이나 제주에서는 벼를 재배하지 못하여 볏짚이 없을 뿐 아니라 바람이 많은 지역이라 볏짚으로는 지붕을 지킬 수 없었다.

제주도의 초가집은 새(띠풀, 억새의 일종)라는 풀을 덮고 띠로 꼬아서 만든 밧줄로 그물 엮듯이 지붕을 묶었다. 띠로 덮은 지붕은 2년에 한번 새로운 띠풀을 덧씌워 덮어 주고 밧줄도 새로 만들어 묶어 주어야 했다. 보통한 집에는 안거리(안채)와 마주보는 또 한 채의 집(밖거리)이 있었으므로 매해 한 채씩 지붕 덮기 행사를 해야 했다.

문제는 지붕을 덮는 띠풀이 흔하지 않다는 것이다. 띠풀은 밭에서 재배하는 것이 아니라 한라산 중산간 지역에서 자연적으로 자라는 풀이므로 일부러 산에 가서 베어 와야 했다. 소나 말을 기르고 있는 집의 경우에는 건초용 목초지를 갖고 있으므로 그곳에서 지붕용 띠풀을 확보하기가 비교적 쉽고 또 자가 소유 마차로 옮길 수 있지만 목초지도 우마차도 없는 우리는 한라산 중산간 지역의 억새나 띠풀이 자라는 곳으로 찾아가 억새 틈에서 조금씩 자라는 것을 베어 모아 등짐으로 집까지 옮겨야 했다. 그러나 등짐으로 많은 양을 조달할 수가 없어서 마차가 있는 집을 따라가 조금의 도움을 받기도 하지만 대부분은 돈을 주고 사와야 했다.

띠풀을 확보한 다음에는 지붕을 엮을 밧줄을 만들어야 했다. 지붕을 덮는 띠는 1m 내외로 잘 자란 것을 사용하고 밧줄을 만드는 띠풀은 50cm 정도 이하의 짧고 보드라운 것을 사용했다. 밧줄은 볏짚으로 새끼 꼬듯 한 번에 만들 수 없고 한 줄씩 따로 만들어 나중에 줄 두 개를 엉켜 꼬이게 하였다. 한 줄을 만들려면 최소한 두 사람이 있어야 한다. 서 있는 사람은 줄 호랭이(한 쪽 끝에는 손잡이, 다른 쪽 끝에는 낚시 모양이 고리가 있는 약 70cm 정도의 막대를 대롱 속에 끼워 돌릴 수 있게 만든 기구)를 돌리면, 앉아있는 사람은 잽싼 손놀림으로 계속 띠를 이어 붙여 줄이 되도록 하였다. 줄의 길이는 지붕의 가로, 세로 길이에 따라 정해지나 대략 20~30m 정도이며 줄의 수는 지붕을 약 20cm 정도의 간격으로 가로 세로로 엮으므로 집의 크기에 따라 결정되었다.

하나의 밧줄을 만들려면 두 개의 줄을 합쳐 꼬아야 하므로 이번에는 도구를 든 두 사람이 각각 한 줄씩 도구에 끼워 서로 반대 방향으로 돌리고 한 사람은 앉아 두 줄을 나무틀 구멍에 끼워 꼬아지도록 돌려 준다. 이 단계에서 또 한 사람은 두 손으로 각각의 줄을 잡아 줄이 엉키지 않고 고르게 꼬아지도록 조정해 준다. 이렇듯 직경이 약 5cm 정도의 밧줄을 만드는데 최소한 4명이 있어야 했다.

지붕을 덮는 날에는 두 사람이 지붕 위로 올라가서 낡은 밧줄을 걷어내고 지붕을 잘 고르면 마당에 있는 두 사람이 띠 묶음을 지붕으로 던져 올린다. 지붕 위의 작업자가 띠 묶음을 풀어 지붕에 골고루 덮으면 마당에서 밧줄을 올리고 지붕 위에서는 밧줄을 가로 세로로 간격을 맞추어 늘어뜨린다. 마당에 있는 사람은 지붕의 양쪽에서 밧줄을 팽팽하게 당겨서 처마 끝의 고정대에 묶는다.

모든 과정이 사람의 손으로 이루어지는 것이므로 이렇게 긴 설명을 했으나 이해하지 못할 줄 안다. 어쨌든 1년에 한 번 하는 지붕 덮기는 재료난, 인력난 그리고 많은 경비 때문에 심적 경제적 부담이 큰 일이었다.

지금 내 고향에서 띠집을 보기는 어렵다. 도시에서 생활하던 사람들은 새마을 사업으로 초가집이 없어지자 무분별한 개발로 우리 농촌의 전통이 사라지고 농촌의 아늑한 분위기를 잃었다고 개탄하였다. 그것은 초가집에 살아보지 않은 사람들의 일종의 낭만으로 생각할 수 있으나 초가집의 불편함과 고충을 모르기 때문에 하는 소리이다.

두보가 살던 1500년 전이나 내가 살던 60년 전이나 초가집에 산다는 것은 걱정이 많았던 것 같다. 그런 걱정들이 이제는 옛날이야기가 되었다.

사연 많았던 통학 길

내리막길을 달리는 버스 뒤를 쫓아가며 뛰는 소년이 있었다. 흙먼지 속에서 손을 내저으며 외치고 있다. "내 모자~!, 내 모자~!" 한참 후 버스에서 까만 물건이 떨어져 흙바닥 위에서 구른다. 소년은 그 물건을 집어 들고 안도의 한숨을 내쉬며 흘러내리는 땀을 손등으로 닦는다. 얼굴은 먼지와 땀으로 얼룩져 있다.

중학교 동창생들의 모임에서였다. 학교 시절의 추억담을 얘기하던 중에 한 친구가 말하였다. "야, 경식아! 너, 중학교 때 잘 달렸지, 엄청 빨리 뛰었어." 하고 말하였다. 나는 그 말의 뜻을 몰라 한참 그 친구의 얼굴을 쳐다봤다. "아, 왜 그때, 버스와 달리기 시합했잖아!" 그 말을 듣고 생각이 났다. "너, 그것을 어떻게 알아?" "내가 그 버스에 타고 있었거든" 모든 일이 분명히 떠올랐다.

중학교 3학년 때로 기억된다. 5월 말 어느 토요일 오전 수업을 마치고 집으로 돌아오는 길, 날씨는 덥고 배는 고팠다. 친구들과 언덕길을 터벅터벅 오르는데 만원 시외버스가 언덕길을 기어가듯 올랐다. 나는 장난기가 발동되어 버스 뒤에 있는 짐 싣는 상자에 매달렸다. 그런데 갑자기 검은 손이 나타나 나의 모자를 빼앗고 버스에 올라타 버렸다. 버스 조수였다. 당시에는 건장한 청년들이 조수로 일하였다.

이거, 보통 큰일이 아니다. 모자를 안 쓰고는 교문 안으로 들어갈 수 없다는 생각이 머리를 스쳤다. 오르막길이 끝나고 내리막길로 들어선 버스는 속력을 내기 시작했다. 나도 버스를 따라 젖 먹던 힘을 내어 뛰었다. 버스와의 거리는 점점 멀어지고 가슴은 터질 듯이 뛰고 다리에 힘은 풀리기 시작했다. 그때 조수가 내 모자를 버스 밖으로 내던진 것이다.

모자 하나가 뭐 그리 대단하다고 그 활극을 벌여야 했느냐는 질문이 나올 것이다.

대단히 소중한 것이었다. 팔려면 한 푼도 받을 수 없는 낡은 모자였지만 사려면 나의 형편으로는 큰돈이 있어야 하는 모자였다. 당시에 학생들은 동복 입는 기간인 10월부터 5월까지는 일본 식민지 시대의 학생 복장 그대로 검정색 상하의에 검정색 모자를 착용했다. 윗옷에는 다섯 개의 단추, 옷깃에는 학교와 학년 표지 뱃지, 모자에는 학교 표지 모표가 부착되어 있어야 했다. 등교 시 이런 복장이 아니면 교문에서 기율 부원과 선생님에게 혼이 났다. 그렇다고 그 모자가 새 모자도 아니었다. 다 닳은 채양을 뜯어내고 말가죽을 잘라 붙인 모자였다.

집에서 학교까지는 약 7km의 거리였다. 아침저녁 이 길을 오고 가는 사이에 사연이 많았다. 추운 겨울 몰아치는 찬바람은 손과 발을 얼게 하였다. 저녁에 집에 와서는 동상 걸린 손과 발을 따뜻한 김치 국물에 담가 얼음을 빼야 했다. 손과 발은 얼다 녹았다 반복하는 과정에서 때로는 아프고 때로는 가려웠다.

이런 아들의 고생을 덜어 주려는 어머니는 새벽밥을 지어 놓고 집을 나서 남의 집 앞에서 서성거렸다. 그 집 앞에는 군용 트럭이 서 있었고 운전자는 그 집 사위였다.

아침 일찍 출근하는 그 운전자에게 아들의 승차를 부탁해 보려는 것이었다. 운전자가 나와 시동을 걸었으나 걸리지 않자 운전자는 화가 난 표정으로 나무토막을 주워다가 불을 붙인다. 추위에 윤활유가 얼어붙어 시동이 안 걸린 것이다. 걱정스런 어머니도 나무 막대를 주워 차 밑으로 밀어 넣는다. 운전자가 기분이 풀리면 승차를 부탁하려는 것이다. 어머니의 눈물겨운 노력 덕으로 재수 좋은 날은 트럭 짐칸에서 찬바람을 맞으면서도 호사를 누리는 날이 어쩌다 있었다.

장마가 계속되는 여름에도 어려움이 많았다. 여러 날 비가 계속 내리면 집에 있는 쌀 포대, 헌 옷이 모두 우비로 동원되었다. 어느 날은 아버지가 입으시던 검정색 오버코트를 쓰고 집을 나섰다. 장대비 속에 몇 분이 지나자 파란색 잉크 같은 물이 온몸을 적셨다. 마치 파란색 물감 통에서 꺼낸 몰골이었다. 입으나 벗으나 마찬가지인 우비 아닌 우비를 걸치고 학교에 갔다 또 가지고 왔다. 젖은 옷을 입고 앉아 공부가 되었는지 기억이 없다. 자주 있는 일이기 때문이다.

하교 길은 언제나 배가 고팠다. 길 양쪽은 모두가 밭이었다. 보리가 익어갈 철에는 보리 이삭을 뽑아 손바닥으로 비벼 알맹이를 털어먹고 가을에는 고구마나 무를 서리하였다. 7월에 보리 수확이 끝난 밭에 들어가면 돌담 주위나 돌무더기 주위에 자라난 산딸기가 빨갛게 익어 간다. 정신없이 몇 줌 따먹고 집에 있는 동생을 위해 도시락을 채웠다.

가끔은 재미있는 일도 벌어진다. 어느 날 나는 누나가 갖고 있는 손목시계를 보았다. 통사정하여 하루만 차보기로 하여 빌렸다. 시계를 손목에 차고 등교길에 올랐다. 학교에 가려고 집에서 나오는 시간이 비슷하기 때문에 큰길에서 자연스럽게 선후배들이 만나 함께 걸어간다. 나는 눈치를 보다가 손목의 시계를 보이며 자랑하였다. 선배 한 분이 가까이 오더니 "야,

경식아 나도 한번 차 보자. 그 대신 너의 가방을 내가 대신 들어 줄게" 나는 "안 돼, 우리 누나 시계인데 남에게 보여주지 말라고 했어" 하고 도망갔다. 그 선배는 계속 쫓아다니며 떼를 썼다. 나는 할 수 없이 "저기까지 갈 때까지만 차고 돌려줘." 말하고 빌려 주었다. 그러자 다른 선배들도 한번 차 보자고 졸랐다. 그날 나는 학교까지 가는 동안 순서대로 시계를 빌려주고 책가방을 교대로 맡기고는 어깨에 힘주고 학교에 갔다.

지금의 시선으로 보면 별 시시한 얘기라고 할 수 있다. 그러나 손목시계 하나는 시골 아이들에게 부러움의 대상이었다. 이런저런 일을 겪으면서 중학교 3년을 마쳤다.

참외 장수와 졸업장

나의 중학교 시절은 4·3사건의 여파와 6·25전쟁 등으로 국가적으로나 개개인의 생활 면에 있어서 어려운 시기였다. 나의 경우 문제가 된 것은 학비였다.

매 분기마다 내야 하는 수업료를 제때에 내지 못해 독촉을 받을 때마다 마음고생이 심했지만 집에 와 어머니께 제대로 말씀드리지도 못했다. 그러나 학기 말이나 학년 말 시험 때는 사정이 달랐다. 학교에서 수업료 미납자는 시험을 못 치게 하고 귀가시켰다. 아침밥 먹고 나간 아들이 풀 죽은 모습으로 낮에 집으로 돌아오면 어머니는 알아차린다. 그때부터 어머니는 돈이 있음 직한 집을 기웃거리셨다. 그렇게 하면서 3년을 마쳤으니 고등학교 진학을 포기할 수밖에 없었다.

돈을 벌고 싶었다. 돈을 벌려면 어디 사환으로라도 들어가야 한다. 영림서를 찾아갔다. 거기에는 동네 아는 형이 사환으로 일하고 있었다. 친척이 철물점을 한다고 하는 집을 찾아가 부탁도 해 보았다. 성냥공장에 가서 일꾼이 필요하냐고 물어도 보았다. 모두 헛수고였다. 어른도 일터가 없는데 어린 나에게 일자리 줄 만한 곳이 있을 리 없었다.

당시에는 많은 사람들이 일본에 사는 친척을 찾아 밀항하였다. 일본은 우리나라에 6·25전쟁이 일어나면서 군수물자 조달로 경제가 살아나 일자리가 있었던 것이다.

나는 일본에 아는 사람도 친척도 없었다. 그래서 뭔가 할 수 있는 일을 생각하다 참외를 심기로 하였다. 퇴비를 지어 나르고 구덩이를 파고 씨를 심은 후 정성껏 키웠다.

7월이 되자 열매가 크게 자랐다. 도둑을 막기 위해 원두막을 짓고 밤낮을 지키면서 익기를 기다렸다. 7월 말쯤에 잘 익은 참외를 따기 시작했다. 그때의 참외는 지금의 노란색 일색인 것과 달리 색과 모양이 다양하였다. 씨앗을 사다가 심는 것이 아니라 집에서 받아둔 것을 심었기 때문에 씨앗이 다양하였고 예부터 내려오는 토종들이어서 색깔도 노랑, 연초록, 진초록 등 여러 가지인데다 모양도 배꼽 달린 것, 호리병 모양, 둥근 것 길죽한 것 등 다양하였다. 하나하나를 코에 대보며 익은 냄새나는 놈만 정성껏 따서 한 부대를 만들었다. 드디어 내가 돈을 벌수 있는 기회가 왔다는 벅찬 기대를 품고 이웃 마을 먼 친척이 운영하는 가게로 찾아갔다. 친척은 참외를 살펴보더니 잘 익었다면서 참외 값을 계산해 주었다. 나의 예상액보다 많지 않았으나 기분은 날아갈 것 같았다.

이후 3~4일에 한 번씩 참외 부대를 짊어지고 6~7km를 걸어 제주 시내에 있는 상점에도 찾아갔다. 8월 무더위 속 한낮에 무거운 참외 부대를 지고 먼지 날리는 먼 길을 걸어간다는 것은 쉬운 일이 아니었다. 한참 걸어가면 얼굴과 등줄기를 타고 흐르는 땀 위로 잘 익은 참외가 터지면서 끈적끈적한 액체가 허리와 엉덩이를 거쳐 다리로 흘러내렸다. 눈으로 들어가는 땀을 손으로 훔치며 가다 쉬고 다시 걸으며 돈을 받을 수 있다는 희망을 가지고 걸었다.

문제는 참외 값을 받고 나서 그 돈을 안전하게 집까지 갖고 돌아오는 일이었다. 6·25 때 피난 온 아이들을 수용하고 있는 고아원이 여러 곳에 있었고 어떤 아이들은 길거리에서 나 같은 아이를 불러 세워 돈이나 물건을 뺏는 일이 종종 있었기 때문이었다.

참외 값을 받고는 가슴이 뛰었다. 사방을 살피며 걸어 가다 멀리 아이들이 서 있는 것이 보이면 겁이 났다. 눈치를 보며 슬슬 걸어가다 아이들 앞을 지나갈 때는 죽기 살기로 뛰었다. 더위나 허기를 느낄 사이가 없었다.

참외 장사가 끝난 어느 날 어머니에게 사정을 말씀드리고 돈을 받아 들고 졸업한 중학교를 찾아갔다. 조마조마한 마음을 누르며 직원실 안을 살펴보니 졸업 때의 담임 선생님이 보였다. 죄인처럼 망설이며 선생님 책상 앞으로 걸어가 "선생님, 여기 졸업비 가져왔어요. 졸업장과 졸업사진을 주십시오." "응? 그래" 하며 돈을 받아 서랍에 넣고는 여기저기를 뒤지기 시작했다.

한참 후에 "아, 없는데."하며 나의 얼굴을 쳐다보았다. 없다는 말을 듣는 순간 나는 가슴이 '쿵'하고 무너짐을 느꼈다. 무더위와 싸우면서 걷고 뛰면서 가졌던 소망의 하나가 물거품이 되었다는 사실에 실망감이 컸다. 그러나 선생님은 미안해 하거나 안타까워 하는 기색이 아니었다. 나는 할 말을 잃었다. 졸업비를 내었으니 졸업장을 주어야 할 것이 아니냐고 불평 한마디도 못 했다. 돈도 잃고 졸업장도 졸업사진도 날아가 버렸다. 직원실을 나와 하늘을 올려다보았다. 눈부신 태양만이 내려 쬐이고 있었다. 눈물이 흘러내렸다. 아픈 가슴을 안고 먼지 날리는 길을 걸었다. 소망을 안고 갔던 길을 허망과 빈손으로 돌아왔다.

졸업장과 졸업사진이 어떻게 되었기에 그랬느냐고 묻고 싶을 것이다.

요즘은 어떤지 모르겠으나 그 당시에는 중학교 졸업 시에 사은회비 등 경비와 졸업사진 한 장 값을 졸업비라 하여 납부하였다. 나는 그 돈을 내지 못하였고 담임은 돈을 가져와야 준다고 하였다. 경제적 여건으로 고등학교 진학마저 포기한 나의 입장에서는 어쩌면 마지막 학력을 증명할 수 있는 것이 졸업장이요, 중학교 시절의 추억으로 남을 수 있는 유일한 것이 흑백 졸업사진 한 장이었다. 그러나 나에게는 그것이 없었다. 언제나 마음 한구석이 비어 있었다. 나에게 있어서 그렇게 소중한 것이 그 선생님에게는 별 의미가 없는 것이었다. 60여 년이 지난 지금 중학교 때의 선생님 이름은 거의 잊었지만 그 선생님의 얼굴과 이름만은 잊혀지지 않는다.

울안에 아름답게 피어나던 꽃

하늘이 어두워지고 가까운 하늘에서 천둥소리가 들리더니 그쳤던 비가 다시 쏟아진다. 발걸음을 빨리하여 산을 내려오다 텃밭 모퉁이에 봉선화가 빗속에 서 있는 것을 보니 나도 모르게 노래가 입술 사이로 나온다.

울 밑에 선 봉선화야 네 모양이 처량하다.
길고 긴 날 여름철에 아름답게 꽃 필 적에
어여쁘신 아가씨들 너를 반겨 놀았도다.

어릴 적에 자주 불렀던 노래여서 가사와 곡조가 기억 속에 되살아났다. 빗속의 봉선화를 보니 불현듯 내가 꿈을 키우던 옛 고향 시골집이 그리워진다.

지금은 도시계획에 따라 마을 길을 넓히면서 내가 살던 집은 흔적도 없이 사라져 버렸지만 울안에는 철 따라 많은 꽃이 피고 졌다. 여름 이맘때쯤이면 채송화, 백합, 수국, 칸나, 다알리아 등이 다투어 피었다. 채송화는 마당을 거의 뒤덮을 정도로 자라나 빨강, 노랑, 분홍, 하얀색 꽃들을 피워냈다. 오전 10시쯤부터 피기 시작하여 오후 2시가 지나면 꽃잎을 오므리지만 뜨거운 햇볕 속에 벌 나비를 불러 한낮의 향연을 즐기는 듯하였다. 일요일 툇마루에 앉아 열심히 피어나는 올망졸망한 작은 꽃들을 바라보면서 망중한에 빠지곤 하였다.

수국은 비 오는 날이 아름답다. 돌담을 배경으로 파란색, 자주색 작은 꽃들이 모여 만들어 낸 꽃 덩어리가 빗방울을 머금고 싱싱하게 피어있는 것을 보면 천진난만한 어린아이가 빗속에서 뛰어놀며 밝게 웃는 모습을 닮았다. 그 옆에는 남국의 고향을 그리워하는 듯 문주란이 하얀 꽃잎을 터뜨렸다.

지금도 코끝에 남아 있는 듯 향기 짙은 백합은 여름밤의 더위를 식히는 청량제가 되었다. 뒤뜰에 무더기로 피어 순백색의 아름다움을 뽐내며 진하게 퍼져가는 그 향기는 여름밤 온 집 안을 가득 채웠다.

장독대 옆에는 칸나가 여름의 정열을 상징하듯 우뚝우뚝 서 있었다. 큼직한 잎 사이에서 솟아오른 꽃대에 피어나는 새빨간 꽃들은 태양과 대결하는 자세로 도도하기만 하였다. 가장 화려하게 눈길을 끄는 것은 다알리아였다. 훤칠하게 쭉 뻗은 줄기 위에 지름 10cm 정도의 꽃들이 빨강 분홍 자주, 노랑, 하얀색의 미모로 수줍은 듯 고개를 숙인 채 담장 너머로 그 화사함을 자랑하였다. 그 외에도 접시꽃 분꽃 등이 집안 구석구석을 차지하여 저마다의 아름다움과 은은한 향기로 나의 마음을 어루만져 주었다.

여름에 피는 꽃 중에서 눈에 띄게 예쁘지도 않고 향기가 진하지도 않으면서 옛 추억을 건드리는 꽃이 봉숭아라고 불리는 봉선화다. 7~8월 뜨거운 여름날 돌담 곁에서 조용히 피었다 조용히 떨어졌다. 요새도 어린 소녀들이 손톱에 봉선화 물을 들이는지 모르겠으나 나는 어릴 적 손위 누나와 함께 손톱에 분홍색 물을 들여 본 적이 있다.

어른들이 나의 손톱을 보고 사내자식이 여자애처럼 손톱에 물들였다고 놀릴 때는 지우려고 애쓴 적도 있다.

생각은 순식간에 70년 전으로 갔다 다시 돌아와 빗속에 흔들리는 봉선화를 본다. 거세게 내리는 비에 움츠러든 모습이 오늘의 나를 보는 것 같아 씁쓸하다.

소나무

땀을 흘리면서 산길을 오르는데 돌덩이 같은 무거운 것이 등 뒤에서 떨어지는 소리가 들려 반사적으로 돌아보니 주먹보다 큰 잣이 땅바닥에 구르고 있다. 위를 올려다보니 힘차게 뻗어 있는 잣나무 가지 사이에서 청설모 한 마리가 눈을 반짝이며 나를 쳐다보고 있다. 그놈이 잣을 빼어 먹으려고 떨어뜨린 것이다.

다시 눈을 돌려 주위를 살펴보니 녹색 숲 곳곳에 빨간 단풍이 든 나무들이 박혀 있다. 잎이 마른 잣나무들이다. 모두 허리에 붉은 띠를 감고 잘려 나갈 날을 기다리고 있다. 지난 겨울만 해도 하얀 눈을 이고 장엄한 아름다움과 눈서리에 굴하지 않은 기개를 자랑하던 나무들이다. 좀 더 걸어 올라가니 소나무들도 빨간색 허리띠를 매고 있다. 허리띠가 하나인 나무, 둘이나 셋씩인 것도 있다. 자세히 살펴보니 허리띠 셋은 다 말라 죽은 나무, 둘은 잎이 반 정도 마른 나무, 하나는 잎이 마르기 시작한 나무이다. 모두 사형선고를 받았으나 사형 집행까지 남은 기간에 차이가 있을 뿐인 것 같다. 작년에도 몇 그루 잘려 나가는 것을 보고 마음이 아팠는데 앞으로 이들 나무들도 더 이상 볼 수 없게 될 것 같아 가슴 한구석이 아려 온다.

이러한 불행의 원인은 소나무 에이즈라는 재선충병 때문이란다. 이 병은 솔수염하늘소가 소나무 잎을 갉아 먹을 때 몸에 기생하던 재선충이 소나무에 침입하여 소나무를 말라죽게 하는 병이다. 예방약도 치료제도 없어 병에 걸린 나무를 베어 내고 불에 태워 재선충을 죽임으로서 확산을 방지하는 방법밖에 없다 하니 참으로 큰일이 아닐 수 없다.

우리나라 사람은 살아서는 소나무로 지은 집에 살다 죽어서는 소나무 관 속에 들어간다 할 정도로 가장 친숙한 나무인데 이런 추세로 간다면 앞으로 소나무 구경하기가 어려워질까 걱정이 된다.

나에게 있어서도 소나무만큼 인연이 깊은 나무도 없다. 나의 어린 시절에는 소나무가 무서운 나무였다. 땔감이나 목재가 귀하던 때이라 허가없이 소나무 가지를 자르기만 해도 산림법 위반으로 처벌받았기 때문에 공포의 대상이었으며, 또한 솔잎을 갉아먹는 송충이 잡기에 동원되었으므로 밉고 귀찮은 나무였다.

요즘에는 송충이 보기가 쉽지 않지만 옛날에는 소나무에 열매가 달린 것처럼 매달려 솔잎보다 송충이가 더 많기도 하였다.

보기 싫은 사람을 송충이 같다고 하듯이 솔나방 애벌레인 송충이 큰 놈은 6~7cm의 수염이 많은 흑갈색의 애벌레로 징그럽고 몸서리나는 벌레이다. 학교에서 송충이 잡는 날, 학생들은 깡통을 주어다 줄을 매달아 만든 통과 부엌에서 쓰는 집게나 대 막대로 만든 것을 들고 소나무가 많이 자라는 산으로 갔다.

깡통에 꿈틀거리는 송충이가 가득 차면 파놓은 구덩이에 쏟아 넣고 다시 잡아넣는 일을 수차례 반복한 후 구덩이에 기름을 부어 태웠다.

가을에는 솔방울 주워 모으기가 초등학교의 주요 과제 중 하나였다. 요즈음에는 솔방울을 줍는 것은 그것으로 장식물을 만들거나 혹은 그 씨앗을 얻기 위한 것이지만 그때에는 겨울 추위에 대비한 난방재였다. 늦가을

이 되면 몇 차례 오전에만 수업하고 오후에는 쌀 부대나 가마니 등 주워 담을 수 있는 용기를 들고 소나무가 많은 곳으로 갔다. 여기저기 떨어져 있는 솔방울, 마른 나뭇가지, 썩어가는 나무뿌리 등을 줍거나 캐내어 가져간 용기에 담아 학교로 옮겨 쌓아 두었다가 한 겨울에 직원실 난로의 연료가 되었다. 난로 위에는 큰 주전자를 올려놓고 물을 끓였으나 학생들이 마실 기회는 거의 없었다.

토요일이나 일요일에는 집에서 취사용으로 쓸 솔잎을 걷으러 가서 소나무 아래를 헤매었다. 소나무 잎은 사시사철 푸른색을 띠고 있으나 다른 나무와 같이 가을에 잎이 떨어진다. 소나무 잎은 돋아난 후 2년 만에 떨어지기 때문이다. 이런 잎들을 긁갱이로 긁어모아 직육면체 모양의 덩어리로 만들어 칡 줄로 묶은 다음 멜빵이나 지게로 짊어지고 집으로 와 쌓아 두었다가 겨울에 취사용 연료로 사용하였다.

소나무를 보면 가끔 부끄러운 기억이 떠오른다. 내가 사범학교에 다닐 때에는 남학생들이 근육질 몸매를 자랑하는 것이 유행하여 많은 아이들이 집에 역기나 평행봉 등 기구를 두고 운동하였다. 몸이 허약했던 나도 운동을 하여 남들처럼 근육을 만들어 보고 싶었으나 우리 집에는 마땅한 운동기구가 없었다. 궁리 끝에 생각해 낸 것이 남몰래 소나무를 베어다가 집에 평행봉을 설치하는 것이었다. 밭에 일하러 다니면서 점찍어 둔 소나무를 베기 위해 캄캄한 밤에 집을 나섰다. 밭주인에게 들켜서도 안 되고 경찰이나 기타 단속원에게 알려지면 벌금을 물어야 하므로 남의 눈에 띄지 않도록 일부러 달도 없는 밤을 택한 것이다. 집에서 3km 정도 떨어진 소나무밭에 이르러 녹이 슨 톱으로 베었다. 나무 베는 소리가 크게 나지 않도록 신경 쓰며 자르려면 시간이 오래 걸리고 거기에 긴장감이 더하여 흐르는 땀은 온몸을 적셨다.

베어 내어 작은 가지를 쳐내고 다듬어진 소나무 한 개를 지게에 올려 짊어지고 집에 돌아오면 자정이 넘곤 하였다. 이처럼 가슴 떨리는 일을 여섯 번이나 해야 했다. 기둥 네 개에 평행대 두 개, 총 여섯 개가 필요했기 때문이었다. 그 일도 매일 계속하면 남의 눈에 띌 염려가 있었으므로 며칠 건너 하루씩 출동하느라 여러 날이 소요되었다.

소나무 여섯 개가 확보되자 껍질을 벗기고 잘 다듬은 후 흙을 칠해 오래된 소나무인 것처럼 만들고 마를 때까지 기다렸다. 3~4개월의 준비 끝에 땅을 파서 기둥을 세우고 그 위에 나무 두 개를 올려놓아 평행봉의 모습을 갖추었다. 마음이 뿌듯하였다. 내가 소망하던 근육을 만들 수 있는 기회가 온 것이다. 그러나 꿈은 날아가 버리고 말았다. 평행대로 쓴 나무가 일직선으로 곧은 것이 아니어서 그 위에서 운동을 하면 오히려 병이 난다고 다른 사람들이 말렸기 때문이다. 천신만고 끝에 세운 평행봉은 마당 구석에서 쓸쓸히 서 있다 어느 날 장작의 신세가 되고 말았다.

위법을 저지르면서도 운동을 하고 싶었던 그때를 생각하면 지금도 쓴웃음이 나온다. 이런 애환이 서린 소나무가 우리 산천에서 점점 없어지는 것을 볼 때마다 가슴이 아프다. 어떤 묘안이 빨리 나오기를 기원할 수밖에 없는 나의 무력함이 서글프다.

나의 살던 고향

등산길 쉼터에 설치된 운동기구를 이용하여 운동을 하는데 한 쪽 벤치에 앉아있는 노인 두 분이 서로 인사를 나누고 다정히 이야기를 나누는 소리가 들린다. 어디 사시느냐고 시작된 대화가 고향이 어디냐고 물으면서 계속 이어진다. 이야기 중 친숙한 억양에 같은 고향 출신임을 직감한 모양이다. 까마귀도 내 땅 까마귀가 더 반갑다는 속담이 맞는 것 같다.

우리나라는 땅덩어리는 작으나 높은 산이나 강 그리고 바다를 경계로 하여 지역이 형성되고 발전하는 과정에서 지방마다 쓰는 말이 조금씩 다르고 억양도 특색이 있어 몇 마디 말을 나누면 곧 어느 지방 출신임을 알 수 있다. 그러나 내 고향 제주도 출신이 하는 말을 듣고 제주 출신이라고 아는 사람은 적다. 전라도에 살든, 경상도에 가 살든, 서울에 살든 그 지역 말투를 잘 따라 한다.

젊은 시절 술집에서 한잔 술을 마시는데 마담이 나를 보고 "혹시 고향이 제주도 아니세요?"하고 말을 걸어왔다. 나는 깜짝 놀라 "예? 내 얼굴에 제주도 놈이라고 쓰여 있습니까?" 하고 반문하였더니 "그게 아니라 제주도 사람이 쓰는 표준어는 독특한 억양이 있어 그 차이를 제주도 사람만이 알아낼 수 있다"는 것이었다. 사실이다. 나도 어떤 사람의 말소리를 들으면 그가 제주 출신임을 알아낼 수 있다. 그 마담과 나는 고향 출신을 만나서 반갑다며 술 몇 잔을 더 마셨다.

같은 고향 까마귀를 만나면 반갑고 사람도 만나면 반가운 고향이라는 것은 무엇이며 나에게 고향의 의미는 무엇인가를 생각해 본다. 나의 고향은 제주시 중심가에서 동쪽으로 7~8km 떨어진 변두리 농촌이었다. 복숭아꽃 살구꽃 피는 아름다운 마을도 아니고 넓은 평야가 펼쳐진 곡창지대도 아니며, 수산물이 풍부한 어촌도 아니다. 많은 것은 해안의 검은 모래와 바닷가에서 용솟음쳐 오르는 차디찬 용천수이다. 물의 맛이 너무 좋아 마을 이름도 가물개(감물개 : 맛있는 단물이 나오는 바닷가, 甘水洞)라 하였다.

이 물은 한라산에 내린 비가 지하로 내려가 흐르다가 우리 마을의 해안가에 이르러 큰 암석에 막혀 더 이상 지하로 흐르지 못하여 지상으로 솟아오르는 것으로 일 년 내내 섭씨 8도 정도의 온도를 유지해 겨울에는 따뜻하게 느껴지고 여름에는 차가워서 물속에 발을 담그면 금방 빼내야 할 정도였다. 물이 용출되는 장소도 여러 곳이고 나오는 양도 엄청나서 음료수용, 빨래터 겸 여자 목욕장, 남자 목욕장이 각각 따로 있었다. 여름에 바다에서 놀다가 몸을 씻으려고 목욕장에 가면 수십 명이 모여 몸을 씻고 친구들끼리 물 속에 들어가 오래 버티기 내기를 하기도 하였다. 그러나 열을 세기 전에 대부분 튀어나오고 이기려고 오래 버티다가 나오면 이가 부딪힐 정도로 몸이 떨렸다.

이런 물이 있어 오랜 옛날 신석기인들이 주거를 이루어 살았음을 알려주는 신석기 유적지도 가까이 있고 그 부근에 고인돌이 있었던지 마을 이름도 거석동(큰 돌이 들려져 있는 동네)이라 부른다. 또 마을 동쪽에는 원당봉이라는 기생화산이 있다. 이 산은 크고 작은 봉우리 7개로 이루어져 있는데 오래전부터 내려오는 전설을 안고 있다.

고려시대 탐라(제주의 옛 이름)를 지배하던 원나라의 황후(고려 출신)가

아들이 없어 걱정하자 어떤 술사가 고려 땅에 봉우리가 7개 있는 산이 있는데 그 산을 찾아 치성을 드리면 아들을 얻을 수 있다고 말하였다고 한다. 그 말에 따라 찾아낸 산이 우리 마을 옆에 솟아있는 산으로 여기에서 치성을 드린 후 아들을 얻었으니 그가 원의 마지막 황제 순제가 되었다고 한다. 그에 대한 답례로 산 이름을 원당봉이라 부르게 하였으며, 사찰을 세우고 경내에 7층 석탑을 세웠다고 전해진다. 지금도 원당봉에 칠탑사가 있으며 어릴 적에 외할머니와 어머니를 따라가서 열심히 부처님께 절을 하기도 하였다.

이런 자연적인 환경은 어려운 시절 가난을 해결하는 데는 별 도움이 되지 않았다. 마을 사람들은 보리와 조를 심어 밥을 먹고 고구마로 부족한 식량을 보충했으며, 유채나 맥주보리 등을 재배하여 약간의 돈을 만졌다. 이 외에 어머니들이 돈을 벌 수 있는 일은 양태(옛날 양반들이 머리에 쓰는 갓의 채양)와 탕건(갓 아래 받쳐 쓰는 관의 하나)을 만드는 일이었다.

양태는 대나무를 쪼개어 가느다란 실같이 만들어 둥그런 나무 판자 위에서 가로 세로 엮어 옷감을 짜듯이 엮었다. 호롱불을 양태판 가운데 올려놓고 침침한 눈을 모아 긴 바늘로 대나무 실 하나하나를 엮어 만들었다. 한 장을 만드는데 농한기 때 아침부터 밤늦게까지 하면 3~5일, 농번기 때는 10여일 이상 걸렸다. 이렇게 어렵게 만든 양태는 중간 수집상이 사들여 경남 통영으로 보내 갓을 만드는 바탕이 되었다. 그리고 말총(말의 꼬리털)으로 탕건을 만들었다. 양태와 탕건을 만드는 것이 우리 마을의 수공업이었다. 그것으로 어머니들의 허리는 휘어지고, 다리는 저렸으며, 시력은 떨어졌다.

그러나 4~5명의 어머니 할머니들이 모여 앉아 양태를 만들면서 농사 걱정, 돈 걱정, 자녀 걱정, 길흉사 치를 걱정을 서로 나누며 답답한 마음을 달랬을 것이다.

바닷가 마을이지만 먼 바다까지 모래 바닥이었으므로 낚싯배를 정박시킬 포구도 없었고 제주 여인의 대명사인 해녀도 몇 집이 안 되었다. 마을 사람들은 죽으나 사나 손바닥 만한 땅 뙈기에 코를 박고 거기에 가족의 생명을 의탁하고 살았으니 가난을 벗어날 길이 없었으며, 따라서 마음 놓고 놀아 볼 기회도 여유도 없었다. 겨우 신명을 풀어 볼 기회라면 음력 정월 보름 전후 벌어지는 걸궁(농악놀이) 정도였다. 걸궁패가 북과 장구 꽹과리를 치며 길 따라 집과 집을 순회하며 돌아가면 여인네들은 그 행렬을 따라가며 춤을 추었다.

지금도 아프게 기억되는 것은 나의 어머니의 춤이었다. 원래 노래도 춤도 잘 못해 놀이판에 끼는 일이 없는 어머니가 걸궁 행렬의 뒤를 쫓아가며 춤을 추고 있었다. 하얀 치마저고리를 입고 넋을 잃은 여인처럼 북과 꽹과리의 박자와 상관없이 너울너울 나비가 나는 것처럼 팔을 흔들었다. 세상만사를 잊은 듯 고개를 숙인 채 천천히 팔을 들었다 내렸다 하며 휘청거리듯 걸어가는 어머니의 모습에 원인 모를 슬픔의 덩어리가 어린 나의 가슴에 던져지는 느낌이었다. 어머니는 춤을 추는 것이 아니었다. 꽹과리 소리에 흥이 난 것은 더욱 아니었다. 슬픔을 감추기 위해 아픈 가슴을 억누르기 위해 하는 몸짓이었다. 남편을 떠나보낸 아픔을, 한 집안의 종부로서의 삶, 그리고 혼자 어린아이들을 키워야 할 한없는 무게감을 털어내려는 일종의 몸부림이었다고 생각한다.

나는 요즈음 고향을 찾는 일이 드물다. 찾아가도 고향이 고향 같지 않다. 나를 반겨 주시던 어머니도 안 계시고 꿈을 키우던 집도 마을 길을 넓히느라 사라져 버렸다. 구불구불한 마을 길은 직선으로 변하고 친구들과 어울려 놀던 공터는 흔적도 없다. 게를 잡던 바닷가는 매립되어 해안도로가 되거나 음식점이 들어서 있고 알몸으로 헤엄쳐 가서 소라 잡던 섬에는 등대가 세워져 있다. 고동 잡던 곳은 이웃 마을 해녀조합에서 이용권을 갖고 있어 타인의 접근을 막는다. 옛 친구들은 거의 타계했고 만나는 사람들은 생면부지이다. 어디 하나 옛 추억을 되살리며 다시 한 번 체험해 볼 공간이 없고 인정도 없다.

그저 잘 만들어진 해안가 도로를 거닐며 예나 지금이나 변함없이 있는 원당봉과 한라산을 바라보며 옛날의 추억을 되살려 볼 뿐이다.

이제 고향은 내 기억 속에만 있다. 그 기억 속의 고향을 찾는 것이 나의 고향과의 만남이다.

빗물에 떠내려가는 땀의 결실

조팝나무가 숲길 여기저기에서 수줍은 듯 하얀 꽃을 피워 내고 있다. 나의 고질병의 하나는 아름다운 꽃을 보면서도 그 아름다움 자체보다 그 꽃의 이름이나 관련된 사연에 더 관심이 가는 것이다.

조팝꽃을 보면서 '왜 꽃이 하얗게 피었는데 이런 이름이 붙여졌을까' 하고 의아한 생각이 들었다. 거의 같은 시기에 피는 이팝나무는 피어있는 꽃모습이 하얀 쌀밥을 보는 것 같아 금방 이해할 수 있었으나 조팝나무 꽃은 조팝으로 보이지 않아 인터넷을 뒤졌더니 꽃이 핀 모양이 튀긴 좁쌀을 닮았다 하여 그 이름이 붙여졌다는 것이다.

우리 조상들이 얼마나 먹고사는 문제가 절실했으면 아름답게 피어 있는 꽃을 보고서도 밥을 떠올렸는가를 생각해 본다. 조팝(밥)은 좁쌀로 지은 밥이고 조는 가을에 거두어들이는 곡식이다. 너희들은 좁쌀로만 지은 노란색 조팝을 먹어본 일도 없을 것이고 1년생 조와 그 이삭을 본 일도 아마 없을 것이라고 생각한다. 조는 보리와 함께 가장 중요한 먹을거리였고 보리 수확 후 7월 경에 씨를 뿌려 10월 말에서 11월 초에 거두었다. 조를 재배하는데 있어서 가장 힘든 일은 검질(잡초, 김) 매는 일이었다. 식물이 왕성하게 자라는 여름철이라 소와 함께 잡초도 무성하게 자랐다. 잡초를 뽑아 주어야 조가 잘 자랄 수 있으므로 보통 세 벌(3회) 김을 매었다.

초벌과 두벌 째는 아직 조가 덜 자란 때이므로 더위 속에서도 참아낼 수 있었으나 세 벌 김을 맬 때는 60~70cm 정도 자라나 쪼그리고 앉아 김을 매려면 나의 작은 몸은 완전히 잎 속에 파묻혔다. 8월 뜨거운 햇볕 아래 오전 11시쯤 되면 지열이 올라오기 시작하고 옥수수 잎 같은 날카로운 잎은 땀에 젖은 목덜미를 따갑게 긁고 바람을 막아 체감온도를 한층 끌어올린다. 밀짚모자를 눌러쓴 얼굴에는 구슬같은 땀이 흐르고 숨이 막힐 지경이 된다. 일어서서 바람도 쬐고 허리도 펴고 싶지만 참는다. 덥다고 자주 일어서면 일이 언제 끝날지 알 수 없다. 어차피 해야 하는 일인데 참고 계속 손을 놀린다. 일에 몰두하다 보면 더위를 잊었다.

지금도 잊혀지지 않은 기억은 남의 밭 김을 매던 일이다. 우리 집에는 소가 없었기 때문에 밭을 갈 때 김을 매어 준다는 조건으로 소와 밭 가는 사람을 빌렸다. 그 약속을 지키기 위해 어머니와 함께 소의 주인집의 밭에 김을 매러 갔다. 나는 아이였으므로 어른 몫을 해야 두 사람 몫이 되기에 어른들에 뒤처지지 않으려고 죽기 살기로 김을 매었다. 힘들었다. 더욱 힘든 것은 부모를 따라 점심을 갖고 온 소녀의 눈길이었다.

사춘기 때인 나는 같은 또래의 여학생의 밭에서 일꾼으로 김을 매고 있는 일이 부끄러웠다. 점심을 먹으면서도 고개를 들 수 없었다. 그날 오후는 시간이 너무 느리게 흘렀다.

9월이 되면 길이가 15cm 정도의 원통 모양의 이삭이 나오고 가을 바람 속에 누렇게 익어간다. 10월 중순이 지나면 낫으로 베어 2~3일 동안 밭에서 말린 후 이삭을 하나하나 잘라내어 가마니에 담아 집으로 운반한다. 집 마당에 풀어놓아 잘 마르면 도리깨로 타작을 한다. 도리깨에 얻어맞은 이삭은 조와 껍질 검불로 분리되며 이것을 바람이 잘 통하는 곳으로 옮겨 솔박(소나무로 만든 바가지)에 담아 들고 어깨 높이에서 쏟아 내리면 가벼운 겨 등은 날아가고 알곡은 떨어져 모인다. 이렇게 얻은 알곡은 마당에 멍석을 깔고 널어 말린 후에 방아를 찧어 껍질을 벗겨야 밥을 지을 수 있는 좁쌀이 되었다. 모두 땀의 결실이다.

11월 초엽 어느 토요일, 어머니는 밭에 가면서 멍석 위에 조를 널어 두었다. 가을볕과 바람에 말리려는 것이었다. 나는 학교에서 돌아와 늦은 점심을 먹고 책을 보다가 식곤증으로 잠이 들어 버렸다. 꿈결에 밖에서 이상한 소리가 나는 듯하여 퍼뜩 잠이 깨어 귀를 기울이니 비가 쏟아지는 소리였다. 순간 "아차, 큰일이구나!" 하고 문을 박차고 밖으로 나가 보니 멍석 위에서 말리던 조가 물에 쓸려 흘러가고 있었다. 정신없이 솔박과 바구니를 찾아 들고 비 쏟아지는 마당으로 뛰어들어 떠내려가는 조를 건져 담았다. 그때 어머니가 헐레벌떡 들어오셨다. 마당에서 벌어지는 모습을 보시고는 비명같은 소리를 지르셨다. 어머니께서는 빨리 손을 써서 거두어들이지 않았다고 푸념과 야단을 번갈아 치셨다.

나는 할 말이 없었다. 점심 먹고 잠이 든 것을 탓하기도 하고 그놈의 비가 하필 잠든 틈에 내려 여름 내내 땀 흘린 결실을 잃게 하였다고 하늘을 보며 원망을 하였다. 그러나 다 소용없는 일이었다. 어머니께서는 겨울 동안 먹을 양식을 잃었으니 살아갈 일이 걱정이라며 깊은 한숨을 쉬셨다. 나는 젖은 옷도 갈아입지 못한 채 죄인처럼 툇마루에 앉아 빗속에 누워 있는 멍석만 바라보고 있었다.

오랜 시간이 흐른 오늘에도 조팝나무는 나의 아픈 기억을 생생하게 되살려 가슴 한구석을 아프게 하고 있다. 지금은 어머니도 안 계신다. 조팝 먹어 본 지도 오래되었다. 남아 있는 것은 비에 떠내려가는 조를 건져내던 아픈 기억뿐이다.

백록담에서 지샌 빗속의 하룻밤

일상에서 벗어나는 일은 살아가는데 활력이 된다. 그래서 사람들은 여행을 떠나거나 가까운 교외에라도 나가 기분 전환을 하고 학생들은 수학여행을 가서 현장에서 배우고 경험하고 느끼는 시간을 갖기도 한다.

1950년대에 초·중학생들이 집을 떠나 멀리 수학여행을 갔는지는 모르겠다. 아마 내가 가지 못했기 때문에 기억하지 못하고 있을지도 모르겠다. 초등학교 때는 일 년에 봄과 가을 두 차례 원족을 갔다.

원족은 멀리 걸어간다는 뜻으로 답답한 마음을 풀기 위해 바람을 쏘인다는 뜻의 소풍과는 뜻이 다르다. 그래도 매일 똑같이 반복되는 일상에서 벗어나 한번 멀리 걸어간다는 것은 기다려지는 일이었다. 매일 먹는 밥과 달리 쌀이 섞인 밥에 계란부침 하나라도 더 먹을 수 있고 학교를 떠나 산과 들에서 뛰어다니며 놀 수 있어 좋았다.

더욱 기대되는 것은 무엇인가를 따 먹을 수 있다는 것이다. 먼지 날리고 돌 뿌리에 채이면서 한 시간 이상 걸어가는 원족에서 기억에 남는 일은 먹는 것과 관련된 것뿐이니 듣기에도 한심하고 지겨울 것이다. 어쨌든 봄에는 계곡으로 가거나 오름(제주도에 있는 기생화산)으로 갈 때가 많았다. 계곡에는 기암괴석과 울창한 나무숲이 있으나 그런 경치보다 진달래꽃이 먼저 눈에 들어왔다. 진달래는 먹을 수 있는 꽃이기 때문에 참꽃이라 불렀다. 여유 있는 집에서는 전병을 만드는 우아한 식재료이지만 우리는 그냥 먹을 수 있는 것이기에 따 먹었다.

먼 거리를 걸어가느라 지치고 허기진 뱃속에 들어간 진달래꽃이 발효되어 알콜 성분이 만들어 지는지 술을 마신 듯 취기가 올라오고 많이 먹은 아이들은 토하기도 하였다. 그런들 어떠랴, 어쩌다가 먹어보는 별미요 맛이 새콤하여 청량음료를 마신 것 같고 잠깐이나마 허기도 잊을 수가 있었다. 점심시간이 지나면 아이들은 구석구석을 흩어져 참꽃을 열심히 땄다. 자기가 먹은 것을 가족에게도 맛보게 하고 싶은 것이다.

우리가 어린 시절에는 색다른 음식을 보면 집에 있는 식구를 생각했다. 잔칫집에 가거나 친척집의 제사에 가서도 음식이 나오면 자기는 조금만 먹고 나머지는 싸 들고 집에 와서 부모님이나 형제와 나누는 것이 사람의 도리라 생각했다. 가족 간의 따뜻한 정이라 할 수 있다.

봄에 들판이나 오름으로 원족을 갔을때는 삥이(삘리) 뽑느라 정신이 없었다. 삘리는 보릿고개 때 아이들의 주전부리 감으로 아주 좋은 것이었다. 삘리는 봄철에 돋아나는 풀의 일종으로 줄기를 손으로 잡아 뽑으면 줄기 속에 젖은 솜 같은 가느다란 것이 들어 있어 그것을 빼어 먹었다. 삘리를 열심히 뽑아 손에 잡고 하나씩 까서 입에 넣으면 약간 단맛이 난다. 주요 성분이 섬유질이므로 많이 먹으면 변비가 생기기도 하였다. 부지런한 아이들은 삘리를 많이 뽑아 주먹 정도의 부피로 묶어 5일시장이나 거리에서 팔기도 하였다. 워낙 간식거리가 없던 시절이라 나도 친구들과 함께 이것을 뽑으려고 다닌 적이 있다.

가을 원족 때 제일 인기가 있던 곳은 볼레나무(보리수)가 많은 오름이었다. 볼레는 지역에 따라 종류가 많고 크기도 다양한데 우리 고향 볼레는 크기가 메주콩 반 크기의 것으로 매우 작았다. 그러나 가을이 되면 붉게 익은 열매가 나뭇가지에 다닥다닥 열려 있어 먹음직스럽게 보인다. 윗옷을 벗어 나무 아래 펼쳐놓고 나뭇가지를 흔들면 잎과 함께 열매가 떨어진다. 한 줌 쥐어 입에 넣으면 달콤한 즙이 나왔으나 씨가 들어 있어 때로는 모두 삼키고 때로는 즙만 삼키고 씨는 뱉어 냈다. 도시락을 가득 채워 집으로 돌아오는 일은 가을 원족의 또 다른 즐거움이었다.

이러한 원족은 아침에 떠나 저녁에 돌아오는 하루의 행사에 불과하다. 나의 기억 속에 2박 3일로 집을 떠나본 것은 한라산 등반이었다. 사범학교 2학년 때인 1957년에는 한라산 민간인 출입통제가 완전히 풀렸다. 4·3사건 후 폭도들이 한라산을 근거지로 활동하였으므로 토벌대 외엔 한라산 가까이에 갈 수 없었다.

7월 말 여름방학을 이용하여 우리 학년 남학생 40명 중 30여 명이 일행이 되어 등반길에 올라 관음사에서 일박하였다. 관음사는 제주도 조계종 사찰의 본사로 이름 있는 절이었으나 4·3사건으로 불에 타 없어지고 기둥만 앙상한 초가가 있을 뿐이었다. 다음날 새벽 등산길에 오르니 어둑한 산길은 나무와 덤불로 덮여 있고 길다운 길이 없었다. 안내를 하는 사람과 인솔교사가 원시림 사이로 길을 만들고 나아가면 학생들은 좁고 험한 나무 틈 사이로 쫓아갔다. 험한 길을 오르느라 허덕이는데 비마저 쏟아지기 시작했다. 나는 매부로부터 빌린 군인용 우비를 머리부터 뒤집어썼다. 미군이 쓰던 것이고 천막용으로도 사용되는 것이었으므로 키가 작은 나에게는 머리에서 등의 배낭을 덮고도 반은 땅에 끌릴 정도로 너무 컸다.

한라산의 비는 거세었다. 아무리 미국제라고는 하지만 우비 속으로 스며든 빗물은 옷이든 배낭이든 모든 것을 적셨다. 우비와 배낭의 무게는 점점 늘어나는데 거추장스러운 우비는 나무에 걸리고 다리에 감겨 힘든 길을 더욱 힘들게 만들었다. 한 손으로는 흘러내리는 땀과 빗물을 훔쳐내고 한 손으로는 우비를 걷어 올리며 덤불과 나무 사이에서 헐떡거렸다.

1,950m는 너무 높았다. 주저앉고 싶었으나 주저앉을 수도 없었다. 하늘도 안 보이는 원시림 사이에서 동서남북도 분간 할 수 없는 곳에 앉아 낙오자가 될 수 없었다. 살고 싶으면 걸어야 했다. 시간이 흘렀다. 비가 그치고 사방이 눈에 들어왔다. 햇빛이 비추고 파란 하늘이 보였다. 원시림 지대를 벗어나 추워서 나무가 자라지 않은 지대까지 이른 것이다. 올려다보니 백록담 주변이 기암괴석이 보였다. 일행은 다시 힘을 내어 기다시피 하여 올라갔다.

산 아래를 내려다보고 모두가 탄성을 지르고 환호했다. "와! 바다가 보인다!" 눈 아래 펼쳐진 광경은 그야말로 장관이었다. 종일 내린 장대비로 씻어낸 제주 하늘은 유리알처럼 맑았고 바다는 눈 아래까지 다가와 있었다. 한라산에서 바다 사이의 모든 것이 손에 잡힐 듯 선명하였다. 파란 바다와 초록색 들판 사이사이에 박혀 있는 마을들은 한 폭의 그림이었다.

백록담 주변 3km를 일주하였다. 산 아래 펼쳐진 제주도의 모든 마을, 제주시에서 동쪽으로 돌아서 조천 세화 성산포 표선 서귀포 중문 대정 한림 애월을 다 보았다. 백록담 정상 일주가 제주도 일주였다. 마치 경비행기를 타고 내려다보는 것 같았다. 마지막으로 한라산 정상에서 바라보는 일몰을 기다렸다.

그러나 즐거운 구경도 거기까지였다. 백록담의 산신령이 심술이 났는지 다시 바람이 거세지고 안개가 빠르게 온 산을 덮기 시작했다. 서둘러 백록담 안으로 내려가 사방을 둘러보니 신선이 사슴들과 놀았다는 바닥에는 올챙이들만 바글거리고 있었다. 날은 점점 어두워지고 비가 내리기 시작했다. 우비 겸용 천막을 치고 3~4명씩 조를 지어 그 속에 웅크리고 앉았다. 백록담 정상을 일주하며 멋있는 경치에 감탄하고 있는 동안에는 배고픔도 젖은 옷도 잊었으나 비가 억수같이 쏟아지는 천막 속에 앉아 있으니 추위와 배고픔이 몰려왔다.

빗속에 밥을 지을 수 가 없어 4명이 낮에 먹다 남은 보리 미숫가루를 꺼내 한데 모으고 한 숟가락씩 교대로 떠먹기로 약속했다. 사방이 완전히 어두워져 그릇이 보이지 않았다. 더듬으며 교대로 한 숟가락씩 떠먹었다. 두 번째 차례 때 한 아이가 숟가락을 입으로 가져가더니 "아 ~" 하고는 숟가락을 다시 그릇으로 가져가는 기미를 느꼈다. 깜짝 놀란 세 아이에게서 동시에 욕설이 튀어 나왔다. "야! ○○야, 너 왜 한 번에 두 숟갈 먹으려 해?" "아냐, 아까 그 숟가락은 어두워서 빈 숟가락이었어. 그래서 다시 먹으려 하는 거야" 진짜인지 가짜인지 알 수 없었다. 이제 약속이고 뭐고 숟가락 4개는 그릇이 있음직한 곳을 향해 돌진하였다. 입에 들어가는 것은 별로 없었다.

미숫가루 한 숟갈을 두고 다투던 일도 세차게 내리는 비에 씻겨 가고 하룻밤을 어떻게 넘기느냐가 걱정되었다. 위에서는 비가 스며들고 바닥에는 물이 흐르는 조그만 천막 속에서 돌맹이를 깔고 앉아 추위에 떨며 졸다 깨고 다시 조는 사이에 날이 밝았다. 물에 빠진 생쥐 같은 몰골의 30명은 물구덩이 길을 첨벙거리며 서귀포 쪽으로 내려갔다.

서귀포에서 나는 서둘러 그릇 파는 상점을 찾아갔다. 집에서 식기로 가지고 온 알루미늄 그릇이 지난밤 좁은 천막 속에서 발을 잘못 디뎌 찌그러져 버려 혹시 어머니의 걱정을 들을까 염려되었기 때문이었다. 큰누나가 모처럼 가는 여행이라고 준 용돈인데 그릇 보충하는데 쓰게 되어 너무 아까웠다. 이렇게 2박 3일의 생애 첫 여행은 극기훈련으로 막을 내렸다. 집 나가면 고생이라는 말을 절감한 체험이었으나 그 고생이 있었기에 오래도록 기억되는 것이다. 어린 시절의 여러 가지 체험은 값진 것이라고 생각한다. 그런 체험을 통해 몸과 마음이 성장되는 것이다.

네잎 클로버의 추억

산에서 내려오면서 보니 나와 연배가 비슷한 노인이 지팡이로 풀 속을 헤치며 무엇인가를 찾고 있었다. 가까이 다가가 인사 겸 무엇을 찾고 있느냐고 물었더니 웃으면서 "네 잎 클로버가 있는가 보고 있어요" 하고 대답하였다. 나는 "아, 예" 하고 간단히 인사를 하고 헤어져 내려오면서 "저 나이에 어린아이처럼 나폴레옹의 목숨을 살렸다는 행운의〈네 잎 클로버〉를 찾고 있을까, 아니면 청소년 시절 4-H운동을 하던 기억이 되 살아난 것일까" 하는 생각과 함께 〈네 잎 클로버〉라는 단어가 나의 기억의 실마리를 끌어 당겼다.

1950년대 농촌 청소년 운동으로 4-H운동이 전국적으로 퍼지고 있었다. 지성(Head), 덕성(Heart), 근로(Hands), 건강(Health)의 뜻을 지닌 단어의 머리글자 〈H〉를 네 잎에 아로 새김으로써 네 잎 클로버는 4-H운동의 상징이 되었다. 지식과 지혜, 충성스런 마음, 부지런한 손, 건강한 몸을 모토로 전개된 4-H운동은 농촌 청소년으로 하여금 농사와 가정 또는 사회 생활에서 필요한 지식을 학습하고 스스로 실천하여 지역 사회와 국가 발전에 이바지하는 일꾼을 키우는데 목적을 두었다.

사범학교에 다니던 나는 마을의 선배들과 4-H구락부를 조직하고 총무의 일을 맡아 농사방법의 개량, 새로운 품종의 도입 등의 활동과 더불어 생활 폐습 개선 운동을 전개하였다. 정부에서는 4-H운동의 활성화를 위해

각 시, 도, 군별로 4-H 활동을 평가하고 시상하였는데 나는 학교에 다니느라 농작물 경진대회에는 나갈 수 없었고 후배들의 발표 자료를 만들어 주고 웅변 대회에 나가 수상하기도 하였다. 당시 4-H운동을 하던 청소년들은 나중에 농촌 지도사가 되고 1970년대 전개된 새마을운동의 지도자가 되었다.

그 외에도 마을의 발전을 위한 여러 가지 활동에 참여하였다. 지금도 기억나는 일은 밤에 공회당에 등잔불을 밝히고 칠판을 마련하여 학교에 다니지 못하는 아이들에게 공부를 가르친 것이다. 그때에는 생활이 어렵고 집에 일손도 부족하여 아이들을 학교에 못 보내는 집이 적지 않았다. 그래서 식민지 시대 계몽운동으로 야학을 열고 아이들을 가르친 것처럼 한글과 산수를 가르치기도 하였다.

겨울방학 때는 동네 선후배들과 연극패가 되어 동네 공터에 가설 무대를 꾸미고 연극을 공연하기도 하였다. 볼거리 없는 시골이라 연극이 공연되는 날 밤에는 온 동네 사람들이 모이고 뜻있는 어른들은 기부금을 내주었다. 나는 연극의 주인공으로 출연도 하고 끝난 후 회계 처리를 담당하였다. 연극을 하여 받은 기부금은 각종 경비를 빼고 나면 남는 돈이 얼마 되지 않았다. 그래서 영화 필름을 빌려다 상영하였다.

학교 운동장에 천막을 치고 관람자에게 돈을 받았다. 영화는 1930~40년대에 제작된 무성영화였다. 사람들이 많이 모였다. 서부의 사나이들의 총싸움도 볼 만하였고 유럽의 도시들의 멋진 건물도 눈길을 끌었다. 특히 변사들의 독특한 억양의 해설은 관람자들을 웃고 울게 만들었다. 영화의 내용과 변사의 대사가 맞는지 틀리는지는 상관이 없었다. 때로는 엉터리도 있었다. 예컨대, 변사가 "두 대의 자동차가 영국의 빠리를 달리고 있었으니~" 하고 목청을 높이면 관람자중 몇 사람은 반사적으로 "무슨 영국의 빠리야? 불란서의 파리지." 하는 야유조의 반응이 나온다. 그러면 변사는 이를 받아 "좌우간 빠리는 빠리였다" 이런 식이어도 변사의 감정을 담은 해설에 박수를 보냈다.

이런저런 사업으로 벌어들인 돈은 도서를 구입하여 마을 사람들이 돌려가며 읽게 하였다. 사들인 책들은 주로 당시에 널리 알려진 소설책이 대부분을 차지하였다. 기억에 남는 책들은 이광수의 〈유정〉, 〈꿈〉, 〈무정〉, 〈흙〉, 〈사랑〉 등과 김동인의 〈대수양〉, 〈젊은 그들〉, 〈운현궁의 봄〉, 박종화의 〈금삼의피〉, 심훈의 〈상록수〉, 그리고 김소월의 시 등이다. 자기 돈을 주고 책을 사 읽을 수 없는 환경에서 나 뿐만 아니라 마을 여러 사람들이 도움을 받았으리라 생각한다.

지금 생각해 보면 나와 같은 세대는 요즘 세대와 다른 청소년 시절을 보냈던 것 같다. 학생으로서 공부도 하면서 자기가 살고 있는 마을의 발전을 위해 무엇인가를 하는 것을 보람으로 생각했다. 소박하고 다듬어지지 않은 꿈이었지만 순수한 꿈을 가지고 있었다.

그때가 그립다. 돌아갈 수 없어서 더욱 그립다.

정신적 근육

1950년대 우리나라는 정치적 사회적으로 불안하였으며 경제적으로 세계에서 가장 가난한 나라 중의 하나였다. 그 시절에 나는 10대의 청소년기를 농촌에서 살았다. 학교는 다녔으나 학교는 제대로 공부할 여건이 갖추어지지 않았다. 특히 4·3사건으로 교실이 불타버려 교실이 부족하였다. 초등학교 3~5학년 때는 교실이 없어 이곳저곳 교실을 찾아 유랑하였다.

이 마을 저 마을의 공회당이 교실이 될 때도 있었고 담임 선생님이 사는 집 마루나 마당이 교실이 될 때도 있었으며 날씨가 좋은 날에는 바닷가 모래밭에서 배우기도 하였다.

중학교도 사정은 마찬가지였다. 비가 안 오는 날은 야외에서 소나무에 칠판을 세우고 수업을 듣다 바람에 칠판이 넘어져 머리가 깨지는 경우도 있었으며 비 내리는 날에는 60~70명이 좁은 복도에 콩나물시루처럼 빽빽이 앉아 공부했다. 그런 상황에서 선생님은 제대로 가르칠 수 없었고 학생들은 제대로 배울 수가 없었다. 더욱이 집안의 경제적 사정 때문에 교과서 이외에 참고서 한 권, 영어사전 하나 없이 중 고등학교 시절을 보냈다. 통학 거리는 멀고 손위 누나들은 결혼하여 집을 떠남으로써 일손이 없어서 농번기에는 토요일 일요일은 물론 학교 갔다 와서 저녁에도 집안일을 도와야 했기 때문에 공부할 시간도 부족하였다.

학교에서도 공부 못하고 집에서도 예·복습을 못하니 뭐 하나 제대로 공부한 것이 없다. 그 결과 나는 기초 학력이 부족하다. 특히 외국어, 수학 등 기본 과목에 대한 실력이 부족하여 어른이 되어 공부하는데 상당한 어려움을 겪었으며 지금도 그 어려움은 계속되고 있다,

그러나 나는 학교에서 배울 수 없는 많은 일들을 체험하였다. 그런 체험과 시련 속에서 알게 모르게 내 정신과 신체 속에 귀중한 자산을 남겨 놓았다고 생각한다. 어린 나이에 혼자 밭에 가서 풀 베고 김매고 등짐으로 짐을 나르면서 일하는 방법을 익혔고 그 과정에서 시행착오를 겪으며 혼자 생각하고 반성하고 결심하고 행동으로 옮기는 자립정신을 배웠다. 스스로 결정하고 행동하면서 책임감의 무게를 느낄 때 하는 일에 정성이 들어가고 더 좋은 결과를 내고 싶은 욕심에 더 열심히 일했다.

사람이 혼자서만은 살아갈 수 없다는 것을 느꼈고 자기가 가진 것과 못 가진 것을 교환하며 서로 도와야 한다는 것도 배웠다. 인간은 자연 속에 살고 있으며 인간이 아무리 만물의 영장이라 해도 자연의 순리를 어기고는 살아갈 수 없다는 것도 절감했다.

곡식 한 알, 채소 한 포기를 키우는데 많은 돈과 땀과 시간이 들어간다는 것도 몸으로 체험했다.

내가 어린 시절에 얻은 자산 가운데 가장 중요한 것은 정신적 근육이라고 생각하고 있다. 근육이 있어야 몸을 움직이고 육체적 부담을 이겨낼 수 있는 힘이 생기는 것처럼 정신에도 근육 같은 것이 있어야 지구력이나 끈질김이 생기는 것이라 생각한다. 나에게서 장점 하나를 찾는다면 시작한 일을 오랫동안 지속하는 끈질김이라고 말하고 싶다. 이런 성격은 유전적으로 물려받은 바탕이 있었겠지만 밭에서 일하는 과정에서 그리고 늦여름 무더위 속에서 돌담으로 둘러싸인 산소에 혼자 앉아 낫으로 벌초를 하면

서 길러졌다고 생각한다.

여름날 무더운 더위 속에서 보리 베기든, 조 밭에서의 김매기든 밭 한쪽 끝에서 시작하여 그 줄이 끝날 때까지 중간에 일어서지 않고 끝까지 버티고 해내는 동안 조금씩 정신적 근육이 늘어난 것이라고 생각한다. 그게 뭐 대단한 일이냐고 반문할 수 있다.

35~36도의 더위 속에 무릎과 허리의 통증을 참으며 1시간 이상 버티는 것은 말처럼 쉬운 일이 아니다. 일어서서 바람을 쏘이며 더위도 식히고 허리도 펴고 싶은 것을 참고 목표 지점에 도달하고서야 일어서 허리를 펼 때의 기쁨은 큰 것이다.

성격은 습관에 의해 형성되고 습관은 한 두 번의 일로서 붙는 것이 아니라 작은 일들이 모여서 이루어진다. 지금도 나는 퇴직 후에 아침 산행을 20년간 지속하고 있다.

초임 교사 생활과 3 · 15 부정선거

1959년 3월 말에 교사 발령장을 받음으로써 사회에 첫 발을 내디뎠다. 성적이 좋은 편이어서 사범학교를 졸업하고 바로 제1차로 발령이 났기 때문에 교복 외엔 입고 나갈 옷이 없어 큰 누나와 함께 부랴부랴 시장에 나가 싸구려 양복을 사고 와이셔츠와 넥타이는 매부의 것을 빌렸다. 체구가 큰 매부의 와이셔츠를 입었으니 넥타이 맨 목은 주먹 하나의 여유가 있었고 매부에게서 얻어 신은 구두는 너무 커 구두끈을 힘껏 당겨야 발에 붙어 있었다. 더욱이 양복마저 품이 넉넉하여 첫 출근하는 모습이 아버지 옷을 입고 나온 학생처럼 보였다.

초임 학교는 집에서 약 6km 정도의 가까운 거리여서 집에서 걸어서도 통근할 수 있었으나 그 당시에는 교사는 학교가 있는 지역 내에 살아야 한다는 규정이 있어 학교 근처에 집을 빌려 자취 하였다. 그런데 얻은 집이 바닷가에 돌을 메워 그 위에 지은 집이어서 사리 때 밀물이 높아지면 부엌까지 바닷물이 들어와 솥이나 그릇 등이 둥둥 떠다니고 마루에는 게가 들어와 기어 다녔다.

그래도 생활은 재미있었다. 한 사람의 사회인으로서, 그리고 선생님으로서 가르친다는 보람을 느꼈고 밤이면 아이들이 찾아와서 집안 사정을 얘기하고 동네 사정을 알려 주며 놀다 가고는 하였다. 학생들은 나를 따랐고 나는 아이들을 열심히 가르쳤다.

찾아오는 사람들은 학생들만이 아니었다. 가끔 동네 건달이 찾아와서 용돈을 요구하면 겁이 나 어쩔 수 없이 눈물을 머금고 아까운 돈을 주고는 괴로워하기도 하였다. 교사의 입장에서 더욱 어려운 일은 세금 납부를 독려하러 가정을 방문하는 일이었다.

당시에는 교육세라는 세금이 신설되어 교육청에서 면사무소에 파견 나온 직원이 직접 교육세를 수납하였다. 교사들은 구역을 나누어 교육청 직원과 동행하여 세금 납부를 독려하였다. 학부형들이 교사의 부탁을 무시하지 못하여 수납 실적이 올라갈 것을 기대한 것이다. 그런데 교사인 나의 입장에서는 마음이 내키지 않은 일이었다. 생활이 어려운 학부형들에게 교사인지 누구인지도 모르는 어린 사람이 불쑥 찾아가 세금을 내라고 하는 일은 참으로 괴로운 일이었다. 교육세를 받아야 교육 행정에 소요되는 예산을 집행할 수 있고 교사들의 봉급도 줄 수 있으므로 교사들이 적극 참여하라는 교육청의 엄명은 나 같은 초임 교사에게는 대단한 심적 부담을 안겼다.

더욱 무서운 지시는 1960년 3월 15일에 실시된 정·부통령 선거를 앞두고 내려왔다. 자유당 대통령, 부통령 후보를 당선시키기 위해 5가구를 하나의 단위로 묶어 교사 1인이 몇 개 단위의 가구 책임자가 되어서 그들에게 선거운동을 하고 투표에 참여하도록 독려 하는 일이었다.

특히 내가 근무하고 있는 학교의 관할지역은 반골 기질이 강한 곳으로 알려져 있었기 때문에 상부에서 가장 신경 쓰는 지역이었다. 교육감이 직접 방문하여 관심을 나타내기도 하였다.

교직 1년의 패기만만한 교사인 나는 괴로웠다. 공무원인 교사가 특정 정당의 후보를 위해 선거운동을 하는 것은 불법이다. 그 불법 명령에 따르면 불법을 저지르는 것일뿐 아니라 교사로서 양심에 어긋나는 것이고 안 따르고 반기를 들려니 목구멍이 포도청이었다. 수업이 끝나면 학교를 나와 마을을 돌아다녔다. 그러나 학부형을 만나지 않고 시간만 보냈다. 괴로운 시간이 지나고 선거가 끝났다. 부정선거는 전국적으로 자행되었는지 선거 당일 밤에 마산에서 규탄 시위가 벌어지고 이윽고 4·19혁명으로 이어져 부통령 당선인은 자살하고 대통령은 하와이로 망명하였다.

나는 부끄러웠다. 부정선거의 하수인이었다는 자괴감 때문이었다. 나의 동창들은 대학에 진학하여 부정선거를 규탄하는 시위에 참가하는데 나는 부정선거 지시에 침묵하고 있었기 때문이다.

나에게는 거대한 권력 앞에 맞설 용기도 없었고 불의에 항거할 정의감도 없었다. 있었던 것은 어머니와 동생을 부양할 가장으로서의 책임감만이 나의 작은 어깨를 짓누르고 있었다.

초임 교사로서의 꿈 많았던 시절은 군 입영 영장이 나오면서 끝이 났다.

논산훈련소 가는 길

집 떠나와 열차 타고
훈련소로 가는 날
부모님께 큰 절하고 대문 밖을 나설 때
가슴속에 무엇인가 아쉬움이 남지만
풀 한 포기 친구 얼굴 모든 것이 새롭다
이제 다시 시작이다
젊은 날의 생이여

나는 이 노래를 들을 때 마다 마음 한구석에서 설명할 수 없는 아픔 같은 것을 느낀다. 가사 때문인지 곡조 때문인지 아니면 옛날의 추억 때문인지는 분명치 않다.

1960년 9월 어느 날 출근하여 직원실에 들어서자 교감 선생님이 나를 부르더니 안타까운 표정으로 노란 봉투를 내밀었다. "이것이 무엇입니까?" "열어 보십시오". 불안한 마음으로 봉투를 열어 그 안에 있는 종이를 꺼내 보니 입영영장이었다. 예상치 못한 영장을 받아드니 가슴이 떨리고 나도 모르게 눈물이 고였다. " 아 ~, 군대라 ~"

10월 27일경 아침 일찍 세면도구 하나 들고 집을 나섰다. 어머니와 작은 누나는 제주시의 집결지까지 뒤따라오겠다고 하였다. 집결지에 도착하자마자 곧 대기하고 있던 군 트럭에 타서 출발하였기 때문에 나중에 도착한 어머니와 누나에게 변변히 인사도 못 하고 떠났다. 군 트럭에 실려 가면서 마음이 무거웠다. 음식물을 만들어 싸 들고 한 시간 이상을 헐레벌떡 걸어와 보니 이미 아들은 떠나버려 허망하게 서 있을 어머니와 누나의 모습이 생각되어서였다.

요즈음에는 입영 날짜와 시간에 맞추어 개별적으로 훈련소로 가지만 우리가 군대에 갈 때에는 일정한 장소에 집결한 후 단체로 입소하였다. 입영 장병은 집결지에 모이면서부터 현역병의 지휘를 받았고 군번 없는 군인이 되었다. 입영 장병을 태운 트럭은 모슬포를 향해 달렸다. 거기에는 군함이 정박할 수 있는 화순 항이 있었고 6·25전쟁 당시의 신병 훈련소 자리에 막사가 남아 있었다.

장병들은 그 낡은 막사에 대기하며 우리를 태워 갈 군함의 입항을 기다렸다. 그러나 군함은 소식이 없고 낡은 막사 외에는 200여 명을 수용 할 시설이나 용품이 없었다. 세끼 식사와 잠자리가 문제였다. 밥과 국은 어떻게 준비했는지 겨우 나오는데 그릇은 각양각색이고 숟가락 젓가락은 아예 없었다. 나무를 꺾어 젓가락을 만들고 담배 갑으로 억지로 만든 숟가락으로 밥을 먹었다. 군인은 훈련을 받거나 작업을 하며 잡념을 없애야 한다는 원칙이 있는지 낮에는 연병장에서 풀을 뽑고 이런저런 작업을 하며 시간을 보냈으나 시간은 너무나 느리게 흘렀다.

밤에는 침구가 부족하여 점점 추워지는 날씨 속에 제대로 잠을 잘 수 없었다.

이런 생활을 10여 일 하다 보니 불평불만이 쏟아지고 논산훈련소로 보내 주든지 아니면 집으로 돌려보내 달라고 거칠게 항의하는 사태가 벌어졌다. 군 복무 기간에 포함되지 않은 공짜 고생을 하고 있었던 것이다. 인솔담당 군인들도 딱하기는 마찬가지였다. 그들은 입영 장병을 인솔하여 논산훈련소에 인계하면 그만인데 수송할 배가 안 와 대기하고 있으니 그들인들 별 도리가 없었다.

기다리던 배가 왔다. L S D(Landing Ship, Dock)였다. 200여 명의 입영 장병을 수송하려고 상륙용 주정모함이 동원된 것에 놀라면서도 환성이 터져 나왔다. 군인인지 민간인인지 분간이 안 가는 어정쩡한 생활이 끝나 간다는 일종의 안도감이었던 것이다.

화순 항을 출발한 배는 곧바로 육지로 가지 않고 제주시에 있는 산지 항에 기항하였다. 얼마의 시간이 지나자 갑판 위가 시끄러웠다. 시내에 사는 입영자 가족이 음식 등을 싸들고 면회를 온 것이다. 서로 이름을 부르며 안부를 묻고 음식물 보자기를 갑판 위로 던지는 등 야단법석이었다. 우리 집은 시내에서 떨어져 있어서 가족 중에 누가 나올 수 없다는 것을 알면서도 혹시나 하는 마음에 부두에 서 있는 사람들을 살폈지만 아는 얼굴은 없었다.

주변이 다소 조용해지는 듯 하더니 풍덩풍덩 바다 속으로 몸을 던지는 소리가 여기저기서 들려오고 분위기가 이상해지기 시작했다. 입영 장병 중에서 여러 명이 바다로 몸을 던져 헤엄쳐 도망간 것이다. 법적으로 탈영인지 병역 기피인지 모르겠으나 현역 군인 인솔 하에 군함을 타고 입영하러 가는 중에 그 지휘에서 벗어나 도망간 것이다. 달아난 사람들의 사정이야 각각 다르겠지만 아마도 앞으로 군 생활에 대한 두려움이나 가족의 얼굴을 멀리서 나마 보고나니 부모의 품을 떠나기 싫어서일 수도 있고 어쩌면 아무도 면회 오지 않아서 섭섭한 마음에 충동적으로 바다 속으로 몸을 던졌을지도 모르겠다. 배 위에 남아 있는 나머지 사람들의 기분은 착잡하였다.

입영 장병들의 가슴에 상처만 남기고 저녁 때 출항한 배는 파도가 거세어지면서 좌우로 크게 흔들렸다. 갑판 위에 서 있으니 몸이 이리 구르고 저리 굴러 정신이 없었다. 해군 장병들의 침실로 들어가 누웠으나 밤새 멀미로 고통이 심했다. 다음날 아침 부산 항에 도착하여 육지에 발을 디디고 흙냄새를 맡으니 살 것 같았다.

부산 역에서 군용 열차 편으로 논산 역에 도착하니 저녁 무렵이 되었다. 행렬을 지어 훈련소로 걸어가면서 돌아보니 거지 떼가 줄지어 잡혀가는 모습이었다. 손에는 세면도구를 들고 10여 일간 계속 입은 옷에 덥수룩한 수염을 한 용모는 전쟁포로 같기도 하였다. 다음날 11월 8일 군번을 받고 정식 군인이 되었으니 제주도 출신의 군인이 되는 길은 멀고도 험난한 여정을 거쳐야 했다.

아까운 찹쌀떡 3개

신병 훈련소의 훈련이야 옛날이나 지금이나 고생스러운 것이지만 그 고생 중에서도 잊혀지지 않은 것이 많다. 요즈음 TV에 나오는 훈련소의 시설을 보면 취사장과 식당이 가까이 붙어 있고 취사병이 준비한 음식을 각자 먹을 만큼 가져다 먹게 되어 있으나 내가 군대 생활하던 1960년대 초에는 달랐다.

취사장은 연대별로 하나 있어 각 내무반별로 식사 당번이 큰 밥통과 국통을 끌고 가서 인원 수별로 배정 받아 온 후 개인별 식기에 담아 분배하였다. 훈련병들은 내무반의 통로 양쪽의 침상에 일렬로 앉아 기다리다 식사 당번이 배식한 그릇이 전달되어 오면 옆으로 전달하여 맨 끝에까지 넘겼다. 이 과정에서 훈병들의 눈은 사냥감을 쫓는 사자의 눈이 되었다. 자기 앞으로 건네져 오는 밥그릇을 주의 깊게 살피다가 조금이라도 밥이 많은 것 같은 그릇을 자기 등 뒤로 빼돌리고 다음의 그릇을 건넸다.

당시 훈병들은 자조적으로 춥고 배고픈 신세라고 한탄하였다. 배정 받은 식사량이 입대 전에 먹던 양에 비해 결코 적은 양이 아니었지만 군복으로 갈아입은 후 언제나 더 먹고 싶고 더 많은 밥그릇에 눈독을 들였다. 더 많이 먹으려는 동물적 욕심에는 입대 전에 어떤 신분의 생활을 했느냐와는 상관이 없었다. 대학 졸업자나 일자 무식자나 도시 출신이나 농촌 출신이나 부자였든 가난했든 일단 훈련병이 되면 한 숟가락의 밥을 갖고 다투었다.

식사와 관련하여 더 잊혀지지 않은 일은 밥통 국통 등 식기를 간수하는 일이었다. 교대로 하는 식사 당번은 5~6인이 일조가 되어 약 1km 거리에 있는 취사장에 가서 식사를 배정 받았다. 때는 11~12월의 동절기라 아침 6시 30분경은 캄캄하였다. 차가운 손을 입으로 불며 30여 명 분의 큰 밥통 국통을 끌고 연병장을 건너가노라면 어둠 속에서 다른 연대나 중대의 훈병들이 나타나 통을 빼앗아 달아났다. 뺏긴 식사 당번은 필사적으로 쫓아가 도망가는 자와 쫓는 자 사이에 추격전이 벌어지고 급기야 밥통을 잡고 난투극이 벌어졌다. 나도 식사 당번할 때 같은 조의 동료가 반찬통인 양동이를 뺏겨 그것을 보충하느라 어려움을 당한 적이 있었다. 그것을 보충하려면 남의 것을 뺏어오는 방법밖에 없으므로 이웃 중대원이 식사 후 수돗가에서 씻고 있는 것을 엿보다가 뺏어 오기도 하였다. 뺏고 뺏는 악순환의 연속이었다.

훈병으로서 생활하는 중 가장 불편했던 일은 몸이 가려운 것이었다. '이'라는 곤충 때문이었다. 훈련 받으며 흘린 땀에 젖은 몸은 일주일에 10분 정도 목욕탕에 들어갔다 나오는 것을 제외하고 몸을 씻을 기회가 없었고 내복은 일요일에 세면장의 차가운 물에 적당히 세탁하는 정도이니 이가 번성하기에 최적의 조건이었다. 게다가 나는 집을 떠날 때 누나들이 조금씩 모아준 돈을 팬츠처럼 만든 옷에 지퍼를 달아 그 속에 넣고 입고 있었다. 얼마 안 되는 돈이었으나 유사시에 대비한 것이었으므로 매우 소중하였고 마땅히 돈을 보관할 곳도 없어 불편하여도 계속 입고 있었다. 집 떠난 후 계속 50~60일을 입고 있었으니 그 사정을 말로 표현하기 어렵다.

이는 살아 움직이는 생물이라 밤에는 모포와 모포를 통해 내무반에 있는 훈병의 몸을 경계 없이 돌아다녔으니 어느 누구인들 이의 공격에서 벗어날 수 없었다. 그래서 1주일에 한 번씩 야외 훈련장에서 돌아와 내무반에 들어가기 전에 DDT 세례를 받았다. 의무병들이 커다란 주사기 같은 기구를 들고 훈병들의 팔과 목 바지 속으로 DDT를 분사하면 훈병들은 하얀 가루를 뒤집어 쓴 몰골이 되었다. 그러나 지독한 놈들의 목숨은 너무나 끈질겨 2~3일이 지나면 다시 활기를 되찾았다.

영외 훈련장을 왕복할 때는 무거운 M1 소총을 앞에총의 자세로 들고 수통과 곡괭이나 삽을 허리에 찬 채 구보하는 것도 힘들었고 시내의 거리를 지날 때는 묘한 기분이 들기도 하였다. 사람의 심리란 알다가도 모를 것이 일단 군복을 입으면 일반 복장을 한 사람을 볼 때 기분이 이상해진다. 그들은 자신과는 다른 별세계의 사람들처럼 느껴지고 그렇게 부러울 수가 없다. “아 ~, 나는 언제 저런 옷을 입어볼 수 있을까 ~”.

그런 민간인이 영외 훈련장에 가면 수없이 기다리고 있었다. 먹을 것 마실 것을 팔기 위한 행상들이었다. 훈련 중간의 10분 휴식 시간에 나는 찹쌀떡 행상 앞에서 망설였다. 사 먹고 싶은데 돈을 꺼내려면 번거로웠다. 팬츠 속에 있는 금고에서 돈을 꺼내야 했기 때문이다. 큰마음 먹고 남모르게 사타구니 속에서 돈을 꺼내어 찹쌀떡 3개를 샀다. 천천히 먹으면 시간이 없을 것 같아 3개를 뭉쳐 입안에 넣자마자 “집합!” 구령소리가 들렸다. 큰 덩어리로 뭉친 찹쌀떡은 입 속에서 잘 씹히지 않았다. 뛰어 가면서 입 속에서 우물거리고 삼켰더니 목에 걸렸다. 삼키려니 안 내려가고 뱉으려니 아까웠다. 그러나 목에 걸리는 것보다 뱉는 것이 사는 길이라 생각하고 뱉어내 손에 쥐고 뛰다 버렸다. 씹다 만 떡을 손에 들고 집합할 수 없었기 때문이다. ‘그 아까운 찰떡 3개!’ 참으로 아까웠다.

영외 훈련장에서 돌아온 날 밤에는 막걸리 한 모금씩을 마실 기회가 있었다. 눈치 빠르고 잽싼 동료 훈병이 허리에 차고간 물이 든 수통과 행상의 막걸리 수통을 맞바꾸는 것이다. 그 막걸리를 취침 소등 후 모포 속에서 입을 대고 한 모금씩 돌아가며 마셨다. 마셨다기 보다 맛을 보았다고 해야겠지만 숨어서 하는 일이라 재미는 있었다.

훈련 중 가장 위험한 경험은 M1소총 사격 훈련장에서였다. 사격 훈련은 카빈 소총과 M1소총 사격 두 가지였는데 각각 개인별 합격 점수가 있고 소대별 중대별로 점수가 발표되어 부대별 경쟁이 심하였다. 카빈 사격 훈련 때 꼴찌 한 소대가 귀대 시 토끼뜀으로 고생하는 것을 본 나는 긴장 하였다. 사대에 엎드려 목표물을 조준하고 "사격!" 구령에 따라 1발을 발사하였다. 2발째 방아쇠를 잡아 당겼으나 사격이 안 되었다. '아차! 큰일 났구나.' 하고 총을 살펴보니 노리쇠 뭉치가 후퇴한 채 꼼짝도 안 했다. 그게 탄알을 탄실로 옮겨줘야 사격이 되는데 꼼짝 않으니 사격을 할 수 없었다. 당황한 나는 총을 들고 일어서 뒤에서 감시하는 조교를 향해 뛰어갔다. 깜짝 놀란 조교는 혹시 자기를 쏘려 달려드는 줄 알았는지 "야! 이 ㅇ끼 왜 이래?"하고 당황스러운 표정으로 나를 보며 도망가는 자세를 취했다.

나는 "총의 방아쇠가 말을 안 듣습니다" 하고 울부짖었다. 조교는 내 총을 빼앗아 살펴보고는 고쳐 주었다. 다행히 불합격은 면하여 고된 기합은 안 받았지만 사격장에서 위험한 일을 저질렀던 것이다. 그 조교가 문제 삼지 않아 참으로 고마웠다.

이런저런 사건 속에서도 6주 간의 전반기 교육이 끝나고 훈련병 시절도 지나갔다. 전혀 다른 세상을 경험하고 많은 추억을 남긴 논산 훈련소였다.

고향이 제주도야?

신병 훈련소 6주 간의 전반기 교육을 마치고 배출대에서 대기하며 후반기 보병특과학교에의 배정을 기다리고 있었다. 나는 부관학교(행정병 교육)에 갈 수 있기를 바랐으나 군번 순으로 배정되는 바람에 헌병학교 입교 대상자에 포함되었다. 적성에 맞지 않는 헌병이 되는 것에 불만이 있었으나 어쩔 수 없이 헌병학교로 가는 열차에 몸을 실을 수 밖에 없었다.

1960년 12월 24일 크리스마스 전날의 경북 영천은 얼어붙은 듯 추웠다. 군대 내에서 가장 기율이 엄격하기로 유명한 헌병학교 교정은 분위기부터 싸늘하였다. 입교자 240명은 추운 강당에 앉아 이제부터 무슨 일이 벌어질 것인가를 걱정하며 앉아 있었다. 사병 한 명이 들어오더니 시험 문제지를 배부하였다. 헌병학교에 입학할 자질이 있는가를 테스트하여 기준 이하의 점수가 나오면 입교할 수 없다고 하였다. 나는 답안지 작성을 안 하고 앉아 생각하였다. 답안지를 백지로 내면 당연히 입교가 안 될 것이다. 입교가 안 되면 전방으로 가야 한다. 그런데 이 추운 날씨에 나 혼자 전방 어느 부대로 찾아 갈 생각을 하니 엄두가 나지 않았다. “에라, 모르겠다. 여기까지 왔는데 헌병 한번 해 보자.” 마음을 다지고 답안지를 작성하였다.

헌병은 군의 경찰 업무와 검찰 업무를 담당하는 병과여서 교육 내용도 이와 관련된 군형법, 군형사소송법 등의 법률 과목과 기타 교양 과목 그리고 범인 체포 요령, 군 풍기 위반자 단속, 교통 정리 등의 실기 교육을 받았다. 헌병학교는 기율이 엄격하여 삼보 이상은 구보하여야 한다는 규칙에 따라 식당에 갈 때도 손에는 물 컵을 들고 이열 종대로 열을 지어 구보하면서 헌병학교 교가를 불렀다. 식당에 앉아 식사를 배정 받으면 구대장의 "식사시간 3분, 식사 시작!" 구령에 따라 "잘 먹겠습니다!"를 외치며 국그릇에 밥을 쏟아 부어 손에 들고 입 속으로 쓸어 넣은 후 씹는 둥 마는 둥 우물거려 삼키고는 "잘 먹었습니다" 구호를 외치고 일어서며 깍두기 한 덩이를 얼른 입에 넣고 씹으며 나오곤 하였다.

천천히 먹으면 배고플 정도의 적은 양이 아니었으나 씹는 맛도 느낄 새 없이 목구멍으로 넘겼으니 교육 기간 중 언제나 허전하고 추웠다. 학교에서는 주말에 외출을 허용했다. 외출은 위수지구 내에 한정되었기 때문에 5~6km 거리에 있는 영천 시내에 나가는 것이 일반적이었다.

어느 토요일 나는 마음을 크게 먹고 친구와 함께 영천까지 걸어 나가 동해남부선 열차에 숨어들었다. 위수지구를 벗어나는 것이며 더욱이 무임승차였다. 위법 행위를 저지른 것이다. 장날이었던지 기차 안은 사람들로 발 디딜 틈이 없었다. 불안한 마음으로 사방을 둘러보니 저쪽 칸에서 순찰 헌병이 다가왔다. 군인들의 휴가증이나 외출증을 점검하는 것이었다. 나와 친구는 다음 칸으로 이동했다. 계속 밀리다 보니 더 갈 곳이 없어 화장실로 들어가 문을 잠갔다. 화장실을 이용하려는 사람들이 계속 문을 두드렸으나 꼼짝 않고 버텼다.

저녁 무렵 부산에 도착하여 부산에 살고 있는 작은 누나 집을 찾아갔다. 저녁밥이 나왔다. 누나가 배고팠을 것이니 많이 먹으라며 그릇 가득 담아 주는 밥을 게눈 감추듯 먹어 치웠다. 먹는 모습을 본 누나는 또 한 그릇 고봉으로 담아 주었다. 두 그릇을 다 먹고도 더 먹고 싶었다. 평소에 소식을 하던 동생의 먹는 모습에 놀란 누나는 더 먹고 싶으면 더 먹으라고 했으나 참았다. 스스로 생각해도 체면이 말이 아니어서 부끄러웠다. 내 80 평생 한 끼에 그렇게 많은 밥을 먹어 본 것은 그때가 처음이요 마지막이었다.

헌병학교에서는 밤에도 긴장의 연속이었다. 어느 날 전쟁처럼 치러지는 저녁 점호를 마치고 곤한 잠에 빠져있을 때 비상훈련 명령이 떨어졌다. 스피커를 통해 울려 퍼지는 소리는 "비상출동! 비상출동! 전 교육생은 팬츠에 화이버 없는 철모, 총을 소지하고 5분 내에 연병장에 집합!" 확성기 소리에 깨어난 교육생들은 입고 있던 내의를 벗어 던지고 팬츠 바람에 철모를 쓰고 구두끈을 매며 뛰어 연병장에 집합하였다. 1월 20일경 대한 추위가 피부를 찌르면서 밀려왔다. 대한민국에서 제일 추운 지역인 대구·영천 지역의 한밤중 기온이 얼마나 되었는지 모르나 온몸이 떨리고 이가 부딪혔다.

구대장은 헌병학교 교가를 부르면서 연병장을 뛰게 하였다. 머리에 쓴 철모는 제멋대로 돌아가고 얼음처럼 차가워진 M1소총을 든 손은 감각을 잃어갔다. 구보는 계속되었다. 구름 한 점 없이 청명한 하늘에는 별들이 떨고 있었다. 추위를 참으려는 교육생들의 신음 소리가 마치 소의 울음 소리처럼 흘러 나왔다. 힘들었다. 괴로웠다.

모든 산천초목이 얼어붙은 겨울밤 팬츠 하나만 입고 뛴다는 것은 좀처럼 해 보기 어려운 경험이었다. 그래서 추억이 되었다. 엄격한 기율과 추위 속에서도 시간은 흐르고 8주의 교육이 끝났다.

나에게 두 개의 소식이 전해졌다. 하나는 전방으로의 전출 명령이요 또 하나는 240명 동기생 중 성적이 1등이라는 것이다. 아닌 밤중에 홍두깨라고 헌병학교 교육을 다 마친 병사에게 보병으로서 전방으로 가라는 것은 충격이었다. 물론 원인은 있었다. 당시에는 대학 재학생과 사범학교 출신

교사들에게 단기복무 혜택을 주었다. 대학 재학 시에 입대한 자는 '학보'라는 명칭으로 18개월, 교사는 '교보'라는 이름으로 12개월만 복무하면 제대하였다. 그 혜택을 받으려면 입대 전에 병무청에 단기복무 신청을 해야 했다. 당연히 나도 신청을 했으나 병무청에서 제대로 처리가 안 되었음을 훈련소 입대 시에 알았다. 단기 복무자와 일반 복무자는 군번이 달랐고 단기복무자는 훈련소 전반기 교육이 끝나면 모두 보병으로 전방에 배치되었다. 나는 일반 군번을 받았기 때문에 일반병으로서 헌병학교에 입교가 허락되었고 입대 후에 재신청한 것이 처리되어 나의 소재를 찾아 헌병학교로 통보된 것이었다. 학교 당국에서는 나의 신병 처리를 두고 논의를 하였다. 1등 성적으로 졸업한 병사를 헌병이 아닌 보병으로 내 보내는 것보다 졸업심사의 결정에 따라 처리하자는 것이었다. 졸업심사란 1등에서 10등까지의 상위의 성적을 받은 자와 뒤에서 1위부터 10위까지 하위 성적자에 대한 심사였다.

1등 심사는 과연 1등 자격이 있는가를 재평가하는 것이고 뒤에서 1등은 졸업 시키느냐 유급 시키느냐를 가리는 것이었다.

졸업 심사는 면접이었다. 면접장에 들어섰더니 학교장, 각 참모, 지휘관 등 하늘처럼 높은 사람들이 앉아 있었다. 긴장이 되었다. 그러나 용기를 내어 "김경식 생도, 졸업 심사를 받기 위해 왔습니다" 하고 신고하였다. 그러자 첫 질문이 "고향이 제주야?", "너, 지금 우리가 하는 말 알아들어?" "제주도 놈이 헌병학교 역사상 1등은 처음인데" 처음부터 기를 죽이려 하였다. "한라산에서 공을 차면 바다로 떨어진다며?" 제주 출신이라고 얕잡아 보는 투였다. 나는 침착하게 대답했다. 본격적인 질문에 들어가자 교육 과정에서 배운 것들을 질문하였다. 막힘없이 대답하였다. 다음날 졸업식장에서 동기생들의 박수 속에 1등상을 받았다.

헌병학교 1등이 대단한 것이 아니나 나에게 주는 의미는 컸다. 동기생 중에는 일류대학 출신도 많았고 대학 재학생들도 있었다. 그들과 꼭 같은 환경에서 교육받고 경쟁하여 1등을 하였다는 점에서 커다란 자부심과 자신감을 얻었다. "그래, 나도 열심히 하면 무엇이든 할 수 있다."

헌병이 되었으니 어느 부대로 배치되어 가느냐가 문제였다. 학교 규정상 1등에서 10등까지는 자기가 원하는 헌병대로 배치하는 특혜를 주었다. 나는 주저 없이 전방을 지원하였다. 단기 복무자인 나는 언제인가 전방으로 가야하기 때문이었다. 전방으로 가는 열차 안에서 동기생들은 말하였다. "1등과 같이 전방으로 가니 위로가 된다"고.

쿠테타가 뭡니까?

나는 27사단 헌병중대에 배치된 후 다시 최전방 파견대에 배속되었다. 파견대장이 나를 골라서 뽑아 갔다고 하였다. 중대본부에 있으면 많은 상사와 고참들 밑에서 신병으로서 힘든 생활을 하여야 하지만 파견대는 적은 인원으로 이루어진 가족적인 분위기여서 편안한 인간관계의 정을 느낄 수 있었다. 파견대 사무실에는 병장 한 사람만 있고 나머지 헌병들은 관할 검문소에 나가 있거나 순찰 근무 중이었다.

파견대장은 나에게 헌병 실무를 익히도록 검문소에서 근무를 하게 하고 고참과 한 조가 되어 관내 순찰을 시키는 등 실무를 익히게 하더니 제대를 앞둔 병장으로부터 행정 사무를 배우고 인계 받도록 하였다. 주요 업무는 순찰헌병이 적발한 군 풍기 위반자를 부대별로 정리하여 보고하고 음주 폭행, 군수품 유출 등 현행범의 조서를 받아 처리하는 일, 부대원의 근무지 배치, 기타 파견대의 행정 업무 전반을 처리하였다. 전임자가 제대하여 나간 후 나는 파견대장의 지시에 따라 이등병 계급장을 떼고 상병 계급장을 달았다. 연행되어 오는 하사관이나 장교를 조사할 때 이등병 계급장을 붙이고는 권위가 서지 않아 일을 할 수 없다는 것이었다. 김 이병이 졸지에 김 상병이 된 것이다.

내가 근무하던 지역은 38선 이북 지역으로 농가도 있었지만 군인들을 상대로 장사하는 상점 음식점 당구장들이 많이 있어서 헌병들의 일거리도 많아 나날이 분주하였다.

1961년 5월 17일 밤 9시경 본부와 연결된 전화벨이 요란하게 울렸다. 나는 전화기를 들고 언제나처럼 "이기자! 일병 김경식" 하고 관등성명을 대었다. 그러자 전화선을 타고 들려오는 소리 "야, 임마! 서울에서 쿠테타가 일어났어." "예? 쿠테타가 무엇입니까?" 내가 물었다. "잔소리 집어 치우고 너, 완전무장하고 본부로 와! 너, 12사단 헌병대로 전출이야" 하고는 전화를 끊었다. 나의 머리가 복잡해졌다. 쿠테타가 무엇이며 쿠테타 때문에 왜 내가 12사단으로 가야 하는지 알 수가 없었다. 어쨌든 전출 명령에 따를 수밖에 없는 것이 군인이므로 본부로 갈 준비를 마쳤다.

파견대장에게 보고하려고 하였으나 소재를 알 수 없어 수소문 하였더니 음식점에서 관내 부대장들과 식사 중이었다. 음식점으로 찾아가 보고를 드렸더니 파견대장은 약간 취기어린 목소리로 "뭐? 쿠테타라고? 그게 뭔대?" "저도 모르겠습니다. 어쨌든 저는 12사단으로 전출 명령이 났다고 합니다. 중대본부로 갑니다" 하고 작별의 거수경례를 하였다. 그러자 파견대장이 "김 상병 가지마! 내가 책임질 테니까 너, 가지마!"하는 것이었다. 그러나 파견대장의 말을 들을 수가 없었다. 본부의 명령에 따르지 않으면 군법위반이다.

음식점에서 파견대로 돌아오니 또 본부에서 전화가 왔다. "야, 이○끼야! 왜 안 들어와? 너, 총살 당할래? 당장 들어와!" 하고 다시 쾅. 총살 당할 수는 없었다. 부리나케 배낭을 들쳐 메고 지나가는 군 트럭을 타고 시내에 있는 본부로 들어갔다.

본부에 도착하여 보니 헌병들이 완전군장을 하고 총을 들고 모여 있었다. 그제서야 서둘러 오느라 총을 안 갖고 왔다는 것을 깨달았다. 완전 무장을 한 군인이 총을 안 갖고 왔다는 것은 말이 안 되는 일이었다. 다시 파견대로 총을 가지러 돌아갔더니 파견대장이 불러 세웠다. “김 상병, 너 가지 말고 여기 있어. 내가 가서 해결할게” 하고 차를 타고 나갔다. 불안하고 초조한 마음으로 기다리고 있는데 파견대장이 돌아와 “너는 안 가도 돼. 너 대신 다른 놈을 보내기로 본부 인사계와 합의했어” 하고 말하고는 다른 헌병 한 명을 지목하며 “야, 너 완전무장하고 본부로 가!”하고 지시하는 것이었다. 그 병사는 불평불만이 가득한 얼굴로 나를 흘겨보며 떠났다.

나중에 알게 된 사실이지만 12사단 헌병대가 서울로 출동함에 따라 같은 군단 내의 타 사단 헌병대에서 병력을 보충하게 되었고 나는 단기 복무자였으므로 차출되었던 것이었다. 파견대장의 나에 대한 배려는 계속되었다. 9월 말경 이번에는 보병으로의 전과와 함께 전방 보병 연대로 전출 명령이 났다. 단기 복무자는 보병으로 복무하는 것이 원칙이었다. 다행히 배속된 부대는 우리 파견대 관할 연대였다. 짐을 싸 들고 보병 연대로 가서 전방 중대 배치 명령을 기다리고 있는데 파견대장이 찾아와 나를 불러냈다. “짐 싸 들고 나와, 연대 인사참모와 얘기했어, 전방 중대로 인사 명령 내고 근무는 파견 형식으로 헌병대에서 근무하기로 했어.”

나는 보병 일등병에서 헌병 상병으로 다시 돌아왔다. 그 분은 그 후 얼마 안되어 제대하고 군을 떠났다. 이제 60년의 세월이 흘렀지만 그분의 얼굴과 이름은 잊을 수가 없다. “박영○ 님, 지금도 그 고마움을 잊지 못하고 있습니다.” 그런데 지금까지도 이해할 수 없는 것이 아무런 연고도 없는 제주도 촌놈을 그것도 오랜 기간 같이 근무하여 정이 깊어진 것도 아닌데 그토록 보살펴 준 이유가 무엇일까? 자기 권한으로 처리할 수 있는 일이 아닌데도 전출 명령이 난 졸병을 위해 한 번도 아니고 두 번이나 여기저기 쫓아다니며 부탁을 하는 수고를 아끼지 않은 이유가 무엇인가 하고 생각해 본다. 요령 부리지 않은 성실한 근무 태도? 부여된 업무를 처리하는 능력?

아니면 나에게 어떤 측은한 점이 있어 그것이 동정심을 불러일으킨 것일까? 잘 모르겠다. 논산 훈련소에서도 중대장이 두세 번 나를 불러 자기 방에서 쉬고 가라고 말한 적이 있었다. 아무런 연고도 없는 전혀 모르는 사람인데 이상하다고 생각하였었다.

후임 파견대장이 부임하였다. 나는 불안하였다. 이제 원대로 돌아가라고 지시할지도 모르기 때문이었다. 그러나 후임 대장도 그냥 계속 근무하라고 할 뿐만 아니라 밤이면 영외의 자기 숙소에 데리고 가서 편히 자라고 배려까지 하여 주었다.

상사들의 사랑과 신임을 받으며 보내던 군대 생활도 제대 명령과 함께 1년 만에 끝이 났다. 헌병이었지만 헌병 같지 않았고 군인이지만 군인이 아닌 것처럼 지낸 군대 생활에서 사회 생활을 어떻게 해야 하는가를 많이 배웠다. 잊혀지지 않는 군대 생활이었다.

모기와의 전쟁

팔뚝이 가렵다. 살펴보니 두드러기가 두 개 솟아나 있다. 산에서 내려오는 길에 텃밭에 들러 들깨 잎을 따는 동안에 모기가 영양을 보충하느라 다녀간 것 같다. 집모기와 달리 숲 모기가 더 독한지 두드러기가 크고 가렵다. 침을 찍어 발랐더니 가려움이 덜한 것 같다.

세상에 곤충이 많지만 모기처럼 일생을 따라다니며 나를 괴롭히는 놈도 없는 것 같다. 요즈음에는 정기적인 소독을 하여서인지 아파트에서 모기 때문에 고생하는 일이 적지만 어쩌다 한 마리만 들어와도 편하게 잠자기가 어렵다. '앵'하며 달려들면 신경이 날카로워져 잠을 이룰 수가 없어 불을 켜고 끝장을 봐야 편안한 마음으로 잠을 잘 수 있다.

나뿐만 아니라 모든 사람들은 어떤 형태로든 모기와의 투쟁사를 갖고 있을 것이며 그중에는 승전사도 있을 것이나 패전사가 많을 것이다. 나는 모기와의 싸움에서 계속 패하였다. 크게 패한 싸움터는 군대 제대 후 복직한 초등학교에서였다. 집을 빌려 자취하려다 마땅한 집을 구할 수 없어 학교 숙직실의 방 한 칸에 살기로 하였다. 숙직실의 다른 방에는 홀로 부임한 교장 선생님이 살고 계셨다.

퇴근 후에 어디 갈 데가 없으니 시간 여유가 많아 공부할 시간이 생겼다. 무슨 공부를 할까 생각하다가 고등학교 교사 자격 시험을 준비하기로 마음을 정했다. 대학 진학을 못해 언제나 마음 한 구석이 빈 듯 하였고 특히 어릴 적에 아버지께서 하신 말씀이 생각나서였다. 아버지가 해방 후 입학 적령이 안된 나를 초등학교에 입학시키면서 "빨리 대학을 졸업하고 대학원까지 나와야 한다"고 하신 말씀의 뜻을 조금이나마 살리고 싶었다. 그래서 대학을 졸업해야 얻을 수 있는 고등학교 교사 자격증에 도전하였다. 과목은 역사를 택하였다. 학교 다닐 때부터 역사에 흥미가 있었고 역사는 인문학의 기초가 되기 때문이다.

숙직실에 낡은 교탁과 의자를 갖다 놓고 저녁이면 촛불을 켜고 앉았다. 그러나 책을 읽을 수가 없었다. 창호지 한 장 바른 장지문 건너에 거처하시는 교장선생님의 유일한 벗인 라디오에서 흘러나오는 소리가 너무나 시끄러워서였다. 공부 장소를 직원실로 옮겼더니 조용하여 독서삼매에 빠지기에는 더없이 좋았다. 그러나 좋은 일이 있으면 나쁜 일도 있는 것이라지만 나쁜 정도가 너무 심했다.

여름이 가까워지면서 모기의 공격이 심해진 것이다. 얼굴로 달려드는 모기는 팔을 휘두르면 쫓아낼 수도 있지만 다리와 발로 떼 지어 달려드는 모기는 쫓아낼 방법이 없었다. 당시에는 모기에 대항할 화학무기가 없던 때이라 정신력 하나로 버텨 낼 만큼 강하지 못한 나는 도저히 책을 읽을 수가 없었다. 모기와의 전쟁에 두 손을 든 패장은 직원실에서 쫓겨나듯 물러나 운동장에서 재대결을 준비하듯 마음을 다지며 뛰었다.

운동장을 돌다보면 가려움증도 잊을 수 있고 달려드는 모기도 쫓을 수 있었다. 어두운 밤 시골 학교의 조용한 운동장을 미친 사람처럼 혼자 중얼거리며 뛰면 땀이 흐르고 그 땀을 우물에서 퍼 올린 차가운 물로 씻어 내리다 보면 밤은 깊어지고 교장선생님은 라디오를 끄고 주무셨다. 조용히 방에 들어가 촛불 앞에 앉으면 이번에는 방에 대기하고 있던 모기떼가 아우성을 치며 달려든다. 재빨리 모기장을 치고 앉으면 모기뿐 아니라 바람마저 막아 모기장 안은 촛불의 열로 난방 되어 덩달아 나의 체온을 끌어 올렸다. 모기에게 계속 쫓긴 나는 기진맥진하여 더 싸울 기력을 잃은 채 바닥에 드러누워 모기 앞에 무력한 자신을 나무라며 응원군인 가을이 어서 오기를 기다리곤 하였다.

독서의 계절이라는 가을은 순식간에 지나고 겨울이 오면 추위와의 대결을 벌여야 했다. 직원실에는 난방시설도 없고 전열기기도 없던 때라 추위를 이기려면 옷을 끼어 입거나 모포를 뒤집어쓰고 있을 수 밖에 없었다. 차가운 바람이 몰아치면 허술하게 지어진 건물의 유리창은 덜거덕거리고 문틈으로 들어오는 황소바람은 직원실 기온을 운동장만큼이나 끌어 내렸다.

책을 잡은 손이 점점 시려지고 발도 차가워지면서 재채기와 동시에 콧물이 흐르면서 책장으로 낙하하였다. 추위를 이기기 위해 운동장에 나가 비어있는 운동장의 주인이 된다. 구름 한 점 없이 맑은 겨울 하늘에는 수없이 많은 별들이 반짝이고 있다. "그렇다, 별들도 추위 속에서 반짝이고 있는데 이 정도 추위에 질 수 없다"고 다짐하며 다시 직원실로 돌아와 곱은 손을 입김으로 데웠다. 두 번의 여름과 두 번의 겨울을 보내면서 서울을 드나들었더니 고등학교 교사자격증이 등기로 배달되었다.

'앵 앵'하는 소리가 글 읽는 소리 같다고 하여 글 읽는 벌레(蚊)라고 멋진 이름을 갖고 있지만 이름과 달리 오히려 글 읽는 사람을 괴롭힐 뿐 아니라 세계 곳곳에서 여러 가지 질병을 옮겨 사람의 목숨을 빼어가고 있다. 이런 모기와의 싸움에서 인간은 계속 패하고 있으면서도 또한 이겨서도 안 되는 모순 속에 살고 있다. 모기가 완전히 없어지면 먹이사슬에 교란이 일어나 자연 생태계의 균형이 파괴된다고 하니 모기를 미워하면서도 같이 살 수밖에 없다. 세상일이란 모든 것에 밝고 어두운 양면성이 있고 그런 모순 속에 우리는 오늘도 살고 있는가 보다.

병고의 시련

석가모니는 사람이 살아가는 일생을 고해(苦海)라 하였다. 태어나서 늙고 병들고 죽음을 맞이하는 생(生), 노(老), 병(病), 사(死)의 4고(苦)와 여기에 더하여 구해도 얻지 못하는 괴로움, 사랑하는 사람과 헤어지는 괴로움, 미워하는 사람과 만나는 괴로움, 이 모든 것을 합친 괴로움을 합쳐 8고(苦)라 하였다. 즉 인생은 4고(苦) 8고(苦) 속에 괴로움의 바다를 헤엄치는 것과 같다는 것이다.

나는 병고 때문에 얼마간 고생하였다. 공직자에 대한 건강검진 시 나의 폐 속에 결핵균이 살고 있다는 진단이 나왔다. 그때까지 아무런 자각증상이 없었기 때문에 충격이었다. 환자라고 의식하면서부터 기침이 나왔다. 왜 나에게 이런 병고가 찾아왔는가를 생각해 보니 원인은 혼자 자취하면서 음식을 제대로 챙겨 먹지 못해 몸이 허약해진 점과 그 허약한 몸으로 다소 무리한 점이 병균의 침입을 막아낼 면역력을 키우지 못한 것으로 짐작되었다. 다행히 발병한 지 오래 되지 않았으니 초기에 집중적으로 치료하면 이겨낼 수 있을 것으로 믿었다.

우선 몸에 살고 있는 결핵균과의 전쟁을 시작하였다. 처방대로 파스 등 먹는 약과 수사약으로 스트렙트 마이신을 사다놓고 규칙적인 복용과 함께 주사기를 끓는 물에 삶으면서 엉덩이에 직접 주사하였다. 그리고 면역력을 높이기 위해 오합주를 만들어 먹었다. 오합주는 막걸리에 참기름 그리고 계란과 꿀을 넣고 향신료로 생강을 추가한 것으로 탄수화물 단백질 지방 비타민 등 4대 영양소를 갖춘 음식이었다. 3~4개월 집중 치료하자 자각증상이 사라지고 몸의 컨디션도 좋아져 다 나은 듯하였다.

그즈음 흉곽내과 전문의인 작은 매부가 휴가차 고향에 왔다가 우리 집에 들렀다. 전후 치료 과정을 듣더니 X-Ray 사진을 찍어 보자고 하여 찍었다. 사진을 살펴 본 매부는 수술을 권하였다. 결핵균은 많이 사라졌으나 일부 남아있는 것이 모여 허파 속에 막을 치고 숨어 있다가 몸이 허약해지면 다시 활동을 재개할 가능성이 있으므로 그 부분을 도려내어 화근을 뽑아야 한다는 것이었다. 아무리 전문가의 진단이라 해도 가슴을 갈라서 폐장의 일부를 도려낸다는 것이 불안하지 않을 수 없었다. 수술 안하고 약을 더 먹고 주사를 계속 맞으면 남아 있는 놈들도 죽을 터인데 꼭 피를 흘려야 되는가? 수술하다 잘못되면 어떻게 될까 등 별의별 생각이 들었지만 결심하였다. 약을 계속 먹으며 좋아지는지 나빠지는지도 자세히 모르고 걱정과 불안에 시달리기보다 한 번에 승부를 내고 살아도 마음 편하게 사는 것이 낫다고 판단하였다.

1966년 1월 부산행 연락선에 몸을 실었다. 3등 선실에 누워 있으나 잠은 안 오고 머릿속은 복잡하였다. 공연히 수술하여 더 나빠지지 않을까, 이 배를 다시 타고 집으로 돌아갈 수 있을까 등 나쁜 생각만이 오락가락하였다. 매부가 근무하고 있는 병원은 결핵 전문 병원이었고 폐수술 전문의가 있었다. 불안하였지만 모든 것을 운명에 맡기고 수술실에 들어갔다.

마취에서 깨어 눈을 떠 보니 몸은 침대에 묶여 있고 코에는 산소마스크, 침대 옆에는 산소통이 있었다. 응급실이었다. 살아 있었다. 그러나 통증이 밀려왔다. 그 때 담당 직원이 들어와 석유난로의 연료통에 석유를 채워 놓고 나갔다. 조금 지나자 불길이 난로 주변으로 퍼져 나가고 난로 전체를 감싸더니 유리창의 커튼으로 번져 나갔다.

나는 소리칠 수도 일어날 수도 없었다. 온 방안이 연기에 묻히기 시작하였다. 공포가 밀려 왔다. “아 이렇게 죽는구나. 수술이 잘못되어 죽는 게 아니라 수술 후 응급실에서 불에 타서 죽는구나” 하며 자포자기하는 순간 문을 열어젖히며 뛰어 들어오는 사람이 있었다. 매부였다. 처남이 걱정되어 그날 밤 당직을 자원하여 근무하고 있다가 연기가 퍼지자 직감적으로 응급실에 있는 처남이 걱정되어 달려온 것이다. 매부는 산소통을 들어 내 침대에 올려놓고 침대를 밀어 복도로 나갔다. 병원으로서는 비상사태였으나 병원 내부가 그을음으로 더럽혀졌을 뿐 큰 사고로 이어지지는 않았다.

물론 나에게도 별일이 없었다. 2~3분만 더 늦었다면 어떻게 되었을까? 만일 산소통이 폭발했다면 나는 뼈도 없이 사라졌을지도 모른다. 시련은 있었지만 결핵과의 승부는 끝났다.

50여 년의 세월이 흘렀다. 나를 위해 궂은일도 마다하지 않았던 매부는 몇 년 전에 고해를 건너 피안의 세계로 가셨다. 고마운 마음을 잊지 않고 있다. 명복을 빌 뿐이다.

보왕삼매경에는 병을 앓지 않은 것을 자랑하지 말라고 하였다. 병을 앓아봐야 건강의 고마움을 알 수 있다는 뜻일 것이다. 병원 침상에 누워 있으면서 스스로를 돌아보는 기회를 갖는 것도 살아가면서 도움이 될 수도 있음을 알았다.

조왕신에게 드리는 어머니의 기원

미국 제44대 대통령 케네디는 1961년 이런 연설을 했다 "우리는 달에 가기로 결정했다. 그것은 쉬워서가 아니라 어렵기 때문이다. 지식과 평화에 대한 새로운 희망이 우주 공간에 존재한다. 나는 이 나라가 1960년대가 지나기 전에 달에 인간을 착륙시킨 뒤 지구로 무사히 귀환시키는 목표를 달성해야 함을 믿고 있다" 이 연설 중 '1960년대가 지나기 전에' 라는 말이 나의 마음에 울림을 주었다.

나는 60년대가 가기 전에 즉 30세가 되기 전에 무엇을 이룰 것인가를 생각했다. 고등학교 교사 자격은 내 능력을 시험해 보는 첫 번째 시도였다. 다음 단계로 좀 더 어려운 과제를 설정하였다. 행정고시에의 도전이었다. 쉬운 일이 아니었다. 그러나 일단 정복해야 할 고지가 정해지면 올라야 한다. 교사로서 학생들을 가르치는 일을 하면서 대학에 적을 두고 배우는 학생으로서의 일도 병행하였다. 좀 더 폭 넓은 지적 기반을 갖기 위해서였다. 이러다 보니 병고의 시련도 겹쳤다. 하나하나 극복해 나갔다.

1967년 5월부터 여자고등학교로 근무처를 옮겨 새로운 생활을 시작하였다. 고등학교에서는 2학년 세계사와 3학년 국사를 가르쳤다. 당시에는 대학 입학시험에 국사는 필수과목이었고 세계사는 선택이었다. 정규 수업이 끝나면 대입 과외 지도도 해야 했으므로 하루 종일 바쁘게 생활해야 했다. 그러나 새로운 생활에 적응해 나가면서 제2차 도전을 본격화 했다.

읽어야 할 책은 많은데 시간은 부족하였다. 부족한 시간을 효율적으로 활용하기 위해서는 집중력을 높이는 방법밖에 없었다. 퇴근하여 집에 오면 저녁밥을 먹고 잠을 잤다. 잠을 잠으로써 하루의 피로를 풀고 그 날 있었던 이런저런 일들을 잊을 수가 있었고 머리가 정리되었다. 밤 11시쯤 깨면 신체조건이 새로워지고 정신이 맑아졌다. 그때부터 책을 잡고 앉았다. 시간이 흐르는 것도 잊은 채 온 정신을 집중하고 있노라면 조용조용 말하는 소리가 들려왔다. 시골의 자정 무렵은 바늘 하나 떨어지는 소리도 들릴 만큼 고요하다. 그 적막을 뚫고 나의 귓전을 울리는 소리, 그것은 어머니의 간절한 기원의 목소리였다.

어머니는 한밤중에 깨끗이 몸을 닦고 옷을 갈아입으신 후 별채로 있는 부엌에 촛불을 켜고 조왕신에게 기원을 드렸다. 아들의 소망이 이루어지도록 도와 달라는 기원이었다. 그 간곡한 어머니의 목소리가 들리면 뜨거운 무엇인가가 가슴을 타고 흐르며 눈에 이슬이 맺혔다. 나는 "그래, 어머니의 간절한 기원을 반드시 실현하자"고 다짐하며 다시 책을 끌어 당겼다. 조왕신은 전통신앙에서 부엌을 관장하고 집안의 온갖 길흉사를 주관하는 신으로 여겨져 있었지만 나에게 용기를 주고 결심을 굳게 하고 피로와 권태를 이겨 내게 한 힘은 조왕신의 신통력이 아니라 어머니의 간절한 기원과 정성이었다.

행정고시 과목은 어려웠다. 헌법·행정법·행정학·경제학 등은 나에게는 생소한 과목이었고 학생 시절 제대로 공부하지 못한 영어도 난관이었다. 처음에는 하루에 10쪽 독파하기도 어려웠다. 책 한 권을 한 번 읽고 두 번 읽고 다시 세 번 읽으면 이해의 정도가 깊어졌다. 그래서 과목당 기본서적을 정해 다섯 번 집중해 읽으면 그 과목에 대해 거의 이해되었다.

그 다음에는 두 권 정도 다른 저자의 책을 읽으면서 기본서에 빠져있는 부분과 견해가 다른 부분을 파악하고 정리함으로써 시험문제에 대비하여 좋은 답안지를 쓸 수 있을 것 같은 자신감이 생기기 시작하였다.

나의 공부에 방해가 되는 것은 학생들이 집으로 찾아오는 일이었다. 고등학교 2~3학년 여학생들이 시내에서 먼 우리집까지 찾아와서는 놀다 가고는 하였다. 보통 5~6명이 떼를 지어 왔지만 때로는 혼자 찾아오는 학생도 있었다. 문제는 혼자 오는 학생이었다. 모처럼 토요일 일요일에 부족한 시간을 보충하려고 책상 앞에 앉아 있으면 불쑥 찾아와서 나를 불렀다. 나 혼자 있을 때는 대답을 하지 않고 방 안에 가만히 있으면 대부분 그냥 돌아가나 개중에는 오랫동안 서 있다가 돌아가는 학생도 있었다. 내가 학생들에게 인기가 있어서라기보다는 총각 선생이었던 점이 학생들이 찾아오는 주원인 이었을 것이라 짐작한다. 어찌하든 총각선생인 나로서는 혼자 찾아오는 학생에게 냉정하게 대하지 않으면 나의 소중한 시간을 빼앗기게 될 뿐만 아니라 남이 보기에도 좋은 일이 아니었다.

모든 일이 다 그렇지만 시험 공부는 오랜 기간에 걸쳐 여유있게 해서는 소기의 목적을 달성하기 어렵다고 생각한다. 그래서 학교에 6개월 휴직원을 내고 본격적으로 공부에만 매달린 후 1968년에 용기를 내어 응시 원서를 내었다. 1차 시험에는 합격했으나 2차 시험에는 불합격하였다. 소득은 있었다. 다음 시험에는 1차 시험이 면제되어 2차 시험에만 집중하면 되었고 2차 논문형 시험에 대한 경험을 얻었다. 논문형 시험은 알고 있는 것을 어떻게 논리적으로 설명하며 시험 채점자의 눈길을 끌 수 있는 매력적인 답안지를 쓸 수 있느냐가 중요함을 알았다. 막연히 책을 읽으면서 외우기만 하는 것이 아니라 답안지를 구상하며 읽었다. 스스로 문제를 출제하여 그 문제에 대하여 서론을 어떻게 시작하여 본론에서 무었을 강조하고 결론에서 어떻게 마무리해야 할까를 생각하며 공부했다. 잠들기 전에 그 날

공부한 것을 정리하며 나만이 쓸 수 있는 답안지를 그려 보곤 하였다.

휴직 기간이 끝나 복직 하고서는 밤공부를 계속했다. 69년도 8월에 예정된 시험 대비 총 정리에 들어갔다. 7월 20일 책을 읽다 피곤하여 쉬려고 라디오를 켰더니 아나운서의 흥분한 목소리가 들려왔다. 미국이 달 탐험을 위해 발사한 아폴로 11호에서 분리된 달착륙선 〈이글〉이 천천히 달을 향해 내려오는 상황이 중계되고 있었다. 나의 마음에 강력한 신호가 전해져 왔다. 닐 암스트롱과 올드린이 달에 무사히 발을 디딘다면 나도 시험에 합격할 것 같은 예감이었다. 나는 손에 땀을 쥐고 중계방송에 귀를 모았다. 드디어 닐 암스트롱이 달에 내려섰다.

"휴스턴, 여기는 고요의 기지. 이글은 착륙했다"고 선장 암스트롱의 목소리가 흘러 나왔다. 나는 가슴이 터질 것 같은 기쁨을 느꼈다. 케네디 대통령은 죽었지만 그가 말한 1960년대가 끝나기 전에 달에 인간을 착륙시키겠다는 약속은 이행되고 있다. 나도 나와의 약속인 30세가 되기 전인 금년에 행정고시에의 도전을 끝내야 한다고 다짐하였다.

8월에 시행된 시험에 자신감을 갖고 응시하고 나만이 쓸 수 있는 답안지를 써냈다.

가장 긴 기다림

사람의 삶을 여러 가지로 설명할 수 있지만 기다림의 연속이라고도 할 수 있다. 나의 생애 중 수많은 기다림이 있었지만 그 중에서 두 가지만 꼽으라면 어린 시절 아버지를 기다리던 일과 1969년 9월의 기다림이었다.

해방 전 해인 5살 때 쯤 신촌 노고산동에 살던 우리 가족은 노량진 상도동에 있는 회사의 사택으로 이사를 하였다. 그 당시 상도동은 노량진에서 좁은 길로 걸어 다닐 때였으므로 노량진 큰길까지만 차량으로 운반된 이삿짐을 사람이 직접 옮겨야 했다. 어머니와 누나 두 분은 이삿짐을 옮긴 후 집을 정리하고 나와 손위 작은 누나는 노량진 큰길가에서 회사에서 돌아올 아버지를 기다리고 있었다. 날이 저물고 어두워지는데 기다리는 아버지는 보이지 않고 차가운 가을바람이 먼지만을 일으키고 있었다. 날씨는 점점 추워지고 인적이 끊기자 무서운 생각이 들어 훌쩍이고 있을 때 영등포 쪽에서 한강 인도교 쪽으로 자전거를 타고 가던 한 분이 자전거를 세우고 왜 길가에서 울고 있느냐고 물었다. 아버지를 기다리고 있다고 대답하자 갖고 있던 봉지에서 엿가락 하나를 꺼내 주면서 울지 말고 기다리고 있으면 아버지가 곧 올 것이라고 위로의 말을 남기고 떠났다. 듣기엔 평범한 이야기이나 내가 잊지 못하는 기다림의 기억이다. 어쩌면 엿가락 하나가 있어 기다림의 추억으로 남았는지도 모르겠다.

어떤 기다림도 마음이 불안하고 초조한 것이지만 시험 결과를 기다리는 것만큼 스트레스가 심한 것은 없는 것 같다. 내 성격이 느긋하지 못하여서인지 스스로 채점하고 합산해 보는 일을 수 없이 반복하면서 스트레스가 쌓여 발표 일주일 전부터는 신경성 장염이 계속되었다. 당시에는 40점 이하 과락 과목 없이 평균 60점 이상이어야 합격할 수 있었다. 지금처럼 모집 인원 전부를 합격시키는 것이 아니었으므로 합격 인원은 수십 명에 불과하였다. 과목별 문제별 답안지 내용을 생각하며 내가 시험관이라면 몇 점을 줄 수 있는가를 생각하며 최고점부터 최저점까지 예상해 보았다. 아무리 박하게 채점해도 합격할 수 있을 것 같았고 그래서 기대감도 컸다. 그러나 채점은 내가 하는 것이 아니므로 낙관과 비관 사이를 오가며 마음을 태웠다.

발표날이 되었다. 오후가 되면서 수업시간에 강의를 하면서도 합격자가 발표되는 서울신문이 배달되었는지가 궁금하였다. 당시 합격자 발표는 서울신문과 중앙청 게시판 두 가지 뿐이었다. 수업이 끝나면 부리나케 서무실로 달려가 배달 여부를 확인해 보았으나 헛일이었다. 서울신문 제주 지국에 전화를 하였다. 날씨 관계로 비행기 운행이 지연되어 신문이 도착하지 않았다는 대답이었다. 그 날은 대입 과외 지도가 있는 날이어서 저녁 9시 가까이 학교에서 기다렸으나 신문을 받아 볼 수 없었다. "서울에 살고 있거나 친구가 있다면 오전에 알 수 있었을 텐데" 원망 아닌 원망을 하며 집으로 돌아와 비몽사몽간에 하룻밤을 보냈다.

다음날 아침, 밥을 먹는 둥 마는 둥 하고 버스를 타고 학교로 향했다.

가다 서며 기어가는 버스가 그렇게 느릴 수가 없었다. 학교 교문에 들어섰다. 교실에 있던 학생들이 나를 보자 창문 너머로 고개를 내밀어 "선생님, 축하 합니다~" 하고 외쳤다. "어? 이게 무슨 일이지, 학생들이 어떻게 알고 저러지?" 뛰다시피 하여 직원실로 들어서자 선생님 한 분이 "김 선생, 축하해" 하며 보던 신문을 내주었다. 얼른 받아 들고 보았더니 합격자 39명 가운데 나의 수험번호와 이름이 나와 있었다. 나에게 신문을 건네준 선생님도 시험을 준비하고 있었기 때문에 나의 합격 여부를 지켜보고 있었고 발표일도 알고 있었던 것이다.

합격 소식은 전교의 학생들과 선생님께 알려지고 직원조회 시 교장선생님의 축하 인사까지 받았다. 그러나 나는 제3차 면접시험이 남아 있어 아직 축하 받기에는 이르다고 말하였다. 3차 시험에 떨어지면 1, 2차 시험 합격은 아무런 의미가 없는 것이 되어 버린다. 또 다른 걱정이 시작된 것이다. 고 3 수업 시간에 들어갔더니 60명 학생이 한 목소리로 "선생님 축하합니다"고 외치고 오늘 수업은 쉬고 이때까지 공부한 방법에 대해서 이야기해 달라고 졸랐다. 그러나 나는 수업을 강행했다. 그 이야기는 최종 합격자 명단이 발표된 다음에 해 주기로 약속했다.

면접시험 시에 서울에 사는 응시생에게 부탁해 두었다. 최종 합격자 명단에 내 이름이 있으면 수고스럽지만 전보로 알려 주기를. 10월 15일 오전에 전보가 배달되었다. "합격을 축하합니다" 서울신문을 저녁까지 기다릴 필요가 없어진 것이다.

수업에 들어가서 약속대로 이야기를 하였다. 이야기를 하다 어머니의 기원의 목소리가 나에게 용기를 주고 결의를 다지는 힘이 되었다고 말하다가 목이 메어 칠판으로 돌아섰다. 차마 학생들에게 눈물을 보일 수가 없어서였다. 학생들도 숨을 죽였다. 나는 학생들에게 말했다. 공부하는 데는 무엇보다 잡념을 없애고 몰입해야 한다. 생활을 단순화 하여 여러 가지 사건을 만들거나 남의 일에 관여하지 말아야 한다. 친구들과 다투면 책을 볼 때 그것이 생각나 집중이 안 되고 이성관계가 있으면 몰입이 안 된다. 공부는 얼마나 오랜 시간 책을 붙잡고 앉아 있느냐가 아니라 얼마나 집중하느냐에 따라 성적이 결정된다. 공부에는 왕도가 없다. 자기 스타일에 맞는 방법을 찾아야 한다.

특히 논문형 시험에 있어서는 남과 비슷한 답안지로는 좋은 점수를 받을 수 없다. 모범 답안지에 나와 있는 것을 외워서 옮겨 써서는 안되고 자기만이 쓸 수 있는 특색 있는 답안지를 만들 때 내용에 다소 미흡한 점이 있어도 좋은 점수를 얻을 수 있다고 말하였다. 그러려면 평소에 폭넓은 독서와 체험을 바탕으로 사물을 보는 시선을 넓혀야 한다.

수업이 끝나고 여유 시간에 서둘러 집으로 갔다. "어머니, 합격했습니다"

"그래, 그 동안 수고했다"

이로써 나의 20대의 도전은 1969년에 막을 내렸다.

화장실이 두 개 있는 집

텃밭 쉼터에 할머니 두 분이 앉아 얘기를 나누고 있다. 무슨 얘기를 저렇게 진지하게 하고 있는가 하고 귀를 기울였더니 한 할머니가 셋집을 전전하다 이 아파트로 이사 오게 된 경위를 설명하고 있었다. 넋두리처럼 계속되는 얘기가 남의 일처럼 들리지 않았다. 그 할머니의 쓰고 매운 인생살이가 눈에 보이는 듯하여 가슴이 아팠다. 나도 집 때문에 많은 추억을 간직하고 있기 때문이다.

1970년 3월, 총무처에 임용 통지를 받고 서울에 올라왔다. 머물 집을 구할 때까지 영등포 양남동(당시에는 마누라 없이는 살 수 있어도 장화 없이는 살 수 없다고 하는 비포장 지역이었다)에 사는 사촌 집을 찾아갔다. 여섯 식구가 사는 단칸방에서 잠을 자며 중앙청(구 조선총독부 건물 ; 김영삼 정부때 헐려 없어짐)까지 출퇴근 하였다. 삶의 조건이 말이 아니었다. 혼자 편하게 잠잘 수 있는 방을 마련하기 위해 이곳저곳을 알아보다 또 다른 사촌이 세 들고 사는 집에 방 하나가 비어 있으므로 나누어 쓰자는 제안이 있어 흑석동에 있는 그 집으로 거처를 옮겼다.

그런데 여기에도 문제가 있었다. 3층짜리 조그만 상가 건물로 1층은 가게, 2층은 주인 가족이 살고 3층은 세를 놓았다. 주인들만 살기 위해 지은 집인지 출입문과 화장실이 하나뿐이었다. 당시 내가 모시는 과장님은 가정사 때문인지 퇴근 후에 곧장 집으로 돌아가지 않고 부하 사무관들과 술 마시는 일이 많았다. 술을 마시고 통금 시간 가까이 되어 집에 도착하여 계단으로 올라가는 출입문을 밀면 잠겨 있었다. 아무리 문을 두드려도 3층에서 잠이 든 사촌은 기척이 없고 사방을 둘러봐도 어디에도 구원의 손길은 없었다. 길바닥에 주저앉아 머리를 짜 봐도 묘수가 없었다.

지금처럼 전화가 있는 것도 아니고 초인종도 없었다. 통금 시간이 지났으니 지나다니는 사람도 없다. 혹시나 하는 생각으로 건물 뒤로 돌아가 보니 뒷집 담장은 기어 오를만한 높이였다. 도둑처럼 기어올라 다시 그 옆집 더 높은 담장으로 이동하여 내가 사는 3층 유리창 문턱에 매달렸다. 한참을 버둥거리다 죽을힘을 다해 기어올라 유리창을 넘어 간신히 들어갔다. 이건 완전히 절도범이 남의 집 창문을 넘어 침입하는 것 그대로였다. 온몸은 땀으로 젖어 있고 양복은 먼지투성이가 되었다. 집 안으로 들어온 후 유리창 너머 고개를 내밀어 아래를 내려다보고 놀라지 않을 수 없었다. 그 높은 벽을 어떻게 올라 올 수 있었는가를 생각하니 스스로가 믿기지 않았다. 그야말로 초인적인 힘을 발휘했다고 해도 과언이 아니었다. 이런 일은 그 후에도 두 세 차례 반복되었다.

그래도 이것은 무용담으로 얘기라도 할 수 있지만 더 곤란한 일은 화장실 문제였다. 아침에 기상하자마자 2층에 하나 있는 화장실에 가 보면 언제나 주인 네 가족이 점령하고 있었다. 몸을 비틀며 참고 기다리다 들어가 보면 산봉우리 몇 개가 솟아있다. 재래식 변기에다 수세식이지만 물통에 달린 손잡이를 잡아당겨도 물 한 방울 나오지 않았다.

엉거주춤 앉은 듯 선 듯 급한 불을 끄고 나와 만원버스에 몸을 실으면 그때부터 아랫배가 요동을 쳤다. 항문을 조이고 몸을 꼬며 비지땀을 흘리며 참고 참아 안국동에서 하차하여 다시 중앙청까지 걸어가는 고행을 겪었다.

이런 일은 비일비재였다. “아, 화장실에 오래 앉아 있을 수 있는 집에서 살았으면 얼마나 좋을까” 하는 것이 그 때의 소원이었다.

결혼 후 새 집을 찾아 나섰다. 그러나 내가 갖고 있는 돈으로는 혼자 화장실을 쓸 수 있는 집은 구할 수 없었다. 처가 친척의 소개로 영등포 역 육교를 건너 한참 올라간 언덕에 있는 방을 구했다. 그 집도 마당에 화장실 하나만 있는 집이나 주인집 식구가 적어 조금의 여유는 있었다. 그러나 이번은 고지대여서 수돗물이 나왔다 안 나왔다 제멋대로였다. 아, 이번에는 수돗물이 잘 나오는 집이 그리웠다. 수돗물 잘 나오고 값도 싼 집을 찾아 주말마다 돌아다녔다. 직원 중에 장위동 사는 친구가 집도 값싸고 수돗물도 잘 나온다기에 장위동 일대를 뒤졌다. 우선 집을 보러 가면 수도꼭지부터 돌려봤다. 잘 나왔다.

전세금에다 은행 융자 그리고 처가의 도움을 받아 아예 조그만 집을 샀다. 대지 20평에 건평 15평으로 콧구멍만 한 마당에 방이 세 개였다. 방 하나를 세주었으나 마당 구석에 있는 화장실은 내가 주인이었다. 여름이 되자 낮은 지역이어서 물이 빠지지 않았다. 이번에는 비가 많이 내려도 안심이 되는 층계 있는 집을 찾았다. 마침 인근에 마당이 있고 반 지하 위에 지어진 집으로 이사했다. 50평 대지에 건평이 30평이나 되는 저택이었다. 수도 걱정, 물에 잠길 걱정은 없었는데 은행 융자금 이자가 걱정이 되었다. 매월 봉급에서 이자를 빼고 나면 생활비가 부족하였다. 식구가 늘어나면서 생활비는 늘어나는데 이자를 감당할 수가 없었다. 그 당시 공무원 봉급은 그야말로 박봉이었다. 보너스나 수당이란 것은 들어 본 적도 없고 달랑 본봉뿐이었다.

다시 이사를 결심했다. 이자 걱정 없는 집을 찾았다. 미아3동 창문여고 옆길을 따라 급한 경사 길을 올라간 맨 끝집이었다. 마침 여름이라 주변

산에 숲이 있고 공기가 좋았다. 화장실에서 소변을 보며 창밖을 보니 다람쥐가 달려갔다. "야! 드디어 살만한 집을 찾았구나" 하고 생각했다. 그러나 이 집에는 문제가 더 많았다. 집 지어 파는 사람이 날림으로 지은 집이어서 사방이 구멍이고 다락은 쥐들의 소굴이다. 밤이면 종이 한 장 바른 천정 위는 쥐들의 놀이터가 되고, 이들 쥐를 잡으려는 고양이가 제집 드나들듯 하였다. 게다가 쥐벼룩까지 생겨 아이들의 몸은 그들의 식탁이 되었다.

겨울이 되니 방에 앉아도 추웠다. 단열재 없이 뼈다귀만 세우고 종이를 바른 집이었다. 연탄 아궁이에서 올라오는 열은 방바닥을 태웠지만 벽에 등을 기대면 얼음장이요 문틈 창틈으로 들어오는 황소바람은 집 안에서도 입김이 서렸다. 단열재를 사다 벽에 붙이고 창문이란 창은 비닐로 모두 봉했다. 조금은 보온이 되었으나 출입문만은 봉할 수 없었으니 서북쪽으로 난 문을 열면 시베리아와 직통이었다. 3월이 되어 창문의 비닐막을 걷어내고 하룻밤을 지내고 아침에 출근하려 밥을 먹는데 입에서 국물이 흘러내렸다. 이상하게 생각하여 물을 마셨더니 물이 주루룩 턱밑을 적시며 가슴으로 떨어졌다. 깜짝 놀라 입을 만졌더니 딱딱하게 굳었다.

거울을 보았다. 입의 모양이 이상하다. 밤새도록 창문 틈으로 들어온 찬바람이 나의 얼굴 한 쪽을 마비시켰던 것이다. 이상한 몰골로 사무실에 나갔더니 사람들이 수근거렸다. "풍 맞은 것 같다"고.

1980년대에 정부에서 주택문제 해결을 위해 200만호 건설계획을 발표하였다. 운 좋게도 경기도 분당에 지어지는 아파트에 당첨되었다. "아! 살다보니 나에게도 이런 행운이 오는 날도 있구나" 1991년 말 아파트로 이사했다. 촌놈이 서울에 올라와 20여 년 만에 그 편하다는 아파트 생활을 하게 되었다. 화장실 2개, 찬물 더운물이 24시간 나왔다.

"천국에 간들 극락에 간들 이렇게 좋을 수 있을까?" 아파트 이삿날의 나의 생각이었다. 이런저런 생각을 하며 산을 오르다 보니 어느덧 목적지에 도착하였다. 가슴을 펴고 심호흡을 하며 하늘을 보니 가을 하늘이다. 그처럼 위세를 부리던 무덥고 짜증나던 여름이 가는가 보다.

고난의 세월도 갈 것이다. 희망을 가지고 기다리다 보면.

우리도 할 수 있다 - 새마을 운동

새마을운동에 대한 국민 의식 조사 결과를 신문에서 읽었다. 여론조사 전문기관인 한국갤럽의 조사 내용은

1) 새마을운동이 우리나라의 성장과 발전에 기여했는가?

2) 새마을운동의 성과를 다른 개발도상국가와 공유하는 게 좋은가? 였다.

첫 번째 항에 대한 대답은 매우 기여가 64,6%, 다소 기여 31,6%로 긍정적 평가가 96,2%이며 두 번째 항에 대한 대답은 찬성이 81%로 나타났다.

잊어버린 줄 알았던 새마을운동에 대한 국민들의 긍정적 평가에 나도 모르게 탄성이 나오면서 자연스럽게 입에서 새마을 노래가 흘러나왔다. "새벽종이 울렸네. 새 아침이 밝았네. 너도 나도 일어나. 새마을을 가꾸세. 살기 좋은 새마을 우리 힘으로 가꾸세".

나도 40여 년 전 1974~75년 2년여 동안 매일 새벽 확성기를 통해 울려 퍼지는 이 노래를 들으며 새벽길을 뛰었다. 총무처 연금국 연금관리과, 인사국 고시과, 행정관리국 조직관리과에서 사무관으로 근무하다 서기관으로 고속 승진하여 중앙공무원교육원에서 교무과장으로 근무하였다. 1971년 전국 3만 3천 리, 동에 시멘트 335부대씩을 제공해 새마을 가꾸기 운동이 시작된 후 새마을 운동이 전국적으로 확대되면서 단순한 마을 가꾸기 사업뿐 아니라 농촌, 도시, 공장, 직장 등 한국 사회 전체의 근대화운동으

로 확산되던 시기였다.

국가의 정책 수립과 추진 주체인 사무관 이상 고급 공무원에 대한 재교육을 담당하는 교육원은 당시 직무교육과 더불어 새마을 정신 교육을 1주일간 합숙훈련을 통해 실시하고 있었다. 아침 6시에 새마을 노래와 함께 일어나 구보와 체조, 식사, 명상, 명사들의 특강, 새마을 지도자의 현장 경험 소개, 국난 극복사 특강, 우수 새마을 또는 공장 방문, 분임토의와 발표 등 밤 9시까지 하루 15시간의 일정을 강행하였다.

담당 과장이었던 나는 이런 일정을 관리하면서 국난 극복사를 담당하여 강의도 하였다. 하루가 어떻게 지나고 계절이 어떻게 변하는 줄도 모를 정도로 바쁘게 2년여를 보냈다. 그러는 동안에 신체적으로 정신적으로 피로가 쌓여 위출혈로 쓰러지면서 병원에 입원하게 됨으로써 새마을 교육과의 인연이 끝났지만 새마을운동의 확산에 조금이나마 기여했다는 점에서 보람을 느낀다.

근면, 자조, 협동을 슬로건으로 한 새마을운동은 처음에는 농촌 지붕 개량, 마을길 넓히기부터 시작하여 농촌 소득 증대 사업, 공장 새마을운동, 직장새마을운동으로 확대 발전함으로써 '우리도 할 수 있다'는 자신감을 갖게 하여 우리나라의 산업 발전의 정신적 바탕을 마련하는데 크게 기여했다고 생각한다.

우리나라 5천년 역사상 전국 농촌에서 주민들이 스스로 일어나 생활 개선과 소득 증대를 위해 경쟁적으로 일하던 시대는 이때 말고는 없었다고 생각한다. 이러한 새마을 정신과 새마을운동은 개발도상국가의 성공 사례로서 아시아 아프리카 중남미 등 세계 여러 나라에서 배워 가고 있다.

오늘날 우리나라가 이만큼의 발전을 이루게 된 것은 그동안 온 국민의 흘린 땀이 모여서 이루어졌음을 알고 그 노고에 감사하는 마음을 가지는 것이 오늘을 사는 우리들의 마음 자세일 것이다.

"우리도 할 수 있다 "의 정신을 잊지 않을 때 개인이나 국가나 발전할 수 있다.

가정용 전기 220V 승압

이른 아침부터 무덥다. 방에서 맨손체조를 했더니 이마에서 땀이 흐른다. 선풍기를 틀고 바람을 쐬니 한결 시원하다. 물을 마시러 주방으로 갔더니 냉장고 모터 소리와 세탁기 돌아가는 소리가 크게 울린다. 물 컵을 들고 의자에 앉아 주위를 둘러보니 모두가 전기가 없으면 쓸모없는 기기들이다. 주방에는 밥솥 오븐 믹서기 냉장고가 있고, 거실에는 TV 에어컨 탁상시계가 보인다. 이외에도 우리 집에는 컴퓨터 다리미 청소기 등 20여 점이 넘는 가전 기기들이 있다. 별 생각 없이 쓰고 있는 기기들이다. 이렇듯 우리들의 삶을 편리하게 해주고 있는 많은 가전 기기를 보면서 잊고 살았던 기억이 주마등처럼 되살아 났다.

지금부터 40여 년 전인 1978년 나는 동력자원부(현재는 산업통상자원부와 통합됨)의 전기국 전기 관리과장으로 근무하고 있었다. 총무처(현 행정자치부)에서 대통령비서실 의전 담당 행정관으로 들어가 2년여 근무하다 국민 생활과 직접 관련 있는 일을 해 보고 싶어 다시 근무처를 옮겼던 것이다. 부임 후 얼마의 기간이 지난 어느 날 한국전력 배전 담당 부장과 과장이 찾아와 각 가정의 전기를 100V에서 220V로 전압을 올리지 않으면 장차 가정에서 늘어나는 전기 기기를 사용할 수 없다고 말하였다.

행정직인 나는 전기에 대해 잘 알지 못했고 승압이라는 말은 더욱 생소한 말이었다.

그날부터 시간이 나는 대로 한전 담당자를 불러 전기에 대해 공부하면서 승압의 필요성에 대하여 검토하기 시작하였다.

우선 승압이 무엇이며 왜 필요한가를 물었다. 한전 담당자는 수도관을 흐르는 물이 압력이 세어야 물이 멀리 그리고 높은 곳까지 흘러갈 수 있는 것처럼 전압이 높아야 가정의 구석구석까지 전기를 보내어 가전 기기를 편리하게 사용할 수 있다고 하였다. 어렴풋이 알 것 같지만 분명하게 잡히지 않았다.

나는 되물었다. "혈압과 같은 이치냐?"

"그렇다 심장에서 피를 힘 있게 보내 주어야 손끝 발끝까지 피가 원활하게 순환되는 원리와 비슷하다."

"혈압이 높으면 뇌출혈이 일어나는 것처럼 전기의 압력을 높이면 전선이 터져 화재가 발생하는 등 사고가 나는 것이 아니냐?" "그렇다 지금의 전선으로는 전등 몇 개와 가전 기기 3~4개만을 사용 할 수 있을 뿐이다. 그러므로 전선이나 플러그 콘센트 등 전기가 흐르는 통로의 용량를 크게 키워야 한다."

"2차선 도로를 8차선이나 10차선으로 넓히는 것과 같은 효과가 난다는 뜻이냐?" "그렇다. 220V로 압력을 높이면 많은 전류를 공급할 수 있어 많은 전기 기기를 쓸 수 있다." 이런 검토를 통해 전기 압력을 높여야 할 필요성을 알게 되었다.

"왜 지금 해야 하나?" "지금 우리 가정에서 사용하는 가전 기기는 평균 4~6개이다. 많은 가정이라야 TV, 라디오, 냉장고, 세탁기, 선풍기, 다리미 정도이다. 그러나 앞으로 그 수는 엄청나게 늘어난다. 지금도 기기가 많은 가정에서는 변압기 없으면 동시에 가전 기기를 사용할 수 없다. 전기의 압력이 낮고 전선의 용량이 적어 전력을 보내지 못하기 때문이다. 무리하면 전기가 나가거나 화재가 발생한다."

"승압을 하려면 무엇을 해야 하나?" "각 가정에 깔려있는 전선을 용량이 큰 것으로 다시 깔고 콘센트와 플러그는 220V로 교체해야한다."

"기존의 건물만 교체하면 되나?" "기존의 건물은 교체하고 신규 건물에는 220V로 배선되도록 관련 규정을 개정하고 전기용품과 전기 기기의 규격을 바꾸어야 한다."

"가능한 일이냐?" "지금 하면 가능하다. 일본은 시기를 놓쳐 손도 못 대고 있다." " 그럼 일본은 어떻게 전기를 쓰고 있느냐?" "집집마다 변압기를 설치하여 쓰고 있다." "우리도 그러면 되지 않으냐?" "사용자가 불편하고 전력 손실이 많으며 국제 규격에도 맞지 않는다.

"한전이 서두르는 이유는 무엇이냐?" "승압을 하면 전력 손실이 적다. 발전소에서 각 가정의 입구까지는 승압이 되었는데 최종 사용처인 가정이나 상업용 건물만 안 되어 전력 손실이 크다."

"한전의 이익을 위해 가정에 부담을 지우려는 것이냐?" "아니다 전력 손실을 줄이는 것은 국가적 이익이고 가정에서도 편리하고 안전하게 쓸 수 있으며 가정의 전력 손실도 줄여 국가 전체적으로 이익이다."

"그러면 무엇을 해야 하나?" "우선 기존 건축물에 대해서는 전선과 플러그 및 콘센트를 새로 설치하고 기존의 100V 기기를 계속 사용할 수 있도록 변압기를 각 가정에 비치해야 한다. 이 모든 공사와 비용은 한전에서 책임진다. 그리고 관계법령을 개정하여 신규 건축 시에 220V 배전을 의무화하고 전기 용품과 가전 기기는 220V용으로 생산하도록 해야 한다." 확신이 서지 않았다.

"100V에서 220V로 승압한 나라가 있느냐?" "있다. 프랑스에서 시행하여 성공하였다" "좋다 프랑스에 가서 확인해 보자"

1978년 11월경 한전 담당자와 팀을 이루어 비행기에 몸을 실었다. 파리의 전력회사를 방문하여 그들의 경험을 듣고 현장을 찾아가 오페라 하우스 등 오래된 건물에 새로 배전한 것을 직접 확인하였다. 귀국 후 승압 계획서와 함께 브리핑 차트를 만들어 국장 차관 장관에게 결재를 받았다. 장관은 추진 계획을 브리핑 받은 후 "당신 기술직이야?"하고 물었다. 행정직으로서 기술직 업무를 잘 파악하고 있다는 긍정적인 표정이었다.

추진 계획이 결정된 후 220V용 전선과 용품의 생산을 위하여 공업진흥청과 협의하는 한편 공사 진행을 위하여 전기공사협회 전기기사협회 전기안전공사 등 관련 단체와 협의를 진행하고 각종 모임에서 승압의 필요성을 설명하였다.

관련 제조업체에서 220V 배전용품이 생산되고 전기 공사 준비 상황을 점검한 후 농촌 마을을 선정하여 시범 공사를 시행하였다. 시범공사를 통하여 발견된 문제점을 보완 시정한 후 1979년 여름부터는 본격적으로 승압공사를 추진하였다. 승압공사가 완료된 가정에서는 새로 생산되어 시장에 나온 220V 가전 기기를 사용하고 기존의 100V 기기는 변압기를 무상으로 공급하여 불편없이 사용하게 하였다.

40여 년이 지난 오늘 이 무더운 여름날에 많은 가전 기기가 동시에 문제없이 돌아가는 것을 보면서 "아, 그 때 내가 추진한 일이 잘 한 일이었구나." 하고 감회에 잠겨 본다. 여러 사람들이 주저하던 일이었는데 나는 그 때 과감하게 결정하고 추진하였다. 그 일이 중요하고 시급하다고 판단하였기 때문이다. 여러 가지 과제 중 어떤 일을 먼저 해야 하느냐의 기준은 중요성과 긴급성이다. 타이밍이다. 타이밍을 놓치면 영원히 못 하거나 훗날 한다 해도 엄청난 추가 비용을 부담해야 한다.

그 때 승압이 안 되었으면 지금처럼 많은 가전 기기를 불편없이 쓸 수 없을 것이며 220V 기기의 생산과 보급도 늦어졌을 것이다. 그때 같이 일했던 사람들의 수고가 있었기에 지금 나는 시원한 선풍기 바람을 쐬며 냉장고에서 냉수를 꺼내 마시고 있다.

그때 그 사람들의 얼굴과 이름을 떠올려 본다.

좌절, 그리고 깊은 후회와 반성

공무원 생활 초기에 행정 관련 전문 잡지에서 다음과 같은 요지의 글을 읽었다.

"일본의 공공기관에서는 민원서류를 처리할 때 최대한 빨리, 그리고 친절하게 처리함으로서 민원인이 절약한 시간에 대한 감사의 뜻으로 주는 돈을 받아 부서의 운영비로 쓴다."

당시 우리나라의 행정관서의 민원인을 대하는 태도는 다소 관료적이었으며 민원 해결을 위해 관공서를 여러 차례 방문하는 경우가 많았다. 위 글을 읽고 참고할만 하다고 생각하여 기억하고 있다가 중앙공무원교육원에 근무할 때 사무관들의 재교육 시간에 논의해 보았다. 당시 교육생들도 찬성하며 우리나라에도 그런 경우가 많다고 하였다. 한 조직의 책임자가 되어 조직을 운영하려면 비용이 들어간다. 저녁 늦게까지 근무하는 직원들에게 저녁을 먹여야 일을 시킬 수 있고 가끔은 단합을 위해 회식도 있어야 조직을 원만히 운영할 수 있다. 그러나 내가 공직에 있을 때는 부서 운영비 같은 예산이 없어 과장의 박봉에서 충당해야 하는 상황이었다. 이에 따라 무리가 따르는 경우가 많았다.

나는 이런 상황을 타개해 보고자 하였다. "민원인은 한번 이상 찾아오는 일이 없도록 하여 교통비와 시간을 절약하여 비용을 줄이게 하고, 서류에 미비 사항이 있으면 접수 시에 검토하여 보완 사항을 알려주며, 친절하게 대하고 신속하게 처리하여 고마운 마음을 갖게 하라"고 과원들에게 지시하였다.

1980년 전기공사업 신규 면허를 발급하였다. 오랫동안 신규 면허를 내주지 않아 전기공사업을 하고자 하는 사람들의 요청이 많은 반면 기존업자들은 기득권을 지키기 위해 반대하였다. 기존업자의 사업권 보호도 의미가 있지만 그보다 사업권을 개방하여 자격있는 사람들에게 기회를 주어 경쟁을 함으로서 산업계의 발전과, 보다 질 높은 전기공사로 일반 수요자에게 편익을 줄 수 있다고 생각했다.

면허 발급 업무가 끝난 며칠 후 수고한 직원들에 대한 위로 차원의 회식 모임을 가졌다. 그 자리에서 면허 업무 담당 직원이 봉투 하나를 내놓았다. 이게 뭐냐고 물었더니, "면허증을 받아가는 사람들 중에서 몇몇 사람이 너무 친절하게 잘 해주어서 고맙다고 하면서 사례금으로 얼마씩 주고 간 돈입니다. 과장님이 그동안 봉급에서 비용을 충당해 왔는데 얼마 안 되는 돈이지만 교통비에 보태십시오. 요새 퇴근 후에 외국어대학에 가서 영어 공부를 하는데 교통비도 많이 들어가고 있지 않습니까" 라고 말하였다. 그러자 전 과원이 이구동성으로 "과장님의 교통비에 보태세요. 우리 모두가 그렇게 하기로 의논했습니다"고 전 직원이 권유하자 나는 "좋다, 내가 보관해 두었다가 필요한때 쓰자" 하고 그 돈 봉투를 받았다.

이것이 문제가 되었다. 당시의 시대 상황은 1979년 10월29일 박정희 대통령이 시해된 후 12·12쿠테타로 신군부가 권력을 장악하여 공직사회의 기강을 잡는 사정의 찬바람이 불고 있었다. 이런 사회적인 분위기에서 모두가 몸 사리고 있을 때 신규 사업 면허를 발급하는 업무를 추진하였으니 관계기관에서 관심을 갖고 주시하고 있었을 것이다.

이런 가운데 신규 면허를 받은 사람이 기분이 좋아서 혹은 친절에 대한 보답으로 사례금을 주었다는 얘기를 하였는지, 아니면 기존업자의 불평 때문인지는 모르겠으나 어쨌든 직무와 관련하여 금품을 받았다고 하여 문제가 된 것이다. 맞다. 전기공사업 면허 신규 발급이 없었다면 그들이 사례금을 줄 일이 없다. 그러나 자격 요건을 갖추지 않은 사람에게 부정으로 발급하지는 않았다. 나중에 감사실에서 혹시 부정 발급의 대가가 아닌가 하여 감사를 했으나 하나의 잘못도 없었다. 나는 이 건으로 공무원의 옷을 벗었다. 직장 내외에서 "너무 억울하게 되었다." "아까운 인재 한 사람을 잃어서 안타깝다"는 동정의 소리가 많았지만 소용없었다.

인과응보다. 원인을 내가 만들었다. 민원업무를 친절하게 처리하는 데서 끝냈어야 했다. 직원들의 말을 받아들인 나의 유약함이 있었다. 관례라고 생각한 안이함이 있었다.

시대의 변화에 둔감했다. 뒤늦은 후회와 통절한 반성이 따랐으나 이미 물은 쏟아지고 난 다음이다. 꿈은 산산히 부서졌다. 부끄럽다. 지금도 가슴이 아프다.

나의 피와 땀이 배어있지 않은 어떤 것에도 눈길을 돌리지 않기로 결심했다.

생산성 향상 운동

조간신문 일면에 머리기사로 〈노 사 정, 임금피크 도입해 청년고용 확대〉라는 기사를 실었다. 기사는 "정규직 노동자에 대한 해고의 유연성을 부여하고, 60세 정년 연장으로 인한 일자리 부족 현상을 보완하기 위해 임금피크제를 도입하기로 하였다."는 것이 요점이었다.

이로써 고임금 대기업의 정규직과, 저임금 비정규직 노동자 간의 임금격차를 줄이고 일자리를 늘려 청년실업의 고통을 완화하는 길이 열렸으면 좋겠다. 지금은 고임금을 받으면서도 생산성이 낮은 노동자를 해고할 수 없다. 이에 따라 기업은 노조의 보호 아래 생산성과 관계없이 정년까지 신분을 유지하는 정규직보다 경기 변동이나 경영 실적에 따라 고용 규모를 조절할 수 있는 비정규직을 선호하고 있다. 이로 인해 고임금 정규직의 기득권 수호에 밀려 비정규직에 대한 차별과 청년의 고용절벽을 야기해온 것이라고 할 수 있다. 이런 문제가 이번의 노·사·정 대타협을 통해 원만히 해결되어 노사 협조를 통한 생산성 향상과 경제 성장의 기폭제가 되었으면 좋겠다.

기업의 성장과 발전의 기반은 노동자와 사용자가 자동차의 바퀴처럼 협동하여 생산성을 향상시키는 것이다. 그리고 임금 인상은 생산성 향상과 연계되어야 한다. 생산성과 관계없이 근무연수나 정규직 여부에 따라 임금에 많은 차이가 발생하는 것은 불합리한 제도이다.

생산성이란 산출물과 투입 생산요소와의 비율이다. 즉 투입량에 대한 생산량의 크기이다. 예컨대 노동생산성은 일정한 기간 동안의 〈생산량÷노동자수(노동량)〉 이며, 기계생산성은 기계 1대당 생산량으로 표시되고, 임금생산성은 임금 단위당 생산량이다. 이처럼 생산성은 생산에 투입된 생산요소에 의해 자본, 기술, 토지 등 각각의 생산성을 산출할 수 있다.

생산성 향상은 생산 제요소를 효율적으로 이용하여 값싸고 질 높은 상품이나 서비스를 생산하는 것이다. 생산에 투입된 노동 자본 기술 등이 효율적으로 이용되어 생산성을 높이고 보다 큰 이익을 얻어야 노동자는 더 많은 보상을 받을 수 있고 경영자는 이익을 재투자하여 기업을 성장시키고 고용을 확대할 수 있다. 기업 단위의 생산성의 총화가 국가의 생산성이며 국가의 생산성이 그 국가의 경쟁력이다.

이런 의미에서 세계 각국은 오래전부터 생산성 향상 운동을 전개하여 왔다. 유럽은 제2차 대전으로 폐허가 된 산업을 부흥시키기 위해 1953년 유럽생산성본부를 설치하여 생산성 향상 운동을 전개하여 왔으며 아시아는 1950년대 중반 이후 일본, 한국, 대만, 인도, 싱가폴 등을 중심으로 아시아생산성본부를 설치하여 각국이 연계하면서 기업의 새로운 경영 기법 도입 등을 지원하여 왔다.

나는 1981년부터 83년까지 한국생산성본부의 산업경제조사부장으로 근무할 때에 우리나라 생산성 향상 운동 추진에 조그만 역할을 하였다.

당시의 국가적 과제는 정권교체 과정에서 발생한 경제적 혼란을 극복하고 경제 성장을 촉진하기 위해 기업의 생산성을 향상시키는 방안을 강구하는 것이었다. 그래서 정부에서는 생산성 향상 대책을 마련하고 산업계에서는 생산성 향상 촉진대회를 개최하여 생산성 향상만이 기업이 살아남을 수 있는 방안이며 국가경쟁력을 강화할 수 있는 유일한 길임을 천명하고 기업의 총 역량을 결집하여 생산성 향상 운동에 나설 것을 결의하였다.

이러한 정부의 방침과 기업의 활동을 지원하기 위하여 생산성본부에 〈생산성운동추진사무국〉을 만들어 내가 사무국장을 겸임하였다.

사무국의 첫 과제는 각 기업체의 종사자에게 생산성의 의미와 그 향상 방법을 교육시키는 일이었다. 그래서 만들어 낸 교육 교재가 〈생산성 향상 활동 추진 요령〉이라는 415쪽에 달하는 책자로서 정부의 재정 지원과 각계 전문가가 참여한 가운데 우리나라에서 처음 나온 생산성에 대한 종합적 개괄서이다. 1981년 9월에 발간된 이 교재를 수십만 부를 인쇄하여 대한상공회의소를 통해 전국 각 기업체에 배포하여 생산성 향상 활동에 활용하도록 하였다.

그리고 각 기업체의 노조 간부와 생산성 담당 직원을 교육시키고 일본 등 선진국가의 노사 협조 우수 기업체를 방문하여 선진국의 생산성 향상 활동을 배우는 한편 각종 시청각 교육자료를 만들어 배포하기도 하였다. 나는 교재 제작의 기획, 편집, 원고 의뢰 및 일부 집필과 인쇄, 배포의 전 과정을 총괄하였으며 기업체의 초청을 받아 생산성운동에 대한 강의를 하는 한편 정부와의 가교 역할도 하였다.

또 하나 내가 보람으로 생각하는 것은 〈생산성대전〉이라는 백과사전적 종합 이론서를 제작한 일이다. 이런 활동들이 모여 우리나라 기업에 생산성에 대한 의식이 확산되는 계기를 마련하게 되었다고 생각한다. 이제 세월은 흘러 나의 책장 한구석에 그 때 내가 땀 흘려 만든 책이 남아 그 때의 기억을 떠올리게 하고 있다.

생산에 투입되는 여러 가지 요소를 낭비 없이 효율적으로 활용하여 값싸고 질이 높은 상품이나 서비스를 만들어 내려면 여기에 참여하는 사람들이 생산성 의식을 갖고 있어야 한다. 마찬가지로 가정이나 개인 생활에 있어서도 생산성 마인드가 필요하다. 물자를 절약하고 시간을 효율적으로 이용하여야 한다. 개인 생활에서 생산성이 높은 사람이 경쟁력이 높으며 궁극적으로 성공할 수 있다고 생각한다. 학생의 생산성 향상은 집중과 몰입도에서 결정된다.

아버지! 그립습니다

가을이 깊어가는 산길을 아빠의 손을 잡고 걸어가는 아이의 모습을 보고 있습니다. 아버지와 아들이 사이좋게 걸어가는 것을 보자 문득 70여 년 전의 기억이 되살아납니다. 5·10선거 전날 밤 남로당원들의 협박에 못 이겨 쫓기듯이 집을 나와 비 오는 밤길을 걸어갈 때 저는 아버지의 손을 꼭 잡고 있었습니다. 땀과 비에 젖은 손이었지만 그때의 따뜻한 감촉은 지금도 잊혀지지 않습니다.

아버지가 42세의 젊은 나이로 돌아가실 때 제 나이가 7년 3개월짜리 어린아이였습니다. 아버지에 대한 기억이 많지 않지만 아직도 제 마음에 생생히 살아 있는 기억들이 있습니다. 해방 전해 서울 신촌 노고산동에 살 때였습니다. 그때 집 앞은 전부 논이었고 여름이면 개구리들이 집 마당을 뛰어다니고 어떤 놈은 방안까지 뛰어들었습니다. 아버지께서는 어느 날 개구리를 잡아 그 다리를 숯불에 구워 주셨습니다. 아버지의 사랑이 스며 있어서인지 그 때 먹었던 개구리 맛은 잊을 수가 없습니다.

어머니의 병환 때문에 제주도로 낙향하신 뒤에 저를 서당에 보내 공부하게 하고 천자문을 손수 쓰셔서 책을 만들어 주셨습니다. 손님이 오셨을 때는 저를 불러 천자문을 외워보라 하셨고 저는 손님 앞에 꿇어앉아 천자문을 외웠습니다. 손님이 "참 똑똑하다" 칭찬하시면 아버지께서는 매우 흡족한 표정으로 저를 쳐다보시곤 하셨습니다.

아버지께서는 못 다한 공부를 저를 통해 이루려 하셨는지 대학원까지 졸업하려면 일찍 학교에 입학해야 한다면서 저를 입학 적령 전에 초등학교에 입학시키셨습니다.

어느 일요일 저는 아버지와 함께 학교 운동장으로 놀러갔습니다. 마침 동네 아저씨들이 축구를 하고 있었는데 아버지도 시합에 참여하셨습니다. 아버지는 운동신경이 없는지 자주 헛발질만 했습니다. 그때 나는 너무 창피해서 손으로 눈을 가리고 손가락 사이로 봐야 했습니다. 당시 우리 집은 평온했습니다. 병원에 입원 치료 받던 어머니도 쾌유되시고 동생도 새로 얻었으며 아버지께서는 제주도청에 근무하여 생활도 안정되었습니다. 그러나 그러한 평화는 오래 가지 않았습니다. 남로당원들의 협박에 시달리시다 급기야 그들의 악랄한 손길에 희생되어 숨길을 거두셨습니다.

아버지께서 숨을 거두시기 전에 저를 한참 동안 바라보셨습니다. 그 때 저는 죽음이 뭔지를 잘 몰랐습니다. 어머니 누나들이 울자 저도 따라 울었습니다. 아버지가 돌아가신 후 폭도들은 다시 우리 마을을 습격하여 남아 있는 우리 집과 재산을 잿더미로 만들었습니다.

아버지가 안 계신 우리 집은 점점 살아가기가 어려워졌습니다. 게다가 연로하신 친가 외가의 할아버지 할머니가 연이어 돌아가셨습니다. 저는 아버지를 대신하여 상주가 되었습니다. 한 달에 두 번 삭망제를 지내고 소상 대상 삼년상을 지내다 보니 10여 년간 상복을 벗을 날이 없었습니다.

제 머리에는 두건, 몸에는 상복, 손에는 지팡이가 떠나는 날이 없었습니다. 더우기 가난한 살림에 제사 명절까지 일 년에 십여 차례의 행사를 치러야하는 어머니의 고달픔은 보는 저의 가슴을 아프게 하였습니다.

저는 어머니를 열심히 도와 드리려고 노력했습니다. 동네 어른들이 저를 보고 너무 일을 많이 해서 키가 안 자란다는 말을 하기도 했습니다. 어머니께서는 '아비 없는 호로자식 소리'를 듣지 않게 행동하여야 한다며 언제나 경계의 말씀을 하셨습니다. 그래서 저는 동네에서 칭찬받는 착한 아이였습니다. 그런데 어느 날 "이런, 호로자식!"하는 욕설을 들었습니다. 어른들이 장기 두는 것을 보다가 나도 모르게 훈수를 함으로써 장기에 패하게 된 할아버지가 홧김에 하신 말이었습니다. 그 할아버지는 제가 아비 없는 자식이라고 의식하여 말한 것이 아니라고 생각하면서도 호로 자식!이라는 말을 듣는 순간, 벼락이 치고 지나간 듯 강렬한 아픔이 저의 마음을 내리쳤습니다. 그 자리를 피해 집으로 돌아오면서 저는 흐르는 눈물을 막을 수가 없었습니다.

아버지! 저는 아버지께서 소망하셨던 대학원까지 공부도 하였고 어렵다는 시험에도 합격하는 등 노력했습니다만 모든 일을 뜻대로 이루지는 못했습니다. 그러나 저는 아버지의 정신적 자세를 조금은 물려받은 듯합니다. 아버지께서는 그 엄혹하던 시절 증조부님은 좌수, 조부님은 별감을 지낸 유교적 가풍과 한학을 중시하던 할아버지의 반대를 무릅쓰고 새로운 기술을 배워야 한다는 신념 아래 육지에 나와 토목기술을 수학하여 기술인이 되셨습니다. 비록 공산 폭동에 희생되어 그 기술을 충분히 꽃피우지 못 했으나 제주도청에서 아버지와 함께 일했던 분의 말씀에 의하면 아버지는 성격이 좋으셨고 토목 측량 부문에서는 당대 최고의 기량을 가지고 계셨다고 말씀하셨습니다.

아버지는 언제나 단정하셨고 절제된 생활을 하셨습니다. 아버지께서 하신 말씀 가운데 "음식은 80% 정도만 먹어라. 더 먹고 싶을 때 숟가락을 놓아라"고 하는 가르침은 지금도 잊지 않고 지키고 있습니다.

아버지! 저도 아버지의 도전 정신을 이어받아 현실에 안주하지 않고 노력하여 왔습니다만 이제는 어느덧 지난날을 돌아보며 삶을 정리할 때가 되었습니다. 아버지! 그립습니다. 그 옛날 아버지 앞에 앉아 천자문을 읽던 시절이 그립습니다.

아버지! 저세상에서도 내내 평안하십시오.

어려운 시절 어머니와 저는 언제나 함께였습니다

어머니! 어젯밤 꿈에서 뵈었습니다. 어머니께서 아버지 곁으로 가신 지가 벌써 9년이 되었습니다. 참으로 세월이 빠릅니다. 저도 언젠가는 두 분 곁으로 갈 날이 오겠지요. 오늘은 궂은 비가 자주 내리는 늦가을 날씨입니다. 어린 시절의 가을날이 생각납니다. 이맘때 어머니와 저는 고구마를 썰어 말리느라 바빴습니다. 밭에서 캐 온 고구마를 겨울 동안 먹을 것과 썰어 말린 후 팔 것을 가려낸 다음, 먹을 것은 땅을 파 묻어 두고 팔 것은 썰어서 말렸습니다. 문제는 날씨였습니다. 늦가을에서 초겨울로 가는 이때는 환절기여서 갑자기 비가 내리는 때가 많아 어머니와 저를 달리기 선수로 만들었습니다. 썬 고구마를 마을에서 가까운 잔디 위에 널어 말리다가 비가 내리면 정신없이 뛰어가 거두어야 했습니다. 그러나 잘 마르던 고구마는 비를 피할 수 없었고 비 맞은 고구마는 상품가치가 떨어져 땀의 보람을 빼어갔습니다. 그러나 그렇게 말린 고구마는 약간의 돈을 어머니 손에 들어오게 하여 어려운 살림에 보탬이 되었습니다.

그리고 겨울을 앞둔 이때는 김장배추를 거두고 김치를 담그느라 바빴습니다. 늦여름에 씨 뿌려 키우면서 비료 대신 썩은 오줌을 허벅으로 옮겨 뿌려 주고 손으로 벌레 잡으며 키운 배추를 캐어 등짐으로 옮겨 바닷물에 씻었습니다. 초겨울 해 진 후의 바닷물은 차가웠고 파도는 높았습니다.

갯가에서 곱은 손을 불며 씻노라면 파도가 밀려와 옷을 적시고 물에 담가 놓은 배추를 끌어갔습니다. 어둠 속에서 허둥지둥하다 넘어지며 물이 줄줄 흐르는 배추를 다시 집으로 옮겨 김치를 담갔습니다. 양념을 만들고 버무리다 보면 시간은 자정을 넘어갔습니다. 그 김치는 봄 채소가 나올 때까지 우리 가족의 반찬이 되었습니다.

어머니는 밭에 가지 않는 날은 양태를 하시거나 술을 담아 팔아 저의 학비에 보태거나 연이어 돌아오는 제사 명절 비용으로 지출하였습니다. 이렇게 어머니는 쉬시는 날 없이 일하느라 무리한 탓에 허리와 다리 통증에 시달리셨고 가중되는 스트레스로 인한 위장병으로 고통을 당하셨습니다.

그런 고통 속에서도 어머니는 제가 공부할 때 피곤한 몸을 이끌고 부엌에 앉아 조왕신께 기원을 드렸습니다. 지금까지도 어머니의 간절한 기도 소리가 저의 귓가에서 맴돌고 있습니다. 어머니께서 돌아가시기 전에 저는 어머니께 이런 질문을 한 적이 있습니다. "어머니는 대한제국 때 태어나서 일제의 식민지시대를 사셨고 해방과 6·25전쟁 시기 그리고 4·3사건 등 어려운 시대를 살아 오셨습니다. 어머니가 살아온 삶과 저의 어린 시절과 비교할 때 어느 때가 더 어려웠다고 생각하십니까?"하는 저의 물음에 어머니는 조금의 망설임도 없이 "너가 훨씬 더 고생했다. 너만큼 고생한 사람은 우리 집에 없다"고 말씀하셨습니다. 그러나 저는 "아닙니다. 어머니가 더 고생하셨습니다"하고 말하며 어머니와 제가 어려운 시절을 살던 얘기를 나누었습니다. 그렇습니다. 어머니와 저는 어려운 시절에 언제나 함께 있었습니다.

그러나 어머니께서 이 세상을 하직하시기 전날 어머니는 저를 알아보지 못하셨습니다. 조카들과 어머니 침대 옆에 서 있는 저를 가리키며 "저 사람은 누구냐?"고 물었습니다. 저는 가슴이 아팠습니다. "아, 어머니가 돌아가실 때가 되었구나. 생사의 고비를 넘기며 애지중지 길러낸 아들의 얼굴을 알아보시지 못하다니, 사람의 나이가 이렇게 사람을 허무하게 만드는구나" 하고 생각하는 한편 혹시 어머니께서 저의 모습에서 아버지의 환영을 보신 것이 아닌가 하는 생각이 들기도 하였습니다.

어머니! 어머니는 넘어져 고관절을 다치기 전까지는 100세가 넘은 나이임에도 불구하고 하루도 빠짐없이 아침저녁으로 운동을 하셨습니다. 밖에 나가서는 지팡이에 의지하여 걸으시고 집에서도 여러 가지 동작으로 운동하시고 어두운 눈으로 독경을 하시며 정신을 가다듬으려 애쓰셨습니다. 돌아가시기 전까지 되도록 자식들에게 짐이 되지 않게 하시려는 어머님의 마음가짐이셨습니다.

그러한 정신을 저도 본 받고 오늘도 이렇게 산길을 걷고 있습니다. 오늘따라 어머니가 숯불 위에서 구워 주시던 갈치구이가 생각납니다.

어머님! 아버지 곁에서 편히 지내십시오. 보고 싶습니다. 어머니!

살며
생각하며

다섯 가지 나의 벗들

조선 중기의 문신이요 시조 시인인 윤선도(1587~1671)는 말년에 전남 보길도에서 은거 생활을 하며 물, 바위 소나무, 대나무, 달을 오우(五友)라 하고 삶의 동반자로 삼았는데 나는 신문, 등산, 텃밭, 책, 난초와 대 그리기를 벗으로 하여 생활하고 있다.

세상 사람들은 나이가 들수록 집안에서만 생활하면 건강이 나빠지고 특히 치매에 걸리기 쉬우니 밖에 나가 친구들과 만나고, 밥도 먹고 술도 마시며 세상 돌아가는 이야기를 하는 등 적극적으로 사회생활을 하는 게 좋다고 말한다.

나도 한 달에 몇 번씩 친구나 옛 직장 동료들의 모임, 각급 동창회, 향우회 등 각종 모임에 열심히 쫓아다녔다. 그러다 3년 전부터 생각을 바꾸었다. 어느 날 모임을 끝낸 후 버스를 타고 집으로 돌아오면서 너무 허허로움을 느꼈다. 한 번의 모임 참석을 위해 왕복하는데 시간이 너무 많이 걸렸다. 이른바 B, M, W을 이용하여 걷고 갈아타면서 가고 오는데 3시간 이상이 걸리고, 모여서 술 한잔하고 잡담하는데 1시간 반, 외출 준비하고 돌아와서 뒤처리까지 하는데 총 6시간 정도가 소요되었다.

문제는 그 6시간을 사용하여 내가 얻은 게 무엇인가이다. 친구를 만나고 교제하는 것이 무엇인가? 서로의 마음을 이해하고 기쁜 일이 있으면 같이 기뻐하고 슬픈 일이 있으면 나누고 상호 간에 보고 느끼고 배우는 것이 있어야 하는데 그런 것이 없다. 너무 이기적이고 삭막한 생각인지 모르겠지만 대부분의 모임은 그저 형식적인 인사와 옛날 얘기, 정치 얘기가 주된 화제 거리다. 웃고 떠들다 보면 스트레스가 풀린다고 하지만 나는 해소된 것보다 더 큰 스트레스를 받는다. 우선 대중교통수단을 두세 번 갈아타고 다닐 때의 스트레스이다. 추운 겨울이나, 더운 여름, 비 오는 날의 버스 기다리는 시간이며 만원된 버스와 전철 안에서의 스트레스는 술 마시고 떠든 후에 해소되는 것 보다 훨씬 크다고 생각되었다.

여러 사람을 만나고 집안에서의 답답함을 풀어보려고 참가하는 모임 보다 더 나은 대안이 있다면 나는 그 대안을 선택하는 것이 현명하다고 생각하였다. 그래서 선택한 것이 다섯 가지 나의 벗이다. 물론 나의 벗이라고 해서 새로운 것이 아니라 오래 전부터 있어온 것이나 새로운 의미를 부여하기 위해 〈다섯 가지 나의 벗〉이라고 이름을 붙였을 뿐이다.

첫 번째 벗은 조간신문이다. 아침 일찍 일어났을 때 만나지 못하면 서운하고 기다려지는 벗이다. 다섯 시 쯤 기상하여 간단한 맨손체조를 한 후 현관문 앞에서 기다리고 있는 신문을 만나는 것이 일과의 시작이다. 이 벗은 나에게 너무나 많은 것을 가르쳐 주는 벗이다. 신문을 펼쳐 우선 날씨 정보부터 확인한다. 산길에 나설 때 참고하기 위해서다. 다음은 생활 외국어 등 외국어 란을 찾아 영어 일어 한자를 읽고 외우면서 공책에 옮겨 적는다. 산길을 걸으면서 나의 기억력을 테스트하기 위해서다. 조반을 먹은 다음 1면부터 마지막 사설까지 읽는다.

내가 신문과 만나는 시간은 2시간 정도이다. 세상에 어느 벗이 있어 신문처럼 주요 정보를 알려주고 가르침을 베푸는 자가 있겠느냐? 어쩌다 현관문 앞에 신문이 없으면 하루의 시작이 꼬이는 것 같은 기분이고 신문이

올 때 까지 몇 번이나 문을 열어 볼 정도로 기다려지니 이것이 진정한 내 벗이다.

두 번째는 등산길이다. 나는 등산길에서 새소리, 바람소리, 빗소리, 꽃이 피고 떨어지는 소리, 다람쥐 고라니 청설모가 달리는 소리를 듣는다. 그 소리들은 나의 귀를 즐겁게 해주고 마음에 평안을 준다. 그 소리 속에는 정치 얘기, 남을 비방하는 거친 말도 없다. 나는 가끔 나무들과 대화도 한다. 그들은 내말을 싫다 하지 않고 끝까지 귀 기울여 들어준다. 자연의 변화를 몸으로 가슴으로 느끼며. 지나간 삶을 되돌아보고 현재의 생활을 성찰하며 어떻게 살아갈 것인가를 생각하게 해 준다. 이보다 좋은 벗을 어디서 만나랴?

텃밭도 나의 중요한 벗이다. 산길에서 내려올 때 매일 들러 안부를 살핀다. 내가 심은 씨앗이 잘 자라는지, 목이 마르고 아프지나 않는지 보살펴주면 텃밭은 나에게 싱싱한 채소로 보답한다. 텃밭은 나에게 물질적인 의미뿐 아니라 자연의 힘이 위대함을 느끼게 하고 땀의 의미를 알려주는 벗이니 나 어찌 아끼지 않으랴.

책은 나의 스승이요 참된 벗이다. 하루에 서너 시간 책과 만나는 동안 석가, 공자, 소크라테스, 예수 등 성인을 만나고 고대 그리스의 철학자부터 현대에 이르는 다방면의 수많은 석학들의 가르침을 받을 수 있으니 어떤 벗이 있어 이렇게 소중한 가르침을 줄 수 있을까?

마지막으로 난초와 대나무 그리기도 내가 매일 만나는 벗 중의 하나이다. 전문가에게 제대로 배운 적이 없으므로 잘 그리지는 못하지만 잎 하나, 마디 하나 그리는 동안은 그야말로 무아지경이다. 온몸의 정기와 정신을 집중할 때 온갖 번뇌는 사라지니 이렇게 좋은 벗이 어디 있으랴.

벗 사이에는 서로 믿고 존중하는 마음이 있어야 한다고 한다. 나는 나의 벗들을 사랑하고 존중하니 나의 벗들도 그럴 것이라 믿고 있다. 서로 마음을 터놓고 말하고, 믿을 수 있는 진정한 친구 한 사람만 있어도 성공한 인생을 사는 것이라 하는데 나는 다섯 가지 벗들이 있으니 사람다운 삶을 살고 있다고 할 수 있을지 모르겠다.

휴대폰에는 모임을 알리는 문자가 와 있는데 벗들을 두고 갈 수가 없다.

나의 삶의 스승 – 신문

나는 매일 산길에 오르면서 중얼거리기 시작한다. 집을 나서기 전에 신문에서 공책에 옮겨 적은 외국어인 영어 일어 한자를 잊어버리지 않으려고 복습하는 것이다. 이 나이에 외국어 공부가 무슨 소용이 있으랴만 그래도 내가 아는 외국어가 이것뿐이고 어쩌다 외국에 나갔을 때 유용하게 쓰여 보람을 느낀 적도 있다. 이제 기억력은 떨어지고 일상생활에서 활용하지 않기 때문에 오늘 외우면 내일은 반 이상 잊어버리고 며칠 지나면 처음 보듯 새롭다. 마치 흘러가는 물 위에 쓰는 글자처럼 외우자마자 잊을 줄은 알면서도 습관이 되어 하지 않으면 뭔가 허전함을 느낀다.

이처럼 신문은 매일 처음 만나 대화하고 가르침을 주는 벗이요 스승님이다. 스승님으로부터의 배움은 산행이 끝나고 아침식사를 마친 다음부터 본격 시작된다. 스승님을 모시기 전 나는 볼펜과 공책, 칼과 가위 스카치테이프 그리고 큼직한 돋보기를 준비한다. 1면부터 읽으면서 처음 알게 된 사실이나 중요한 부문에 볼펜으로 언더라인을 하고 스크랩 할 부분을 체크한다. 그런 과정에서 정치 경제 사회 문화 국제관계 예술 종교 등 삶의 모든 부문과 학문의 각 영역과 만난다.

천문학과 우주과학에 대한 기사에서 무한대의 우주 속에서 '나'라고 하는 존재의 의미를 생각해 보고 종교에 관한 기사 속에서 종교가 우리 삶에 주는 메시지가 무엇이어야 하는가에 대해서도 생각해 본다. 내가 읽어 보지 못한 명작소설과 동화의 내용도 파악하고 명화와 명시에 대한 해설을 읽으면서 교양의 폭을 넓힌다. 여행기, 탐방기를 읽으면서 대리경험을 하고, 분쟁 지역의 기사에서 역사와 마주한다.

자연과 동·식물에 대한 과학적인 설명 기사를 읽고 자연에 대한 이해의 폭을 넓히고 더욱 친밀감을 키운다. 각종 칼럼과 사설을 통해 시대가 당면한 여러 가지 문제점에 대한 주장과 의견을 읽으면서 사물이나 현상을 보는 다양한 견해와 접한다.

이렇듯 다양하고 생생하며 실속 있는 내용을 짧은 시간 내에 압축적으로 정리하여 알려주는 것이 신문이요 나의 스승이다.

나는 일단 신문을 독파한 다음 언더라인 한 부분을 공책에 옮겨 적고, 스크랩 할 부분을 잘라내어 파일에 분류하여 보관한다. 스크랩 된 자료들은 2~3개월에 한 번씩 다시 읽어보면서 중요한 부분을 발췌하여 분야별 공책에 옮겨 적어 두었다가 필요할 때 볼 수 있게 한다. 이것이 내가 스승님인 신문에서 배우고 대화하는 방법이다.

나는 벗이요 스승님인 신문을 매일 두 시간 정도 독대하여 배우고 있다. 오늘은 일요일이어서 스승님이 오시지 않았으나 주말 판을 모시고 당나라 시인 이백과 두보의 시를 맛보는 기회를 가졌다.

스승님인 신문을 만들어 주시고 배달해 주시는 여러분께 고마운 마음을 전하고 싶다.

아파트 1층에 사는 행복

나는 사람들이 선호하지 않은 아파트 1층에 살고 있다. 어쩔 수 없이 사는 것이 아니라 일부러 찾아다니고 찾아서 산 것이다. 이사 오기 전 살던 집은 15층 아파트의 로얄층이라는 10층이었다. 그런데 환자인 아들이 가끔 물건을 창 밖으로 던지는 일이 있어서 1층 아파트를 구해 이사 온 것이다.

입주 초기에는 방범이나 소음 문제로 불안감이 없지 않았으나 살아 보니 여간 좋은 것이 아니다. 1층의 취약점인 도둑에 대한 염려는 방범창틀을 설치함으로써 해결했고, 모든 입주 차량은 지하 주차장에 주차하게 건설된 신형 단지이므로 차량으로 인한 소음 걱정도 없다.

반면에 좋은 점이 너무 많다. 아들 놈이 물건을 던져도 지나가던 사람이 다칠 염려가 없고 다시 주워 오느라 눈치 볼 일도 없다. 게다가 층간 소음 때문에 신경 쓰거나 미안해 할 아래층이 없다. 전에 살던 곳에서는 위층에서 나는 소리 때문에 고통스러웠고 아래층에 사는 사람들에게는 언제나 마음이 조였다. 더욱이 커가는 손자 손녀들이 찾아왔을 때는 반가우면서도 불안하였다. 시도 때도 없이 떠들고 뛰고 거실에서 주방으로, 방으로 뛰어다니며 놀 때는 그야말로 좌불안석이었다. "그만 앉아라, 아래층에서 야단친다!"고 사정하면서도 애들에게 미안하고 애들 부모 눈치를 보아야 했다. 애들이 와서 법석을 부리는 날에는 과일 몇 개를 사들고 아래층을 방문하여 이해를 구하기도 하였다.

한편 위층에서 들려오는 소음에는 고통스러웠으나 참았다. 밤중에 얘들이 뛰어다니는 소리, 가끔 부부 싸움하는 악에 바친 소리, 크게 울리는 음향기기 소리, 기도하고 찬송하는 소리 등. 남에 대한 배려가 부족하다고 느끼면서도 불평해도 소용없음을 알기에 마음 공부하는 셈치고 참았다.

지금은 제사 명절 때 친척들이 찾아와 다소 시끄러워도, 손자 놈들이 별 짓을 다해도 느긋하다. 특히 아래층에서 올라오는 담배 연기에 괴로워 할 일이 없어서 좋다. 담배를 안 피우는 나로서는 담배 연기가 그렇게 역겨울 수가 없었다. 담배 때문에 아내에게 구박받는 남편인 듯 방에서 피우지 못하고 베란다에 나와 피우면서 한숨과 함께 길게 토해 내는 연기 속에 섞인 진한 담배 냄새가 위층 우리 집으로 퍼지곤 하였다.

또 하나 1층에 사는 즐거움이 있다. 내 방은 유리창 하나를 경계로 바로 자연과 접한다. 소파에 앉아 있으면 코앞에서 풀들이 자라고 작은 풀꽃위로 나비들이 나는 것을 볼 수 있으며, 참새들이 먹이를 찾아 분주히 움직이는 것을 손에 잡힐 듯 가까운 거리에서 관찰할 수 있다.

비가 내리면 흙냄새가 코를 자극하고 맑은 날에는 측백나무의 피톤치드가 내 방을 넘나든다. 밤이면 방에 앉아 달을 보고 별을 보면서 추억을 되살릴 수도 있다. 게다가 철따라 모습을 달리하는 정원은 나의 정원이나 다름없다. 이 정도면 사람 사는 것처럼 사는 것이 아닌가.

그러나 세상살이가 좋은 것이 있으면 나쁜 것도 있는 것인지 맨 아래층이 갖는 불편한 점도 있다. 주방 설거지 물과 세탁기 물의 하수가 역류하고 2층 욕조에서 물이 새어 떨어지는 고충이 있었다. 그리고 가끔은 개미가족의 갑작스런 방문에 당황한 적도 있다. 그러나 지금은 모두 고쳐서 별 불편은 없으나 언제 그런 일이 또 일어날지 걱정이 없는 것도 아니다.

세상에 좋기만 한 일이 어디 있으랴, 빛과 그림자는 어디에나 있는 것, 그러려니 하고 사는 수밖에.

가진 것이 너무 많다

아직 해가 뜨지도 않았는데 새들은 창밖에서 지저귀고 덩달아 매미들도 경쟁하듯 노래하고 있다. 아파트 현관을 나서니 빨간 나무 백일홍이 미소를 보내고 갓 세수한 듯 이슬에 젖은 하얀 무궁화 꽃이 환하게 웃고 있다. 가슴이 뿌듯하다. 분에 넘치는 호사를 누리고 많은 것을 가진 부자 같은 기분이 든다.

나는 가진 것이 너무 많다. 몇 백 평이 넘는 정원이 있다. 소나무 잣나무 느티나무 등 큰 나무들이 알맞은 장소에 심어져 있고 청단풍, 홍단풍 숲도 있으며 측백나무가 내 방을 울타리처럼 감싸고 있다.

봄이면 벚꽃, 개나리 다투어 피고 아름다운 융단을 펼쳐놓은 듯 색색이 피는 영산홍 화단도 있다. 라일락이 지면 빨간 장미가 피고 이어서 백일홍과 무궁화가 다투어 피면서 여름을 보낸다. 향수를 불러일으키는 뻐꾸기 소리 잦아지면 맹꽁이 개구리들이 작은 연못에서 울어댄다.

가을에 구절초가 시들고 단풍잎이 더욱 붉어져 떨어지면 나무들이 겨울 수행에 들어간 듯 무거운 눈을 어깨에 이고 고행하는 모습은 장관이다.

나는 또 수 십 만 평의 대지에 헬스클럽과 병원이 있고 음악당과 학교를 가지고 있다. 헬스클럽에서는 걷고 뛰고 달리기도 할 수 있으며 철봉 역기 등 운동기구도 있다. 나의 병원은 종합병원이다. 고혈압, 당뇨, 고지혈증, 비만, 골다골증은 물론이요 암을 포함한 모든 질병의 예방 치료도 가능하다.

나의 병원의 특징은 의사가 없고 치료약은 풍부한 산소와 피톤치드, 새소리 바람소리 햇볕 등 눈에 보이지 않거나 손에 잡히지 않는 자연이며 게다가 전액 무료이다. 다만 매일 오거나 자주 방문하여야 한다.

나의 음악당에는 중창단과 합창단이 있어 매일 공연한다. 합창단원은 주로 새들이며 고정 멤버도 있고 철 따라 바뀌는 멤버도 있다. 그리고 오케스트라도 있다. 상임지휘자인 바람의 지휘 아래 수많은 나무와 풀들, 비와 천둥 그리고 흙과 바위 낙엽들이 각각의 파트를 연주하고 새들은 협연에 참여한다.

대지 내의 숲속에는 학교가 있다. 상주하는 선생님은 햇님과 달님, 별님, 바람과 천둥 안개와 비, 나무와 다람쥐, 나비와 나방, 흙과 바위 날파리 두꺼비 등 여러 분이고 이 곳을 지나가는 사람이나 강아지 등도 선생님의 역할을 한다. 이 학교의 교훈은 겸손과 비움이고 강의식이나 주입식으로 지식을 전달하지 않고 이심전심의 방식이다. 교과서가 없으니 문자가 필요없으며 말보다 침묵을 중시하고 마음 속에서 스스로 묻고 찾고 성찰하는 과정에서 탐욕과 아집 편견을 버리게 한다. 쉽지 않은 과정이다.

모든 과정은 평생 과정이고 죽어야 끝난다. 나는 이 학교의 학생이다. 참으로 많은 것을 배우고 있다. 이 학교의 학생임을 자랑하고 싶다.

이렇게 많은 것을 가지고 있는 사람이 이 세상에 얼마나 있을까? 나는 마음의 부자이다.

텃밭에서 배우는 삶

무덥고 비 오는 날이 계속되면서 텃밭은 완전히 잡초로 덮인 것 같다. 봄에 씨 뿌려 무럭무럭 자라나 기쁨을 주던 상추는 생의 마지막을 보내는 듯 보잘 것 없는 몇 개의 잎을 매달고 허리가 꺾이어 쓰러져 있으며, 토마토는 생의 결실을 거두려는 듯 무거운 열매를 놓지 않고 힘에 겨운 버티기를 하고 있다.

나는 사회의 축소판 같은 텃밭에서 사람들이 살아가는 방식이 다양함을 느끼고 있다. 이 텃밭은 아파트 건설 당시 시공자가 부지 내의 산비탈을 깎아 만든 것으로 입주가구 240여 호에 약 1평 정도씩 구획하여 배당한 것이다. 텃밭은 아파트 부지 내에 있지만 가파른 계단과 경사진 길을 걸어서 약 7~8분 걸리는 위치에 있다.

추첨에 의해 배당되었기 때문에 햇빛이 비추는 정도와 물을 공급할 수 있는 수돗가에서 멀고 가까운 정도의 차이는 있으나 대체로 경작조건은 비슷하다. 그러나 같은 조건 하에 있는 텃밭을 가꾸고 관리하는 방식은 사람마다 다르다. 의욕이 넘치는 사람은 남에게 배당된 것을 몇 개 더 확보하여 여러 작물을 심는 사람이 있는가 하면 자기에게 배당된 한 평에 만족하고 알뜰하게 가꾸는 사람이 있다.

시기에 맞추어 씨 뿌리고 모종 심어 알맞게 물을 주는 등 순리에 맞게 작물을 키우는 사람이 있는가 하면 뒤늦게 씨 뿌려 시기를 놓친 후 잘 자라지 않는다고 불평을 하고 다른 사람의 작물을 바라보며 부러워한다.

자주 찾아 적당히 물 주고 솎아 주고 김 매는 등 관심을 갖고 보살피는 사람이 있는 반면 씨만 뿌리면 자라는 줄 아는지 제대로 물도 안 주어 말라 죽거나 겨우 생명을 유지한 채 제대로 자라지 못하여 보는 이를 안타깝게 하는 경우도 있다.

상추든 들깨든, 토마토나 고추든 간에 애써 심어 자랐으면 때에 맞추어 따 주어 가꾼 보람을 제대로 거두는 사람이 있는가 하면 잘 자랐는데도 결실에는 관심이 없는지 상추는 쓰러져 썩어 가고 먹음직하게 익은 토마토는 땅에 떨어지도록 방치하는 사람도 있다. 씨 뿌리기 전에 퇴비를 넉넉히 뿌리고 깊게 갈아 작물이 자라기 좋은 바탕을 마련한 후에 씨 뿌려 잘 키우는 사람도 있고, 그냥 척박한 땅에 작물을 심어 거두려는 사람도 있다.

주어진 조건 하에서 어떻게 해야 노력한 보람을 얻을 수 있는가 하는 점에서는 농작물을 키우는 것이나 사람이 살아가는 것이나 그 이치는 같다고 할 수 있다. 작물이 뿌리 내리고 싱싱하게 자라려면 미리 퇴비를 넉넉히 주고 깊이 땅을 갈아 비옥한 토양을 만든 후 알맞은 시기에 파종해야 하듯, 사람도 공부할 시기를 놓치면 제대로 공부할 수 없고 기초 실력이 단단해야 공부를 계속하여 발전할 수 있으며 닥치는 시련을 이겨내고 꿈을 이룰 수 있는 것이다.

이것저것 다 하려는 것 보다 자기가 잘 할 수 있는 것을 찾아 거기에 시간과 정신을 집중하고 차근차근 능력을 키우면서 그 능력을 최대한 꽃 피울 수 있게 하는 것이 실패와 좌절을 줄일 수 있다. 하나의 일을 시작하면 중도에 포기하지 않고 끝까지 노력하여 결실을 거두는 의지력과 지구력이 있어야 맛 좋은 열매를 거둘 수 있다.

아파트 내의 모든 가구에 배당된 텃밭의 조건에는 큰 차이가 없다. 그러나 경작 과정이나 결실을 거두어 가는 것은 제 각각 다양하다. 같은 하늘 아래 꼭 같이 척박한 토양에서 가꾸어 낸 결과가 각각 다른 이유는 가꾸는 사람이 어떻게 가꾸느냐에 달려있다.

우리는 곧잘 세상을 탓하고 운명을 저주한다. 세상 잘 못 태어났다고 한탄하고 팔자 사납다고 부모 탓한다. 그러나 먼저 생각해 보아야 할 것은 나의 삶의 자세와 그 실행 과정이라고 생각한다.

나는 지금 텃밭에 앉아 나의 삶을 되돌아보고 있다. 제 때에 올바른 방법으로 나의 온 힘을 다 바치고 있는가를 생각하고 있다. 좋은 채소를 얻기 위해 좀 더 노력해야겠다.

도둑질과 서리

산에서 내려오다 텃밭에 들려보니 해괴한 일이 벌어져 있다. 허, 허, 헛웃음이 나올 뿐이다. 그동안 정성껏 키운 들깻잎을 따다가 장아찌를 담으려고 했는데 사라져 버렸다. 누가 따가 버린 것이다. 며칠 전 물을 주고 있을 때 지나가던 사람이 "그렇게 정성들여 키워서 아까워서 먹을 수 있겠어요?"하고 말 할 정도로 잘 키운 들깻잎이었다. 그런데 그것도 조금 따간 것이 아니라 어린 잎만 남겨두고 전부 따갔다. 앙상한 줄기만 남았다.

지나가다 먹음직하게 잘 자란 잎을 보고 맛이나 보려고 몇 잎 따간 정도의 이른바 서리가 아니다. 서리는 청소년들이 주인에게 피해를 주지 않는 범위 내에서 약간의 허기를 채우기 위해 과일이나 곡물을 훔쳐 먹는 일종의 장난이다. 먹을 것이 넉넉하지 않았던 시대에 배고픔을 달래고 재미와 스릴을 느낄 수 있는 일종의 놀이였다.

나도 어린 시절 서리를 해보았다. 학교에서 돌아오다 허기진 배를 달래려고 익어가는 보리나 밀 이삭을 따서 손으로 비벼 알맹이를 털어내 먹었다. 여름이면 참외서리도 해보았다. 달빛도 없는 어두운 밤 별빛과 반딧불을 의지하여 친구들과 함께 가까운 참외밭으로 기어들어가 떨리는 가슴과 손으로 두 세 개의 참외를 따고 숨 넘어가게 뛰던 기억도 있다. 가을에는 학교에서 돌아오는 길에 고구마밭, 무밭에 들어가 한 두 개 캐고 나와 흙을 털어내고 씹으며 걸어온 적도 있으며 겨울철에 동네 형들이 우리 집 닭을 서리하려는 것을 알고 쫓아낸 적도 있다.

서리에는 불문율이 있다. 서리를 하되 주인에게 피해를 주지 않은 범위에서 해야 한다. 서리한 것을 두고두고 먹는 것이 아니라 요기나 할 정도로 하는 것이므로 서리한 것을 집으로 가져가서는 안 된다. 한 집 것만 하는 것이 아니라 여러 집의 것을 돌아가면서 한다.

그런데 나의 깻잎을 따간 사람은 서리한 것이 아니다. 봄철 내내 내가 쏟은 정성과 흘린 땀을 빼앗아 갔다. 물적 가치보다 정신적 가치를 도둑맞은 기분이다. 서리는 현장에서 허기나 채우는 것인데 집에 가져가서 두고 먹으려고 따갔다. 뿐만 아니라 텃밭 여러 곳에 들깨가 자라는데 나의 것만 따갔다.

아무리 너그럽게 보아도 도둑맞은 기분이다. 견물생심(見物生心)이란 말이 있다. 물건을 보면 그것을 가지고 싶은 욕망이 생긴다는 뜻이다. 그러나 이 말에는 욕심을 경계하는 뜻도 포함되어 있다. 욕심이 나더라도 자신의 물건이 아니거나, 자신의 분수를 넘어서는 것이면 절제해야 한다는 경계의 뜻이 들어있다. 내 것만 중히 여기고 남의 것을 대수롭지 않게 생각하는 마음이 밉다.

어찌 보면 나에게도 책임이 있는지 모르겠다. 남이 욕심을 낼 정도로 잘 키운 죄이다. '곧은 나무가 먼저 베이고 좋은 우물이 먼저 마른다.'는 장자의 말이 생각나는 아침이다.

텃밭에서 만나는 따뜻한 정

무척 더운 날이다. 땀을 닦으며 산에서 내려오는데 텃밭에 앉아 풀을 뽑던 할머니가 나를 불러 세웠다. "아저씨, 가을 채소로 배추 심을 거예요? 배추 조금 심고 콩 심으세요. 나에게 있는 씨앗 콩 조금 나누어 드릴게요." "아, 예 고맙습니다." 뜻밖의 제안에 당황해서 애매하게 대답하였다. 갑자기 산들바람 한 줄기가 불어와 얼굴을 스치는 기분이었다. 이 각박한 세상에 자기가 가진 것을 자진해서 주겠다는 따뜻한 마음을 만나자 더위를 잠시나마 잊을 수 있었다.

얼마 전에는 어렵게 키운 몇 개 안되는 오이 중에서 한 개를 따서 "금방 따서 싱싱하고 맛있으니 먹어 보세요."하면서 주는 아주머니도 있었고, 어느 분은 애호박과 여주, 오이를 나누어 주면서 "집에 가서 믹서기로 갈아드시면 좋아요." 하기도 하였다.

아파트의 시멘트 도로 위에서 만날 때와는 달리 텃밭에서는 더 다정하고 나누어 주려는 인정이 우러나는 것은 무엇 때문일까? 흙에서 느끼는 모성과 부드러움 때문일까. 아니면 씨 뿌리고 가꾸는 과정에서 사람은 혼자서 살 수 없고 자연과의 조화 속에서 더불어 사는 존재임을 깨달아서 그러는 것일까.

나의 세대가 살던 어린 시절의 농촌에서도 생활하는 이곳저곳에서 사람의 정이 넘쳤다. 밭에서 채소를 손보다가 아는 사람이 지나가면 집에 가지고 가서 먹어 보라고 나누어 주고 이웃과도 나누었다. 제삿날에는 음식을 조금 더 마련하여 이웃에 돌리고 나이 많은 어른이 계신 집에는 따뜻한 밥과 고깃국을 갖다 드리기도 하였다. 장례 등 슬픈 일이 있을 때에는 이웃들이 찾아와 조용히 도와주었고 결혼 등 기쁜 일에도 서로 도움을 교환하였다.

하지만 나의 고향도 요즘은 많이 달라졌다. 외지에서 옮겨와 사는 사람들이 늘어나고 농사를 지으면서 살아가는 사람들이 줄어들었다. 모든 것을 돈으로 해결한다. 상부상조하던 풍습은 사라지고 일손이 필요하면 일군을 사서 쓴다. 남의 신세를 지고 갚아야 하는 부담을 싫어하고, 서로 얽히며 사는 것 보다 홀가분하게 살고 싶어 하는 사람이 늘어나고 있다. 생활의 터전이 흙을 떠나고 있기 때문이 아닐까 하고 생각해 본다.

오늘 텃밭에서 만난 그 할머니의 한 마디 말씀이 그래서 신선한 느낌을 나에게 준다. 아, 흙의 고마움이여!

들깨에 바치는 조사

오늘은 산에 오르지 않고 텃밭으로 갔다. 지난 4월에 씨 뿌려 키웠던 들깨와 작별하기 위해서다. 꽃 피우고 씨 받으려면 10월까지 기다려야 하지만 가을배추 심을 때가 되어 들깨를 뽑아내고 퇴비 깔아주는 일을 해야 하기 때문이다. 줄기에 남아 있는 잎을 하나하나 따내자 생의 마지막을 아는지 진한 향기를 뿜어낸다. 깊이 박혀 있는 뿌리를 힘껏 뽑아 올리자 더불어 살던 지렁이가 따라 나와 섭섭한 이별의 마음을 나타내듯 꿈틀거리고 터전 삼아 살던 풀 모기들은 삶의 근거를 포기할 수 없다는 듯 떼 지어 달려든다.

나는 마음 모질게 먹고 뽑아낸 다음 상추 심었던 자리와 주변에 자라난 잡초들을 하나하나 뽑았다. 풀들이 뽑힐 때마다 흙냄새와 풀냄새가 섞인 자연의 냄새가 콧 속을 자극한다. 들깨와 잡초를 뽑아내고 평평하게 흙을 고른 후 어제 사다 둔 퇴비를 골고루 뿌렸다. 닭똥이 섞인 퇴비의 독성을 날려버린 후 배추 모종을 심어야 잘 자랄 수 있기 때문이다. 뽑아낸 들깨 줄기와 잡초를 텃밭 한 구석에 쌓아 흙을 덮었다. 시간이 지나면 썩어서 그들이 태어난 고향인 흙으로 돌아갈 것이다.

나는 지난 4월 초순에 들깨 씨앗을 뿌리고 약 두 달 뒤부터 3개월 넘게 그 잎을 따 먹었다. 이제 그들이 남긴 줄기를 흙 속에 묻으며 고마운 마음을 전하지 않을 수 없다. 이별의 마음이라고도 할 수 있고 일종의 조사(弔

辭)라고도 할 수 있다.

"들깨들아! 나는 지금 너희들의 남긴 줄기와 잎 위에 미안한 마음으로 흙을 덮고 있다. 지난 4월부터 5개월간 너희들은 나에게 탄생과 성장의 신비로움, 그리고 삶의 의미를 가르쳐 주었다. 너희들로 하여 나는 자연의 힘이 위대함을 배웠고, 너희들의 잎을 통하여 태양의 에너지, 신선한 산소의 기운, 물의 생명력, 흙의 정기를 나에게 공급해 주었다.

너희들은 싱싱한 잎으로, 장아찌로, 쌈의 재료로, 부침개로, 매운탕의 향신료로 나와 우리 가족에게 봉사하였다. 또한 너희들은 나와 친척 간의 화목을 돈독히 하는 가교 역할을 하였다. 장아찌로 변신하여 허리 수술하고 병원에 입원 중인 큰누나의 입맛을 돋우어 찬사를 받았고 암치료중인 매부의 입맛을 자극하여 식욕 향상에 기여하였다.

뿐만 아니라 큰딸 가족과 함께 유럽까지 날아가 네델란드, 벨기에에 사는 우리 국민들에게 고향의 맛을 추억하게도 하였다. 사람도 하기 어려운 일을 짧은 시간에 멋있게 수행하였다.

이제 너희들과 헤어지면서 미안하게 생각하는 것은 꽃 피우고 열매 맺어 자손을 남기는 일을 못하게 된 점이다. 생물이 살아가는 목적 중의 하나가 자손을 남겨 자신의 생명을 연장하는 것인데 그렇지 못하게 되어 너무 미안하고 죄스럽다. 그러나 이렇게도 생각해 볼 수 있지 않겠느냐. 너희들은 맛있는 잎을 키워내 많은 인간들에게 기쁨을 줌으로써 너희 진가를 널리 알렸다는 점을 인정할 것이다.

그런 의미에서 너희들은 말 없는 가운데 밥상에 숨은 실력자가 됨으로써 들깨의 가치를 사람들에게 알리는 사명을 완수했다고 자랑할 수도 있을 것이다.

또한 너희들은 '물러남의 미학'을 보여 주었다. 너희들의 자리를 배추에게 물려줌으로써 다음에 올 생명들에게 살아갈 수 있는 터전을 기꺼이 양보하였다. 사람들은 물러날 때 제대로 물러나지 않아 추한 꼴을 보이는 경우가 많은데 너희들은 물러날 때와 그칠 때를 아는 지혜를 보여 주었다. 이러한 너희들의 착한 마음은 살아남아 너의 동료들의 씨앗에 모여 영글어져 다시 태어날 수 있을 것이다.

이제 너희들에게 마지막 인사를 보낸다. 어머니 고향인 흙으로 돌아가 편히 쉬거라. 세월이 지난 후 너의 생령이 찾아오는 그날까지 안녕!

미안한 마음으로 덮인 흙을 다시 한 번 더 눌러주고 텃밭에서 내려왔다.

관계의 그물망 속의 삶

일요일인 오늘은 재활용 쓰레기 분리수거일이다. 산길에 오르기 전에 일주일간 모여진 쓰레기를 종류별로 분류하면서 우리 가족이 일주일간 소비한 물건의 종류와 양에 놀라고 봉지 등에 인쇄된 내용을 보고 놀랐다.

감자 상자 등의 종이 상자, 마늘 고추 등을 넣었던 스티로폼 용기, 막걸리 병, 우유 병, 음료수 병 등 페트병, 꽁치 통조림, 옥수수, 통조림 등 깡통, 포도주 병 등 유리병, 라면 고무장갑 봉지 등 포장용 비닐 등 종류도 다양하고 수량도 많았다. 여기에다 매일 치우는 음식물 쓰레기까지 생각하면 일주일간 우리 가족이 소비해 없애는 것의 다양함에 새삼 놀라지 않을 수 없다. 게다가 우리가 사용하고 소비하는 것들이 국내산보다 외국에서 온 것이 더 많다는 점이다.

무심히 먹던 아몬드와 호두는 미국에서 왔으며, 잡곡인 귀리는 캐나다산이고, 포도는 남아메리카 칠레서 건너왔고, 통조림인 연어와 꽁치는 지구 저편에서 왔다. 쌀은 경기도 이천, 감자는 강원도, 고추는 충청도, 마늘은 경상도, 김은 전라도다. 포도주는 스페인, 비타민은 오스트레일리아 … 등 등.

내가 5대양 6대주 전 지구에서 생산되는 것을 먹고 있다니 새삼스럽게 놀라지 않을 수가 없다. 입는 옷은 물론 먹을거리의 용기나 포장재로 사용되고 있는 플라스틱 계통의 제품의 원료는 모두 석유가 아닌가. 석유는 수억 년 전 얕은 바다나 호수 등 물밑에 퇴적된 유기물이 지각변동에 의해 땅속 깊이 매몰된 후 지압과 지열을 받아 탄화수소로 변형된 것이다.

지금 내가 버리려는 병과 봉지들이 이곳 우리 집에 이르기까지에는 수억 년의 세월 속에서 만들어진 원유를 채굴 수송 정제하는 과정과 다시 페트병으로 만드는 공정을 거쳐 우유 병이 되고 막걸리 병이 되었으며 여러 가지 제품의 포장지가 되었다. 내가 설거지 할 때 요긴하게 쓰는 고무장갑의 원료는 동남아의 뜨거운 태양아래서 자란 고무나무에서 비롯된다. 내 손에 고무장갑이 끼워질 때까지 얼마나 많은 사람의 손을 거쳐 왔는가를 생각한다.

한 줌의 쌀과, 한 개의 고추와 마늘, 꽁치 통조림이 나의 밥상에 오르기까지에는 태양과 대지, 구름과 비, 공기, 바다 등 여러 요소가 있어야 했으며 헤일 수 없이 수많은 사람들의 땀과 눈물과 애환과 보람이 알알이 박혀 있다. 내가 먹는 한 끼의 밥상 위에 공간적으로는 전 우주의 정기가 모여 있고 시간적으로는 억겁의 세월이 쌓여 있다.

가슴이 서늘함을 느낀다. 등에 땀이 흐르는 것 같다. 나의 조그만 생명이 헤아릴 수 없는 인연과 관계의 그물망 속에서 유지되고 있는 것이다.

그러나 나는 80을 바라보는 나이가 되도록 이처럼 엄중한 사실을 외면하고 살아왔다. 그 소중한 관계와 인연을 이루는 모든 것에 대해 생각하고 고마워한 적이 없다.

"잘 먹겠습니다, 잘 먹었습니다."라는 말은 인사치레였고 형식적이었다. 생각 없이 살아온 삶이 부끄럽다. 좀 전에 마신 우유 한 잔의 무게가 가슴을 무겁게 한다.

상황에 맞는 처신 - 수시처중(隋時處中)

오늘은 컨디션이 안 좋은 것 같다. 여느 때와 달리 산을 오를 때는 더 숨이 차고 내려올 때도 기운이 없다. 매일 산에 오르는 것이 나의 연령과 신체조건에 비해 지나친 것이 아닐까 하고 생각하며 산을 내려오다 텃밭에 들러 상추에 물을 주면서도 너무 자주 주는 것이 아닌가, 적당한 것인가를 생각해 본다.

과유불급(過猶不及), 지나침은 미치지 못함과 같다고 하는데 매일 아침 90여 분간 산에 오르는 것이 나에게 지나친 운동일까, 이 정도로는 부족한가, 아니면 알맞게 중용의 도를 지키고 있는 것인가를 생각해 본다.

중용(中庸)이란 무엇인가? 옛날 송나라 때의 주자(朱子)는 " 중용은 치우치지 않고 기울지 않아 지나침도 미치지 못함도 없이 고르고 한결같은 도리이다"고 하였다. 정이(程頤)는 치우치지 않은 것을 중(中)이라하고 바뀌지 않은 것을 용(庸)이라 하였다. 즉 중은 공간적으로 양극단의 어느 쪽에도 편향하지 않은 것이며 용은 시간적으로 언제나 변하지도 바뀌지도 않는 것을 의미한다고 하였다.

그러므로 중용의 참된 뜻과 실현은 알맞음과 꾸준함이 서로 떨어지지 않은 관계를 유지하면서 치우치거나 기대어 있지도 아니하고 지나치거나 모자람도 없는 중덕(中德)뿐만 아니라 꾸준한 용덕(庸德)을 겸비해야 이루어진다고 하였다. 그러면 매일 산에 오름으로써 건강에 좋다면 중의 알맞음과 용의 꾸준함을 갖추었으니 중용에 가깝고, 건강을 해칠 정도로 지나치면 중용의 도를 잃는 것이니 산에 가는 일수를 줄이거나 시간을 줄여야 한다는 것인가? 어렵다.

또한 중용은 수시처중(隨時處中) 즉 끊임없이 변화하는 상황에 처하여 합당하게 대응하는 것이라고 한다. 중(中) 즉 알맞음이란 고정된 실체가 없다 시간에 따라 다르며 공간에 따라 다르고 만나는 사물에 따라 다르다. 그러니 그때그때 상황에 맞게 대응해야 한다는 것이다. 이해가 될 것 같으면서도 어렵다. 상황에 맞게 처신한다는 것이 얼마나 어려운 일인가? 상황에 맞게 말하고 행동하고, 상황에 어울리는 복장과, 상황에 따라 표정 관리를 한다는 게 얼마나 어려운 일인가? 그러나 알고 실천하려고 노력해야 할 덕목임은 분명하다.

공자는 지나친 공손은 예의에 어긋난다고 하여 비공비례(非恭非禮)를 말하였다. 어느 정도가 지나친 공손이고 어떤 것이 불손인가를 구분하는 것도 어려운 일이다. 그러나 지나치게 겸손하면 비굴해지고 정도 이상으로 상대방을 공경해도 상대방의 기분을 상하게 할 수 있다. 상대방이 누구이고 어떤 처지에 있는가를 잘 살피고 고려해야 하겠다.

공자는 또 화이부동(和而不同)을 말하였다. 즉 군자는 융화하되 동화되지 아니하고 소인은 동화하되 융화하지 못한다고 하였다. 넓게 현대적 의미로 보면 대인관계에서 중용의 도를 실현하여 타인과의 친화를 도모하되 편당을 짓지 말라는 것이다.

즉 세속과 융화하되 자신의 주체성을 가지고 어느 한쪽으로 기울거나 치우치지 말고 중으로 정립되어 흔들리지 말라는 뜻이라고 생각된다.

모두가 알 듯 하면서도 어렵다. 중용을 가르친 공자는 말하였다. "천하도 잘 다스릴 수 있고 높은 벼슬, 많은 녹봉도 사양할 수 있다. 서슬 푸른 칼

날도 밟을 수 있다. 그러나 중용은 제대로 할 수 없다. 도가 행해지지 못하는 까닭은 현명하거나 훌륭한 자는 지나치고 어리석거나 못난 사람은 미치지 못하기 때문이다." 공자도 어렵다고 말했는데 소인인 내가 중용을 실현하기를 바라는 것은 지나친 욕심일까?

주자는 중용을 지키기가 어려운 것은 사사로운 욕심을 극복하는 것이 어렵기 때문이라고 하였다. 아무리 어렵다 하더라도 되도록 욕심을 줄이고 극단에 치우치지 않으며 상황에 맞게 처신하도록 노력해야 겠다.

배우고 때때로 익히면 또한 기쁘지 않은가

나는 공자의 언행을 모아 편집한 책인 〈논어〉를 다섯 번이나 읽었다. 물론 우리말로 번역되고 해설한 것들로 저자가 각각 다르다. 송나라 시대 유학자인 정자는 "논어를 읽고 나서 얻는 것이 전혀 없는 사람이 있고, 읽고 나서 그 중 한 두 구절을 좋아하는 사람이 있고, 읽고 나서 좋아할 줄 아는 사람이 있고, 읽고 나서 손이 덩실거리고 발이 들썩거리는 사람이 있다"고 하였다.

나는 한 두 구절이 아닌 많은 구절에서 배우는 것이 많으며 특히 공자의 인간적인 면모를 좋아한다. 공자는 석가나 예수처럼 고행과 명상을 통해 깨닫거나 초월자의 계시를 받은 사람이 아니다. 또한 공자는 본성으로 타고나서 저절로 깨달은 선지자가 아니며 어떤 과실도 범하지 않은 완전한 인간도 아니었다. 다만 옳은 일이라면 엄정히 행하고 과오가 있으면 바로 잡는 자세를 가지고 평생을 살았다. 따라서 공자는 천재나 재사 유형의 인물이라기보다는 옛것을 익히고 그것을 미루어서 새것을 알고자 노력한 온고지신(溫故知新)의 성인이다. 그의 생애에는 신비스러운 부분이 없다. 땀과 눈물과 한숨이 배어 있을 뿐이다.

공자(B.C 551~479)는 춘추시대의 혼란기에 주(周)의 제후국 노(魯)나라에서 태어나 어릴 때 부모님을 여의고 어려운 환경 속에서도 어린 나이인 15

살에 학문에 뜻을 두고 독학으로 공부하여 시(詩), 서(書), 예(禮), 악(樂)의 전문가가 되어 불후의 명작인 시경, 서경, 예기, 악기 등의 저서를 저술하고 수많은 제자들을 교육하였다.

정치에 뜻을 두고 20대에는 하급 관리로서의 생활도 하였고 40~50대에는 오늘날의 장관과 국상의 업무를 대행하는 지위까지 올랐으나 당시의 세력가의 횡포에 벼슬을 그만두고 56세부터 69세까지 14년간 자기의 정치 이상을 실현할 수 있는 나라를 찾아 망명생활을 하기도 하였다. 이 기간 동안 그는 상갓집 개처럼 굴욕을 당하기도 하고 도둑에게 잡혀 죽을 고비도 넘겼으며 배고픔과 추위를 견디는 고난의 세월을 보내기도 하였다. 그러나 그는 끝내 뜻을 이루지 못한 채 늙고 쇠약한 몸을 이끌고 조국인 노나라에 돌아온 후 제자 양성에 힘쓰다가 73세에 이 세상을 떠났다. 〈논어〉는 이러한 공자의 생애를 반영한 책이라 해도 과언이 아니다. 따라서 그의 언행은 우리의 삶에서 부딪치는 현장감 있는 것이고 좋은 인간관계를 유지하는데 도움이 되는 지혜이다.

그의 가르침 중에서 내가 마음에 새기고 실천하려고 하는 것은 첫째로 충(忠)과 서(恕)이다. '충'은 자기가 하는 일에 정성을 다하고 최선의 노력을 기울이는 것이다.

최선을 다하지 않고 손쉽게 무엇을 얻으려 하거나 좋은 열매를 거두려 해서는 안 된다는 것이다. '서'는 남에 대해서 배려하고 남의 입장을 생각하고 동정하고 용서해 주는 것이다.

다음은 자기가 원하지 않고 싫어하는 일을 남에게 하지 말라는 기소불욕 물시어인(己所不欲 勿施於人)이다. 인간관계에서 매우 중요한 덕목이라 생각한다.

세 번째는 정명(正名)이다. 제나라 경공이 공자에게 정치에서 긴요한 것이 무엇이냐고 물었을 때 공자는 군군(君君) 신신(臣臣) 부부(父父) 자자(子子)라고 대답하였다. 즉 이름에 맞게 제 역할을 하면 된다는 것이다. 임금은 임금의 역할을 올바르게 수행하고 신하는 자기에게 맡겨진 일을 잘하면 국가는 잘 운영되고, 아버지는 아버지의 이름에 걸맞게 일하고 자녀는 자녀로서 해야 할 일을 잘하면 원만한 가정을 이룰 수 있다는 것이다. 얼마나 간단명료한가. 국가든 사회 조직이든 학교든 가정이든 어디에서나 그 구성원들이 제 이름에 맞는 역할을 다한다면 그 조직과 구성원은 발전하고 번영할 것이다.

또한 공자는 괴력난신(怪力亂神) 즉 정상이 아닌 괴이한 일이나 귀신에 대해 말하지 않았고 사후세계는 모른다고 하였다. 현생의 삶도 모르는데 죽은 다음을 어떻게 알 수 있느냐는 말은 매우 인간적이고 합리적인 태도이다. 그리고 예(禮)는 형식보다 마음과 정성이 중요하며 사치함 보다 검소해야 한다고 하였다. 마음에 새겨야 할 가르침이다.

〈논어〉의 첫 장에 나오는 "배우고 때때로 익히면 또한 기쁘지 아니한가? 먼 곳으로부터 벗이 찾아오면 또한 즐겁지 않겠는가? 남이 나를 알아주지 않더라도 노여워하지 않으면 또한 군자가 아니겠는가?(學而時習之 不亦說乎, 有朋自遠方來 不亦樂乎, 人不知而不慍 不亦君子乎)"는 말은 공자 생애의 말년의 심경을 나타낸 듯이 생각된다. 어쩌면 요즈음의 나의 생활과 심경과도 비슷하여 친근감을 느낀다.

언제나 배우고 익히는 자세로 남은 생을 살고 싶다.

자신부터 먼저 돌아보는 마음자세

오늘 수원에 갔다 오다 가벼운 교통사고가 있었다. 우회전 차선에서 신호를 기다리며 조금씩 움직이다 앞차가 갑자기 멈춰 버리는 바람에 가벼운 추돌을 하였다. 앞차의 운전자가 피해를 확인하려 내리자 나는 뒤에 늘어선 차들이 빠져 나갈 수 있게 차를 앞으로 뺀 다음에 얘기하자고 하였다. 차를 현장에서 안전한 곳으로 움직여 자세히 살펴보니 피해가 없었다. 상호 간에 아무런 피해가 없었지만 나는 고개 숙여 미안하다고 사과했다. 30대 초반 여성 운전자는 "아니에요. 저도 잘못했어요." 제가 차를 갑자기 멈췄어요. 아무 일 없으니 다행이네요. 안녕히 가세요" 하고 인사까지 하였다. "아! 반구제기(反求諸己)가 이런 때 쓰는 말이구나"하고 생각하였다. 잘못의 원인을 자기에게서 찾는 마음가짐, 그 어린 여성을 다시 한 번 돌아보았다.

자동차 운전하다 보면 얼마든지 일어날 수 있는 일을 가지고 크게 생각하는 것 같지만 조그만 일에서도 배우는 것이 있고 자기를 돌아보는 계기가 되기도 한다.

중국의 고전인 사서(四書: 논어 대학 중용 맹자)중 하나인 〈대학(大學)〉은 수신제가 치국평천하(修身齊家 治國平天下)를 논한 책이다. 사람은 먼저 자기 몸과 정신을 닦은 후에 집안을 거느리고 나라를 다스린다는 뜻이다. 수기치인(修己治人)이다.

수신 즉 자기 자신을 갈고 닦는다는 것은 어려운 일이다. 〈대학〉에서는 수신을 하려면 생각을 바로하고 감정을 잘 다스리며 올바르게 지혜를 터득해야 한다고 하였다. 성의(誠意), 정심(正心), 격물치지(格物致知)이다. 어려운 말들이다. 그러나 살아가는데 도움이 될 것으로 생각한다. 격물치지는 지혜를 얻는 방법이다. 막연히 책을 읽고 외우거나 사물의 겉모습만 보는 것이 아니라 사물의 시작과 끝, 일이 이루어지는 선후를 이해하고, 무엇이 그 사물의 중심이 되는 부문이고 말단이 되는가를 종합적으로 파악하여 사물의 본질에 접근하는 것이다. 왜곡된 고정관념에서 벗어나 사물을 있는 그대로, 본 모습 그대로 합리적으로 올바르게 이해하는 것이다. 그리고 지혜의 습득은 반드시 나, 가까이 있는 것, 알기 쉬운 것부터 먼저 알아야 한다고 하였다. 자기의 체험에서 배운다는 뜻이기도 하다.

성의(誠意)는 생각을 성실하게 하여야 한다는 것이다. 자신의 마음속에 싹튼 생각을 잘 살펴보아 악한 생각을 버리고 선한 생각을 실천하는 것이다. 그리고 자신만 아는 은밀한 생각을 삼가야 한다고 하였다. 즉 신독(愼獨)이다. 자신을 속이지 않으면 마음이 넓어지고 몸이 편안해 진다. 속마음이 성실하면 그 마음이 외면에 나타난다.

정심(正心)은 감정 표출을 상황에 맞게 바르게 하는 것이다. 화를 내지 않을 때 내서도 안 되고 불의를 보고 침묵하는 것도 정상이 아니다. 즐거울 때에는 즐거워 하고 슬플 때는 슬퍼해야 한다.

이렇게 자기의 몸과 마음을 닦으려면 생각을 바르게 하고 감정관리를 잘하며 격물치지를 통해 참된 진리와 지혜를 체득하는 노력을 하여야 한다는 것이다.

수기치인(修己治人) 즉 자기가 먼저 갖추고 남에게 요구하려면 생각하고 말하고 행동함에 절도가 있도록 부단히 자기를 돌아보면서 반성하고 실천하는 노력이 필요하다.

오늘 자동차 사건을 계기로 다시 한 번 나를 돌아본다. 남을 탓하기 전에 나부터 돌아보는 마음을 가질 때 나의 감정을 다스릴 수 있다.

맹자가 김정은을 만난다면?

요즈음 읽고 있는 〈맹자〉의 내용을 생각하며 산을 오르다가 문득 맹자(孟子)가 위(魏)나라의 양혜왕(梁惠王)을 만났을 때 주고받은 얘기가 떠올랐다.

왕께서 말씀하셨다. “선생께서 천 리 길도 멀다 않고 찾아오셨으니 장차 우리나라에 이로움이 있겠습니까?” 맹자가 대답하였다. ”왕께서 무엇 때문에 이(利)를 말씀하시는 것입니까? 오직 인(仁)과 의(義)가 있을 뿐입니다” 로 시작된 문답이 길게 이어진다.

이 장면을 바꾸어 맹자가 김정은을 만난다면 무슨 대화가 오고갈까 하고 상상해 보았다.

김정은 : 선생께서 만 리 길을 물 건너 산 넘어 나를 찾아 오셨으니 남조선 괴뢰와 미국 승냥이들을 쳐부술 방책이라도 갖고 오셨습니까?

맹자 : 왜 남과 전쟁할 생각만 하십니까? 북한에 당장 필요한 것은 원자탄이나 탄도미사일을 만들어 다른 나라를 공격하는 것이 아니라 굶주리는 백성들을 먹이고 병들어 죽어가는 불쌍한 주민들을 살리는 일이 먼저 아니겠습니까?

(양 혜왕이 연못가에 서서 ‘새와 짐승들을 돌아보며 어진 이도 이런 것을 즐기나요?’ 하고 물었다.)

김정은이 맹자를 금수산 기념궁전으로 데리고 가서 김일성, 김정일의 미이라를 가리키며 하는 말,

김정은 : 다른 나라에서도 할아버지, 아버지에 대한 효도를 이처럼 극진하게 하는가요?

맹 자 : 왜 죽은 사람 모시는데 이렇게 큰 건물이 필요하며 시신(屍身) 썩는 것 막으려고 이렇게 막대한 돈을 버립니까? 이 돈이면 많은 병원과 공장을 건설하여 주민의 목숨을 살리고 살림살이를 개선할 수 있습니다. 예(禮)는 형식이 아니라 검소함 속에 진정한 마음이 담겨야 합니다.

김정은 : 나는 나라를 다스리는데 온 힘을 다하고 있습니다. 그래서 민생을 위하여 자라공장도 가보고 국방을 튼튼히 하기위해 탄도탄 만드는 공장에 가서 일꾼들을 격려하며 부국강병을 추진하고 있습니다.

맹 자 : 부국강병(富國强兵)의 바탕은 경제 발전입니다. 경제가 발전하려면 국민의 사유재산을 보장하고 자유로운 경제활동이 가능해야 하며 문호를 개방하여 외국과의 교역이 활발히 일어나야 합니다.

그래야 투자가 늘어나고 기술이 발전하며 일터가 늘어납니다. 그러나 이 나라에는 자유롭게 살아가는 사람은 없고 당신의 명령에 따라 움직이는 노예국가일 뿐입니다. 그래서 그 억압에서 벗어나고자 자유를 찾아 이 지옥 같은 곳을 떠나려고 하는 사람이 늘어나고 있지 않습니까? 이렇게 하고서는 부국강병이 될 수 없습니다.

김정은 : 선생께서 주장하는 왕도정치란 무엇입니까.

맹 자 : 왕도정치(王道政治)는 백성을 사랑하고 선정을 베풂으로서 민생은 안정되고 백성들은 감화를 받아 지도자를 따르게 하는 정치입니다.

그런데 당신은 혼자 잘 먹고 잘 살면서 마음에 맞지 않으면 죽이거나 숙청하는 일을 밥 먹듯 하고 있습니다. 그러니 국민은 따르지 않고 기회가

있으면 도망하려 하고 있습니다. 여민동락(與民同樂) 즉 기쁘나 슬프나 국민과 함께해야 합니다. 그러나 당신이 하는 정치는 패도정치(覇道政治)입니다.

김정은 : 선생, 말이 너무 심합니다. 공화국을 모욕하시는 것입니까?

맹 자 : 이 나라가 어찌 공화국이라 할 수 있습니까? 옛날의 왕이 없다고 공화국이라고 하는데 공화국이란 권력이 분산되는 체제입니다. 그런데 당신은 과거의 왕들보다 훨씬 더 권력을 독점하여 일인 체제를 유지하고 있지 않습니까? 이 나라를 공화국이라 부른다면 옛날의 전제왕조들이 모두 웃을 것입니다.

김정은 : 그래도 나는 착한 사람입니다. 선생께서 사람은 모두 착하게 태어난다고 성선설을 주장하지 않았습니까?

맹 자 : 성선설(性善說)을 주장하였습니다. 그러나 당신이 하는 짓을 보니 나의 주장이 잘못된 것 같습니다. 사람의 본성 속에는 다른 사람의 고통이나 불행을 차마 볼 수 없는 측은지심(惻隱之心 ; 仁)이 있으며, 옳지 않은 것을 미워하고 부끄러워하는 마음인 수오지심(羞惡之心 ; 義), 어른을 공경하고 다른 사람에게 겸손하며 양보하는 마음인 사양지심(辭讓之心 ; 禮), 옳고 그름과 선악을 구별할 수 있는 마음인 시비지심(是非之心 ; 智)이 있습니다. 이것을 사단(四端)이라 합니다. 당신에게 이것이 있다고 생각하십니까? 당신에게서 순자(荀子)의 성악설(性惡說)의 표본을 보는 것 같습니다.

김정은 : 나도 살기 위해 이러는 것입니다. 좋은 방도를 가르쳐 주십시오.

맹 자 : 인자무적(仁者無敵)입니다. 견고한 국방도 강대한 병력도 왕도정치를 실현하는 어진 통치자를 이길 수 없습니다. 이제부터 원자탄을 섬

기지 말고 백성들을 어버이처럼 섬기십시오.

김정은 : 앞이 보이지 않습니다. 가슴이 답답합니다.

맹 자 : 빨리 마음을 바꾸어야 합니다. 서울 불바다니 미국의 심장을 타격하느니 하는 허황된 꿈을 버리고 대한민국과 손을 잡고 한민족 전체가 잘 사는 방안을 생각해야 합니다. 그렇지 않으면 민심이 이반하여 혁명이 일어날 것입니다 그것이 천명(天命)입니다. 당신은 하늘의 뜻, 인류양심에 어긋나는 일을 계속하고 있습니다. 천벌이 내리기 전에 빨리 마음을 바꾸세요. 그게 당신이 살고 국민이 사는 길입니다. 이게 내가 당신에게 해줄 수 있는 마지막 충고입니다.

맹자(BC 372~289)는 중국 전국시대의 혼란기에 살았던 사람으로 각국을 순회하며 왕도정치를 주장하였다. 공자의 사상을 계승 발전 시켰으며 〈맹자〉는 사후 그의 언행을 모아 편집된 것이다.

주인이 된 마음가짐(隨處作主)

어젯 밤에 처음으로 취업하여 직장에 나가는 조카에게 나는 수처작주(隨處作主)의 마음을 가지고 일하라고 말하였다. 이 말은 당나라 때 임제선사가 '수처작주 입처개진(隨處作主 立處皆眞) 즉 머무르는 곳마다 주인이 되라. 지금 있는 곳이 바로 진리(깨달음)의 세계이다.' 라고 가르친 말에서 비롯되었다.

선사의 이 말은 불교 수행자들이 이런 마음 자세를 가질 때 깨달음에 이를 수 있다는 뜻이라고 생각한다. 요즈음에는 많은 사람들이 이 말을 좌우명으로 삼기도 하고 사무실 벽의 액자 속에서 오가는 사람들을 내려다보는 장식품이 되고 있으나 그 뜻을 알고 실천하는 사람이 얼마나 되는지 모르겠다.

'가는 곳마다, 머무는 곳마다 주인이 되라. 주인의식을 가져라.'란 말을 생각하며 산길을 오르고 있다. 지금 내가 걷고 있는 산길에서 주인으로서의 마음가짐은 무엇인가?

이 산의 주인은 누구인가? 이 산이 하는 일은 무엇인가? 빽빽이 서 있는 나무들이 이 산의 주인인가? 지저귀는 새들이? 나무 위를 달리는 청설모가? 아니면 이런 동식물이 살아가도록 터전을 제공한 대지가? 그 외에도 태양도 있고 공기도 있으며 비를 내리는 구름도 있다. 그렇다면 이 모든 것의 변화와 조화를 만들어 내는 자연의 섭리가 주인일까? 주인이 누가 되는

가는 중요하지 않다. 문제는 주인의식이다. 나는 이 순간 이 숲길에서 어떤 주인의식을 가져야 할까?

주인의식을 가지려면 이 산이 어떤 산이 되어야 가장 바람직한 산이 될 수 있을까를 생각해야 하겠다. 이 산은 풀과 나무가 자라고 수많은 곤충과 새들, 두꺼비와 다람쥐 고라니 그리고 작은 연못의 물고기가 서식하고 있는 곳이다. 이 산의 가장 바람직한 모습은 여기에 사는 식물 동물 미생물들이 조화롭게 생태적 균형을 이루는 것이다. 그렇다면 내가 이 숲길을 매일 거닐며 할 수 있는 일은 이들을 사랑하고 보호하는 일이다. 버려진 비닐봉지나 물병을 줍고 겨울에 눈의 무게를 이기지 못하고 휘어진 어린 나무를 일으켜 세우는 등 사소한 일이 될 것이다. 그리고 사랑의 눈길을 보내고 마음과 마음으로 대화하는 것이다.

그 이상 내가 할 수 있는 일이 무엇일까? 자칫 지나치면 나그네가 주인 행세를 하는 일이 생길 수 있다. 이 산의 주인은 어디까지나 나무와 같은 식물이며 다람쥐 등의 동물이다. 주인의식과 주인은 다르다. 주인의식은 머슴의식과 대비된다. 시키는 일만하고 주인의 눈을 피해 적당히 해서는 안 되며 무조건 열심히만 하는 것도 아니다. 해야 할 일을 찾아 하고 왜 이 일을 해야 하는가를 생각하는 자세가 필요하다.

수처작주는 사람이 살아가는 마음 자세이다. 중국 명나라 시대의 육상객(陸湘客)이라는 사람은 인생의 주인공으로 살아가는 생활의 덕목 여섯 가지(六然)를 말하였다.

자신에게 붙잡히지 않고 초연하게 (自處超然)

남에게 언제나 온화하게 (對人靄然)

일이 있을 때엔 활기에 넘치게 (有事敢然)

일이 없을 때에는 마음을 맑게 (無事澄然)
성공하여 만족 할 때에는 담담하게 (得意淡然)
실패했을 경우에는 침착하게 (失意泰然)

매우 격조 높은 가르침이다. 주인의식을 갖고 인생을 사는 방법은 사람마다 다르다. 그러나 단순하게 생각하면 내 힘으로 내 인생을 사는 것이다. 내 인생은 내가 사는 것이지 부모님이나 형제 또는 친구가 살아줄 수는 없다. 땀을 흘려도 내가 땀을 흘려야 하고 눈물을 흘려도 나의 눈물이어야 한다. 나의 땀, 나의 눈물이 아니면 그것은 나의 인생이 아니다.

사람은 혼자 왔다 혼자 가는 존재이다. 남이 무엇을 하든 무슨 말을 하든 나는 나의 일을 하면서 나의 길을 가야 한다. 나의 길을 가려면 끊임없이 나와의 투쟁을 하여야 한다. 요행을 바라지 말고 나태와 아집과 자만을 버려야 한다.

죽음에 이르러 이만하면 잘 살았다고 말할 수 있게 살아가자. 나는 내 인생의 주인이기 때문이다.

책거리

가을바람에 우수수 떨어지는 나뭇잎이 산길 쉼터를 덮고 있다. 나뭇가지와 잎들이 바람에 흔들리며 만들어 내는 소리가 산에 가득하여 새소리도 벌레소리도 그 속에 묻힌 듯하다. 땅 위를 구르던 낙엽은 불어오는 바람에 어디론가 사라지고 쉼터엔 흙먼지만 날린다. 마치 내 머릿속에 머물다 사라지는 독서의 흔적처럼 낙엽은 바람에 날리고 있다.

나는 작년 이맘때 새로운 자세로 책을 읽기로 마음먹고 일주일에 최소한 한 권씩 읽기로 목표를 정했다. 그 동안 내가 읽은 책들은 특정 분야에 한정되었다. 청소년 시절에 책을 많이 못 읽었고 어른이 되어서도 시험을 위한 독서에 한정되어 있었다. 내가 주로 읽은 책은 역사서와 법률 관계서적 경제학 경영학 등 사회과학 서적에 편중되어 있다. 문학이나 과학과 관련된 독서가 부족하여 반쪽짜리 인생을 살아온 느낌이다. 그리고 나이 들어 읽은 책은 읽고 나면 모두 잊어버려 머리에 남아 있는 것이 없어 허망하게 생각된다. 마치 흐르는 물 위에 글을 쓰는 것처럼 느껴진다.

그래서 지금은 책을 읽으며 새로운 내용, 중요한 부문, 좋은 문장에는 표시를 하여 두었다가 책을 다 읽은 후 다시 처음부터 보면서 표시된 부분을 찾아 독서록에 기록하고 있다. 일 년간 기록한 독서록이 대학노트 3권이 되었다. 독서 목록을 보니 목표량을 초과 달성하였으나 독서록에 기록되어 있는 내용을 다시 읽어보니 내가 읽고 적어둔 내용임에도 처음 보는 것처럼 생소하게 느껴지는 부분이 많다. 나이 탓인지 나의 뇌신경이 제 기능을 못하는 것 같아 기분이 씁쓸하다. 그러나 꼭 집어 말 할 수는 없지만 나의 의식의 어느 부분에 조금은 남아 있으리라고 자위하기로 하였다.

작년에 독서 계획을 세울 때는 일주일에 책 한 권씩을 읽어 1년간 60권을 읽는다는 목표였는데 100권을 읽었으니 물량적으로는 목표를 초과 달성한 셈이다. 그래서 나 혼자 조용히 책거리를 하기로 하였다.

책거리는 '책씻이'라고도 하는데 옛날 서당에서 학동이 책을 다 떼고 나서 훈장과 여러 사람에게 한턱 내는 일이다. 나도 초등학교 입학 전에 서당에 몇 달 다닐 때 책거리를 한 적이 있다. 그 때는 보름에 한 번씩 공부한 것을 훈장님 앞에서 평가를 받았는데 나는 천자문을 읽고 있을 때이므로 나의 시험과목은 천자문 암송이었다. 한창 기억력이 좋았을 때이어서 막힘없이 암송하여 훈장님의 칭찬을 받고 두 번이나 책씻이 대상이 되었다.

책씻이 할 때 우리 집에서는 마치 큰 경사가 난 것처럼 떡을 만들어 서당에 가져와 같이 배우고 있는 동료들과 나누어 먹고 훈장님께는 약주를 준비하여 대접하였다.

오늘 내가 책 100권을 읽었다고 해서 그 책들의 내용을 다 잊어버린 주제에 마치 책을 다 뗀 것처럼 책거리를 하는 것은 격에 맞지 않은 일이나 아는 사람도 없이 나 혼자 하는 일인데 굳이 격을 따질 필요도 없을 것 같다. 쇠약해진 나의 기억력을 위로하며 막걸리 한 잔으로 책거리를 대신해야겠다.

이런 책거리는 앞으로도 매해 할 생각이다. 나의 시력이 허용할 때까지 계속한다면 과연 몇 권의 책을 읽을 수 있을지 모르지만 책을 읽을 때의 즐거움만은 쌓일 것이라 믿고 싶다.

흐르는 물처럼 살고 싶다

온 가족이 오랜만에 숲으로 유명한 리조트를 찾았다. 숲길이야 내가 매일 걷고 있는 길과 같이 벌레의 울음소리 새소리 등 별반 다른 것이 없지만 계곡을 힘차게 흐르는 물소리가 새로운 기분을 자아냈다.

저녁 식사가 끝난 후 희미한 조명으로 운치를 더한 계곡을 따라 만들어진 오솔길을 걸으며 흐르는 물소리에 흠뻑 빠졌었다. 그 물소리에 끌려 새벽 동이 트자 다시 나왔다. 하늘을 올려다보니 반쪽 남은 달과 별 하나가 구름 속에서 숨박꼭질을 하고 계곡 따라 내려온 산바람은 몸과 마음을 씻어 주는 듯 상쾌하다.

물의 흐름을 따라 걷노라니 어젯밤에는 알아볼 수 없었던 나무와 풀들이 말없이 서서 아침을 맞고 있다. 마타리, 옥잠화, 쑥부쟁이 등이 기도 하듯 고개를 숙이고 있으며 군데군데 군락을 이루고 있는 억새, 물억새들은 삶을 성찰하듯 고요한 침잠에 빠져 있다.

물은 흐르다 폭포를 이루어 힘차게 쏟아지고 조용히 흐르다가 좁은 계곡을 만나면 소리가 높아진다. 잠시도 쉬지 않고 흐르는 물, 바위 위에 앉아 떨어지는 폭포수의 굉음과 물보라를 지켜보며 물이 흐르는 의미를 생각해 본다. 세월은 흐르는 물 같다고 했던가, 붙잡아도 붙잡을 수 없는 것이 시간의 흐름이요 막아도 막아도 흐르는 것이 물이다. 나의 인생도 물처럼 흘러서 여기까지 왔다. 방을 나오면서 본 거울에 비친 나의 모습을 떠올려 본다. 머리에는 서리가 진하게 내려 있고 얼굴은 가뭄에 갈라진 논밭 같다.

흐르는 물은 아무리 오랜 세월 흘러도 언제나 활기가 넘치는데 왜 나는 이렇게 시들었는가, 젊은 날의 싱싱함은 어디가고 서리 맞은 배추 같은 몰골을 하고 여기에 앉아 흐르는 물을 부러운 듯 바라보고 있는가, 쉬지 않고 흘러서인가, 세상의 풍파를 의연히 맞이하고 미련 없이 보내는 여유인가, 가진 것을 버리는 비움인가, 돈과 명예와 권력 등 세속적인 것을 가볍게 보는 초월인가, 낮은 대로만 흐르는 겸손인가, 아니면 이 모든 것을 버린 초탈함인가,

구름을 벗어난 해가 얼굴을 내밀자 갑자기 주위가 환해졌다. 시계를 보았더니 시간이 꽤 흘렀다. 자리를 떠나 걸으면서 생각했다. 나도 물처럼 흐르자. 물이 바다에 이를 때까지 계속 흐르듯이 쉴 사이 없이 흘러 마지막 날에 이르는 삶을 살자.

노자(老子)는 상선약수(上善若水)를 말하였다. 최고의 선은 낮은 데로 흐르는 물과 같다고 하였다. 그 물이 가진 덕목을 생각해 본다. 낮은 곳으로 흐르는 겸손, 막히면 돌아가는 지혜, 구정물까지 받아주는 포용, 어떤 그릇에도 담기는 융통성, 바위도 뚫는 끈기, 폭포처럼 몸을 던지는 용기, 결국에는 바다에 이르는 대의 등 7가지 덕목을 나의 삶의 기준이 되게 하자. 그래서 나 스스로 지은 나의 호는 수연(水然)이다.

늙은이의 건강 생활

하얀 커튼 같은 얇은 구름이 하늘을 가리고 있다. 하늘 한 가운데 떠 있는 달은 희미하고 동산에 막 떠오른 해도 그 내뿜는 열기가 식은 듯하다. 바람과 장난치며 놀던 나뭇잎은 지친 듯 조용하고 나무 등을 타고 구르면서 떨어지던 도토리 소리도 오늘은 들을 수 없다. 내 몸이 가을을 타는 것일까, 계절 따라 기울어지고 있는 것인가? 맥이 빠진 듯 기운이 없고 기분마저 우울하다.

깊게 숨을 들여 마셔 본다. 가슴을 펴고 걸음을 빨리하여 경사진 길을 오른다. 숨이 가쁘고 등이 따뜻해 오면서 몸에 열이 퍼진다. 구름 사이로 비치는 햇빛이 길게 나무 사이를 가른다.

내 인생도 가을이다. 짧은 가을을 길게 살려면 어떻게 해야 할까를 생각하다가 며칠 전에 신문에서 스크랩한 양생칠결(養生七訣)이 떠올랐다. 노인이 몸과 마음을 건강하게 하여 병에 걸리지 않고 오래 사는 방법 7가지이다.

첫째는 말을 적게 하여 진기를 길러야 한다는 것이다. 말을 많이 하면 폐의 기운이 소모되어 안에 쌓여야 할 기운이 밖으로 흩어지고 그 틈을 타 나쁜 기운이 스며든다고 하였다. 확실히 말을 많이 하면 기운이 빠진다. 20대에 교사시절 하루 5~6시간 수업을 하고나면 저녁에 기운이 빠져

축 처진 몸으로 퇴근하던 기억이 있다. 그러나 요즘에야 말을 많이 해서 기운 빠질 일이 없다. 말할 상대도 없고 말할 기회도 없다. 지금 내가 할 일은 쓸데없는 잔소리나 불평불만을 하지 않고 되도록 많이 듣는 일이다. 산길을 걸으면서 나무들의 속삭임, 새들이 지저귀는 소리, 바람소리, 구름이 흘러가는 소리 등 자연이 하는 얘기를 온몸으로 듣는 것이다. 때로는 책과 벗하면서 책이 들려주는 소리를 가슴으로 듣는 일도 좋다. 되도록 말을 줄이고 상대방의 말을 들음으로써 나의 마음을 풍성하게 하는 것이 나의 건강에 도움이 될 것이다.

둘째는 색욕을 경계하여 정기를 길러야 한다고 한다. 이 부분은 나와 상관이 없어 관심의 대상이 아니다.

셋째는 맛을 담박하게 하여 혈기를 길러야 한다고 하였다. 기름진 음식은 피를 탁하게 해서 혈관을 막으며 입에 단 음식은 몸을 해치므로 채식 위주의 식단이 피를 맑게 하고 정신을 상쾌하게 해준다는 것이다. 음식의 중요성을 말하고 있다. 나는 육류를 특별히 좋아하지도 않고 있으면 먹고 없으면 먹지 않으며, 간식을 거의 하지 않기 때문에 입에 단 음식도 별로 먹을 기회가 없다. 그렇다고 몸에 좋다는 보약을 먹는 일도 없다. 그저 여러 가지 음식을 고르게 조금씩 먹을 뿐이다. 인간은 유인원 시절부터 식물성 위주의 식사를 하였고 진화의 과정에서도 육류가 식사의 주 메뉴가 된 적이 없다. 우리 조상들처럼 가공이 덜 된 곡류와 채소 그리고 과일을 골고루 먹고 육류는 운수 좋은날 어쩌다 한 번 먹으면 충분하다고 생각된다.

넷째는 침을 삼켜 내장의 기운을 돋우라고 한다. 입천장 위로 혀끝을 천천히 돌려 침을 모아 삼키면 소화액 분비를 촉진하고 장의 운동을 활성화시킨다는 것이다. 침의 중요성은 현대의학에서도 인정하고 있다. 나는 일부러 침을 모아 삼키지는 않지만 그 대신 음식을 오래 씹어 음식물과 침 속의 소화효소가 섞이도록 하는 데 신경을 쓰고 있다. 문제는 음식을 천천히 먹고 오래 씹는 느긋함이다. 더 중요한 일은 음식물을 씹을 수 있는 치아를 보존하는 일이다. 나이가 많아 건강을 해치는 요소 중 하나가 치아가 부실하여 소화능력이 떨어지는 것이다. 치아의 건강을 위해서는 식후에 반드시 정성들여 이를 닦아 구강을 깨끗이 하고 잇몸 질환을 막아야 할 것이다.

잇몸이 약하면 치아가 허술하고 특히 치주질환이 있을 때 세균이 혈관을 타고 돌다 뇌혈관이나 심장혈관에 장애를 일으키면 치명적이 될 수 있다고 한다. 치아가 건강하여 음식물을 잘 씹으면 소화도 돕고 뇌신경에 자극을 주어 노년에 가장 염려스러운 치매도 예방 할 수 있다하니 구강 관리 치아 관리에 명심해야 겠다. 나는 다행히 어금니 몇 개가 남아있고 생을 다 할 때까지 20개의 이를 보존하려고 노력하고 있다.

다섯째, 성을 내지 않아 간의 기운을 길러야 한다는 것이다. 간은 감정과 긴밀히 연결되어 있으므로 분노의 감정은 간의 기운을 치솟게 하여 생체리듬에 심각한 해를 끼친다는 것이다. 분노의 조절은 건강뿐만 아니라 가정 생활이나 사회 생활에 있어서 매우 중요한 관심사이다. 불의를 보고 분노하는 것은 당연한 일이지만 사소한 문제로 자주 화를 내는 것은 건강을 해칠 뿐이다. 언제나 역지사지(易地思之)하는 마음가짐으로 살아간다면 분노의 감정도 줄어들 것이다.

여섯째, 음식을 알맞게 먹어 위장의 기운을 돋아야 한다. 건강에 필요한 음식을 고루 섭취하여 위장의 부담을 덜어주고 조화를 유지해야 한다는 것이다. 과식이나 폭식을 하여 위장에 부담을 주어서는 안 된다는 뜻으로 본다. 하루 세끼 규칙적으로 먹되 소식하여 위를 편하게 해야 몸과 마음이 편하고 건강해 진다.

일곱째, 생각을 적게 하여 심장의 기운을 기른다. 허황된 생각, 마음을 무겁게 하는 생각을 버려야 건강해진다는 것이다. 무엇이든 더 가지려는 생각보다 버릴 것이 없는가를 생각하며 살아야겠다. 욕심을 줄이고 생활은 검소하게 하고 겸손한 마음으로 살면 생각을 줄일 수 있을 것이라 생각한다.

이상의 7가지 외에 한 가지를 더하고 싶다. 그것은 앉아 있는 시간을 줄이는 것이다. 햇빛을 받으며 규칙적으로 걷고 집 안에서도 몸을 움직이는 활동을 많이 하여 몸이 둔해지는 것을 최대한 막아야 한다. 위의 8가지를 잘 지키면 건강한 삶을 연장할 수 있을 것이라고 생각된다. 건강하게 사는 사람은 생명을 결정하는 텔로미어(Telomere)도 느리게 짧아진다고 한다. 건강은 얼마나 노력하느냐에 달려있다.

나의 행복론

현관문을 나서니 서쪽 하늘에서 둥근달이 웃고 있다. 구름 한 점 없이 맑은 하늘이다. 산길을 오르다 동쪽 하늘을 돌아보니 빨갛게 익은 홍시 같은 해가 올라와 있다. 경사진 언덕을 한참 오르니 숨이 차고 얼음이 깔린 길은 미끄럽다. 묵직한 삶의 무게 같은 것이 느껴진다. 평지에 이르러 숨이 가라앉고 발밑이 편해지니 휘파람이 절로 난다.

아! 기분이 좋다. 살아있음을 느낀다. 새들의 지저귐도 오늘따라 즐겁게 들리고, 다소 풀린 날씨를 즐기려는 듯 청설모도 나무 위를 신나게 달린다. 보이는 것이 모두 아름답다. 행복이란 이런 것인가? 이런 기분은 어디에서 오는가?

지금 나는 이른 아침의 추운 산길을 오르고 있다. 왜 오르는가? 좋아서 오르고 있다. 좋아서 오르기 때문에 즐거운 것이다. 만약 아내가 잠자는 나를 깨워서 산에 올라가라고 강요하여 어쩔 수 없이 올라왔다면 이런 즐거움을 얻을 수 있을까? 아닐 것이다. 내가 좋아하는 일이기 때문에 즐거운 것이다.

나는 지금 막연히 걷는 것이 아니라 산꼭대기까지 올라간다는 목표가 있다. 비탈길을 오르고 돌부리에 차이며 얼음길에 미끄러지면서도 분명한 목표가 있기 때문에 그 과정이 하나도 고통스럽지 않고 그 어려움들을 지날 때마다 조그만 희열을 느끼고 있다. 이런 과정을 지나면 목표에 도달할 수 있다는 희망이 나를 즐겁게 해 주고 있는 것이다.

이른 아침 산길을 걸을 때는 남의 눈을 의식하지 않아서 좋다. 남의 일에 관심이 많은 사람은 나에게 어디 아프냐고 묻는 사람도 있다. 아니라고 했더니 그러면 아프지도 않은데 왜 매일 산에 오르느냐고 물어, 허허 웃은 적도 있다. 아마 그 사람은 내가 고민이 많은 사람이라고 생각할지도 모르겠다. 어찌됐던 지금 내가 기분이 좋아서 휘파람을 불든, 폴짝폴짝 뛰든, 기분이 좋다고 외치든 누가 뭐라고 하겠는가? 행복은 남의 시선을 의식하지 않고 내가 하고 싶은 일을 하는 것이다.

내 마음이 편하고 즐거우면 주위에 있는 모든 사물이나 사람이 착하게 보인다. 내가 다정한 미소를 보내면 상대방도 미소로 응답한다. 내가 행복할 때 만나는 사람도 행복하다. 한 사람의 마음이 지극히 청정하면 메아리가 되어 모든 사람이 변하고, 어느 한 쪽에 이상이 생기면 전체에 이상이 생긴다.

어떻게 하면 내가 행복해 질 수 있을까를 생각해 본다. 세상을 긍정적으로 낙관적으로 보는 것이다. 이 세상이 나를 중심으로 돌아가지 않는다는 것을 아는 것이다. 오만이나 아집을 버리고 겸손해 지는 것이다. 내가 가진 것에 만족하고 남이 가진 것에 무관심하는 것이다.

행복의 소재는 여기저기 무수히 깔려 있다. 문제는 행복을 먼 곳에서 찾으려는 데 있다. 찾아도 행복은 어디에도 없다. 오직 나의 마음속에 있다.

내 마음 속을 들여다 본다. 분노 불만 권태의 때가 아직도 많이 남아 있다. 이런 부정적인 생각을 저 멀리 하늘로 날려 버리도록 노력하자.

행복은 신이 베푸는 선물이 아니라 어렵게 노력해야 얻어지는 것이다. 그 노력은 어떤 마음을 가지고 사물을 보고 어떤 자세로 일하느냐의 문제이다.

아리스토텔레스는 “행복은 우리가 자신을 위해 이성적으로 결정한 목표를 오랜 기간에 걸쳐 추구해 나가는 과정에서 얻어진다. 행복은 쾌락이 아니라 의미 있는 삶에 따르는 부산물이다”라고 하였고, 버트런드 러셀은 “실제 성공보다 노력이 행복의 필수 요건이다. 노력을 기울이지 않고 온갖 욕망을 다 충족시킬 수 있는 사람은 그 욕구가 충족되어도 더 행복을 느끼지 않는다.”고 하였다.

행복은 결국 목표를 향해 노력하는 과정에서 얻어지는 부산물이며, 멀리 그리고 먼 미래에 있는 것이 아니라 지금 이곳 나의 마음 속에 있다고 생각한다.

“마음 속에 푸른 가지를 품고 있으면 지저귀는 새가 날아와 그 곳에 앉는다.” 중국 속담이다.

운명을 결정한 것은 선택의 결과였다

산을 오르며 지난날을 되돌아본다. 살아온 과거가 평탄하지 않았다. 내 나름대로 최선을 다하여 살아왔는데도 아쉬운 구석이 많다. 이 모든 나의 삶은 나의 선택의 결과이다. 로버트 프로스트(Robert Frost, 1847~1963)의 〈가지 않은 길〉을 읊조려 본다.

단풍 물든 숲속에 두 갈래 길이 나 있었다.
몸이 하나니 두 길을 모두 다 가볼 수는 없어
나는 아쉬운 마음으로 오래도록 서서
잣나무 숲속으로 접어든 한쪽 길을
굽어져 안 보이는 곳까지 바라다 보고 있었다.

그리고는 하나의 길을 택하였다.
그 길은 먼저 길과 똑같이 아름답고
풀이 우거져 사람을 부르는 듯했다.
사람들이 밟고 지나간 흔적은
먼저 길보다 좀 덜하기는 했지만,

그날 아침 두 길은 모두

아무런 발자국도 찍히지 않은 채
서리 맞은 낙엽에 덮여 깨끗하게 놓여 있었다.
먼저 길은 다른 날 걸어가 보리라 생각했지만
허나, 길은 길로 뻗어 나가는 것이고
다시 돌아올 가망은 없었던 것이다.

오랜 세월이 흐른 뒤
나는 어디선가 한숨 쉬며 말하리라
두 갈래 길이 숲속에 나 있어
나는 사람들이 덜 다닌 길을 택했는데
결국 그것이 나의 운명을 바꾸어 놓았다라고 …

나는 이 시를 읽을 때 마다 어쩌면 이렇게 나의 심경과 같을 수 있을까 하고 생각한다. 삶의 고비마다 선택의 기로에서 때로는 고민 끝에, 때로는 과감하게 선택하고 결정했다. 그 결과가 나의 지나온 삶의 궤적이다. 시간을 되돌려 옛날로 돌아가 다시 선택과 결정을 한다면 다른 선택을 할 수 있을까를 생각해 본다.

나의 선택은 익숙하지 않은 새로운 길이었고 험난한 길이었다. 한번만 다른 선택을 했더라면 매우 다른 삶을 살았을 것이다.

그때 다른 선택을 했어야 하는데 하는 후회도 있다. 그러나 그 다른 길이 비단길이요 편안한 길이 되었을 것이라는 보장도 없다. 모든 선택은 많은 고민의 결과이고 그 당시로는 최선이라고 생각한 선택이다. 그 선택으로 나는 비교적 다양한 삶을 살아왔다.

그러나 나에게 다시 선택의 기회가 주어진다면 경험과 지혜가 풍부한 어른을 찾아가 의논을 하겠다. 중요한 결정을 언제나 혼자서 해온 것이 나의 부족한 점이라고 생각한다. 나에게는 멘토가 없었다. 살아오는데 지혜를 주는 멘토가 있었다면 보다 나은 삶을 살 수 있었을 것 이라고 생각해 본다.

우리의 매일 매일의 삶은 선택과 결정의 연속이라고 할 수 있다. 아침 잠자리에서 지금 일어나느냐 좀 더 자느냐에서부터, 무슨 옷을 입고 나갈까, 점심은 뭘 먹을까 등 사소한 문제뿐만 아니라 인생의 진로를 결정하는 중대한 결정 등 선택과 결정 앞에서 고민하게 된다. 그런데 이러한 선택과 결정을 스스로 하지 않고 다른 사람의 결정에 따르거나 미루는 일은 바람직한 현상이 아니다. 신문지상의 기사를 보면 요즈음 젊은이들 중에는 자신의 문제를 자기 스스로 결정하지 못하고 부모님이 시키는 대로 하거나, 친구가 하는 것을 보고 따라 하거나 심지어는 스마트폰 앱에 물어 보고 그에 따라 한다고 하니 늙은이 눈으로 볼 때 걱정이 안 될 수가 없다. 이름도 처음 듣는 햄릿 증후군, 다수자의 선택 추종 증후군, 결정장애족 등이 되어서는 안 된다.

자기 인생은 자기가 사는 것이다. 선택과 결정은 자기 운명을 좌우하는 것이다. 자기의 삶을 자기의 결정으로 살지 못하고 남의 결정으로 산다면 그런 삶은 자기 인생이 아니다. 사소한 일상사에서부터 중대한 인생사에 이르기까지 스스로 선택하고 그 결과에 대해서도 자기 자신이 책임지는 의연한 자세가 사람다운 모습이다. 다만 중대한 선택의 경우에는 인생의 선배를 찾아 고견을 듣는 신중한 자세는 바람직하다고 생각한다. 스스로 한 선택이요 결정일 때 자신의 모든 것을 쏟을 수 있고 결과에 대해서도 후회가 적을 것이다.

자신의 인생을 자기의 책임 아래 당당히 살아가는 모습이 아름답다.

세상사, 마음 따라 변하더라

까마귀 한 마리가 나무를 옮겨 가며 계속해 울고 있다. 새들이 우는 것은 자기들 상호 간에 주고받는 의사소통 방법이라는데 저 까마귀는 누구에게 무슨 이야기를 전하려고 저토록 울어대고 있을까? 부모를 잃고 찾는 소리인가, 동료를 부르고 있는 것일까? 너무 시끄럽다. 이른 아침 산에 올라와 쉼터에 앉아 혼자만의 생각에 잠기고 싶은데 가까이서 요란하게 깍깍거리니 신경이 쓰인다.

더욱이 까마귀는 예부터 신의 의지를 전달하는 신령스러운 능력이 있어 까마귀가 울면 죽음이나 질병을 암시하는 것으로 인식되어 왔기 때문에 쉼터 주변의 나무 위를 옮겨 가며 계속하여 우는 소리에 불길한 생각마저 든다. 그러나 생각을 바꾸어 까마귀에게 무슨 신령스러움이 있겠으며 그가 나를 어찌 알아 나의 건강을 암시 하겠는가, 까마귀에게는 까마귀의 삶이 있을 것이고, 그 나름의 사연이 있어 울고 있겠지 하고 생각하니 불길한 생각은 없어지고 그 까마귀의 외로움이 느껴지면서 이 고적한 산속에서 벗처럼 생각된다.

모든 현상은 내가 어떤 마음을 가지고 대하느냐에 따라 달리 보인다. 즉 일체유심조(一切唯心造)이다. 인간 세상의 모든 일은 인간의 마음이 짓는다. 길흉화복 희로애락이 다 밖으로부터 오는 것이 아니라 사람의 마음이 그렇게 만든다. 각자의 마음이 온갖 조화를 부려서 시비선악을 가져오게 된다고 한다.

'일체유심조' 하면 신라시대 고승 원효를 떠올린다. 그는 의상대사와 함께 당나라로 유학을 가는 도중에 당항성(남양) 해안에 이르러서 날이 저물었다. 마침 소낙비가 쏟아지고 날이 더욱 어두워지자 가까이 있는 움집으로 들어가 하룻밤을 자기로 하였다. 원효는 한밤중에 심한 갈증을 느껴 주위를 더듬거려 보니 손끝에 물이 담긴 그릇이 닿았다. 물을 마시고는 계속하여 깊은 잠에 빠졌다가 아침에 깨어 주위를 살펴보니 움집이라 여겼던 곳은 오래된 무덤이었고 그릇의 물은 해골에 고인 썩은 물이었다. 그것을 보고 심한 구토를 일으키고 전날 먹은 음식은 전부 토해내는 고통 끝에 크나큰 진리를 발견하고 깨달음을 얻었다.

"한 생각이 일어나니 갖가지 마음이 일어나고, 한 생각이 사라지니 갖가지 마음이 사라진다. 여래께서 이르시되 삼계가 허위이니 오직 마음이 짓는 것이다" 더럽고 깨끗한 것이 사물 자체에 있는 것이 아니라 마음속에 있음을 깨닫고 원효는 당나라 유학길에서 발을 돌려 경주로 돌아왔다. 불교의 진리를 터득한 것인데 당나라에 가서 더 배울게 없다고 생각한 것 이다.

"마음이 일어나면 만법이 생기고 마음이 사라지면 만법이 소멸한다."고 한다. 쉽게 말해 모든 일은 마음먹기에 달렸다. 며칠 전 아내와 함께 친척의 병문안을 다녀왔다.

강동구 길동을 출발하여 외곽고속도로를 타려면 상일 인터체인지에서 성남 방면으로 진입해야 하는데 아내가 다음 진입로에서 진입해야 한다고 고집하여 그만 구리 방향으로 진입하고 말았다. 역방향으로 달리면서 기분이 언짢고 짜증이 났지만 참았다. 이왕 이렇게 되었으니 좋은 경험이라 생각하고 마음을 가라앉혔다. 그런데 다음 인터체인지에서 방향을 바꿨더니 또 차선을 잘못 잡아 올림픽 대로로 들어서고 말았다. 마침 휴일 오후 시간이라 도로는 꽉 막혔다. 차는 움직이지 않고 처음 보는 길이라 신경이 날카로워졌다. 그러나 천천히 운전하며 길도 익히고 주변 경치도 살피면서 아내와 이런저런 이야기를 하며 운전하다 보니 집에까지 도착할 수 있었다. 시간은 오래 걸리고 고생스러웠지만 주말 아내와 함께 강변도로를 드라이브 한다고 생각을 하니 오히려 즐거웠다. 한 시간이면 충분한 거리인데 세 시간이나 걸렸다고 불평을 하거나 당신 때문에 공연한 고생을 하였다고 투덜대었다면 아내의 마음에 상처만 남기고 나의 마음도 편치 않았을 것이다. 그날 저녁 반찬은 훨씬 풍성했고 한 잔의 막걸리 맛도 기막히게 좋았다.

세상만사 마음먹기에 따라 고통이 즐거움이 될 수 있고 나쁜 일이 좋은 일이 될 수 도 있다. 마음이 악하면 그 행동도 악하고 마음이 깨끗하면 온 세상이 청정하게 보이고 마음에 때가 끼면 온 세상이 더럽다고 생각한다. 긍정적이고 낙관적으로 사물을 보고 적극적으로 행동 할 때 좋은 호르몬이 분비되어 건강에도 좋고 세상이 밝게 보인다.

한번뿐인 인생인데 낙관적인 마음, 긍정적인 생각을 갖고 살아가자.

용서 – 우리에게 남을 책망할 권리가 없다

조간신문 기사가 나에게 형언할 수 없는 무게로 다가왔다.

"내 살점 하나하나가 다 아프고 다시 예전처럼 살아가지 못 하겠지만 우리는 당신을 용서한다. 신의 은총이 함께하기를 … "

"너는 내가 아는 가장 아름다운 사람들을 죽였다. 하지만 성경 공부 시간에 말한대로 우리는 너를 사랑한다. 하나님께서 너에게 자비를 베풀기를 기도한다."

2015년 6월 17일 미국 사우스 케롤라이나주 노스 찰스턴 흑인교회에서 백인 우월주의 청년이 성경공부 중인 흑인들에게 총기를 난사하여 9명의 목숨을 빼앗아 간 사건이 일어났다. 이 사건과 관련하여 살인자의 보석 여부를 결정하는 약식재판에서 첫 번째 진술은 어머니를 잃은 딸이 한 것이며, 두 번째 것은 26세의 아들을 잃은 어머니가 한 진술이다.

용서, '지은 죄나 잘못을 벌하거나 꾸짖지 않고 덮어 주는 것'이라 사전에는 적혀 있다. 지은 죄나 잘못이 사소하거나 가벼울 때도 용서하기가 어려운 것이 나 같은 보통사람의 마음인데 부모나 자식을 무참히 살해한 원수를 용서한다는 일이 어찌 쉬운 일일 수 있으며 더욱이 신의 은총과 자비를 기원할 수 있을까. 원수를 사랑하라는 예수의 가르침을 실천하는 기독교 신자라고 해도 참으로 어려운 결정이었을 것이다. 이 기사를 읽고 나 자신을 돌아보지 않을 수 없었다.

나는 인간 수양이 부족하여 살아오는 동안에 겪었던 여러 사유로 분노하며 괴로워 한 적이 많다. 그러나 이제 세월의 흐름 속에 산화되어 희미해지기는 했지만 용서한다고 선언하고 잊은 적이 없다. 용서는 나에게 상처를 준 사람을 위해서가 아니라 나 자신을 위해 필요한 것인데 나는 용서를 못해 한동안 괴로워 했다. 지금도 기억이 되살아나 덮어진 상처를 덧나게 할 때도 있다.

어리석은 일임을 절감한다. 부모나 자식을 죽인 일도 아닌데 용서하고 털어내지 못하였으니 말이다. 오늘부터 나에게 상처를 안겼던 모든 사람을 용서하기로 하였다. 그들을 위한 것이 아니라 나 자신을 위해, 내 상처를 치유하기위해 용서한다고 마음을 다진다.

그래도 마음이 무겁다. 이 세상에는 나 때문에 상처를 받은 사람이 있을 것이기 때문이다. 나의 말 한마디 나의 어떤 행동이 누구에게 상처가 되었는지는 알 수 없다. 게다가 나는 신이 아니기 때문에 누구의 원망의 대상이 되고 있을 수도 있다. 모두에게 용서를 빌며 스스로를 돌아본다.

이제부터는 좀 더 남을 배려하고 공감하며 살자. 나의 생각만이 옳다고 고집하지 않고 상대방의 말이나 생각을 존중하는 마음 자세를 갖도록 노력하자. 언제나 나 자신을 돌아보자. 그리고 톨스토이의 다음 말을 되새기며 살아가자.

"그대에게 죄를 지은 사람이 있거든, 그가 누구이든 그것을 잊어버리고 용서하라. 그때에 그대는 용서한다는 행복을 알 것이다. 우리에게는 남을 책망할 수 있는 권리는 없는 것이다."

소통

이른 아침이어서 그런지 새들이 나뭇가지 사이에서 부산스럽다. 쉴 새 없이 움직이며 지저귀는 소리도 다양하다. 속삭이는 듯 지저귀는 새도 있고 야단치는 듯 큰 소리를 내는 새가 있는가 하면 즐거워서 노래를 부르는 것 같은 고운 목소리도 들린다. 그런데 예로부터 우리나라 사람들은 새들이 운다고 하였다. 그래서 옛 민요에도 "아침에 우는 새는 배가 고파 울고 저녁에 우는 새는 임 그리워 운다"고 하였다. 사람들 자신이 배가 고프고 떠나간 임이 그리운 것처럼 새들도 그럴 것이라 생각하였을 것이다.

사람들의 생각이야 어쨌든 새들은 지저귀고 있다. 지나가는 길손에게 즐거움을 주려고 노래하는 것이 아니라 그들의 살아가는 과정이요 방법일 것이다. 먹이를 보고 가족이나 동료를 부르는 소리도 있을 것이며, 짝을 찾아 유혹하는 사랑의 밀어도 있을 수 있고, 적이 나타났을 때 위험 경고도 있을 것이다. 때로는 자기 영역을 침범한 적에 대한 경고음도 낼 것이며 배부르고 한가한 때는 쉬면서 노래를 부를지도 모를 일이다.

그렇게 보면 새들의 지저귐은 그들 간의 의사소통을 위한 말이요 감정의 표현이라고 할 수 있다. 또한 고대사회에서 사람들은 새는 하늘의 뜻과 인간의 마음을 연결시키는 매개체로 인식했다. 즉 소통의 상징으로 생각했다.

소통이 무엇인가. 뜻이 서로 통하여 오해 따위가 없게 하고 덮이거나 막힌 것 없이 서로의 마음이 통하는 것이다. 사람과 사람 사이에 관계가 나빠지는 것도 서로의 생각이 잘 전달되지 않아 오해가 생기는 데서 비롯되는 것이다. 도로가 막혀 차량 통행이 원활하지 못하면 생활에 불편을 초래하고 혈관에 찌꺼기가 끼어 피의 순환에 장애가 일어날 때 건강에 적신호가 온다.

소통은 인간관계에서부터 자연의 순환에 이르기까지 상호 간에 막힘이 없이 소통될 때 조화로운 관계가 형성되지만 그 반대일 때 갈등과 분쟁 그리고 재난이 일어난다.

오늘날에는 소통의 문제가 가정에서부터 국가사회 전반에 걸쳐 문제가 되고 있다. 소통의 주요 수단은 말이나 글이다. 그 말이 외국어가 아닌 우리말인데도 소통이 안 된다고 아우성이다. 왜 안되는가? 자기 말만 하고 상대방의 말을 듣지 않기 때문이다.

귀 기울여 들으려 하지 않고 일방적으로 자기 주장만 하거나 상대방을 무시하여 아예 들으려 하지 않기 때문이다. 경청하는 자세가 없으면 상대방의 뜻이 정확히 전달되지 않고 그에 대한 반응도 엉뚱할 수밖에 없다.

소통하려면 말을 해야 하고 또 잘 들어야 한다. 더 나아가 상대방을 존중해야 한다. 상대를 존중할 때 마음이 담긴 진정한 말을 할 수 있고 귀담아 듣게 된다. 가정 내의 부부 간, 부모 자식 사이는 물론 친구 간이든 직장에서 상사와 부하 사이에도 마찬가지이다.

또한 다른 사람과의 진정한 소통을 하려면 나 자신과의 소통이 잘 되어야한다. 나의 생각이 옳은지를 생각하고 나의 생각을 상대방에게 어떻게 전달하고 또 상대방이 어떻게 받아들일지를 생각하고 다듬어야 한다. 다듬어지지 않은 말을 불쑥 내던질 때 상대방의 마음을 상하게 하고 불신을 키운다. 그리고 흔히 범하기 쉬운 잘못 중 하나가 남이 말할 때 중간에 끼어들어 말을 자르거나, 다 듣지도 않고 반박하는 것은 물론 상대방이 말할 기회도 주지 않고 혼자 떠드는 태도이다.

새들은 계속 지저귀고 있다. 듣는 나의 마음이 즐겁다. 새들은 의사소통에 문제가 없는 것 같다.

마음을 담은 선물

추석 선물을 받았다. 하나는 옛 직장에서 보내준 것이고 또 하나는 자동차 보험중개인이 보내준 것 이다. 잊지 않고 보내준 데 대해 고맙게 생각한다. 그러나 나는 보낸 곳이 없으니 사람 구실을 못하는 것 같다. 선물은 마음이 담길 때 보내는 사람은 즐겁고 받는 사람은 감동하게 된다고 생각한다.

80평생을 살아오면서 선물을 주기도 하고 받기도 하였다. 내가 보낸 선물을 받은 사람이 어떤 느낌을 받았는지는 알 길이 없으나 내가 받은 선물 중에는 지금도 잊지 못하는 선물이 있다. 내가 직장 생활을 할 때는 외국 출장 후 조그만 선물을 사와 부서의 직원과 윗사람 그리고 친한 친구 등에게 선물하는 게 관례인 때가 있었다. 직위에 따라 품목이 달랐으나 대체로 한 가지 품목을 일률적으로 나누어 주기도 하고 받기도 하였다. 여러 차례 받은 선물 중에서 아직도 기억에 남는 선물은 어느 부장이 중국 여행에서 돌아와 내게 준 붓 한 자루이다. 그 당시 나는 아침 일찍 출근하여 붓글씨를 연습하고 있었다. 나의 그런 모습을 눈여겨보던 그는 중국에서 붓을 보고 내 생각이 나서 특별히 사온 것이다. 그 붓은 여러 사람에게 일률적으로 나누어 준 선물이 아니라 나 한 사람만을 위한 마음이 담긴 선물이었던 것이다.

몇 년 전 매실 한 상자가 배송되어 왔다. 발송자를 찾아보니 40여 년 전

공직에 있을 때 같이 근무하던 친구였다. 고마운 인사를 하려고 전화를 했더니 그의 대답은 "산에 매실나무를 몇 그루 심었는데 금년에 첫 열매를 따면서 나와 함께 옛날 퇴근길에 소주 한잔 마시던 생각이 나서 한 상자 보냈으니 매실주 담아 마시면서 옛 친구 생각하라"고 보냈다는 것이었다. 매실주 한 잔을 마신 것처럼 마음이 따뜻해짐을 느꼈다.

30여 년 전 유럽에 출장 가는 길에 일본에 들른 적이 있었다. 12월 중순 경이었음에도 날씨가 춥지 않아 외투도 안 입고 저녁을 먹으러 호텔을 나와 식당가를 기웃거리는데 어떤 사람이 나의 등을 치며 반가워하는 사람이 있었다. 깜짝 놀라 자세히 살펴보니 초등학교 동창생이었다. 졸업한 지 30여 년만에 동경의 낯선 거리에서 만난 것이다.

그 친구는 내 옷차림을 보더니 자기를 따라 오라고 말하며 앞장서 걸었다. 따라갔더니 옷가게로 들어가 코트를 고르고 "이거 입어봐" 하는 것 이었다. 나는 "야, 왜 이래. 나, 코트 호텔에 벗어 놓고 나온 거야." 했더니 "30년 만에 만난 친구에게 자기가 코트 하나 사 주고 싶다"는 것이었다. 그 친구의 너무나 진지한 모습에 더 이상 거절하지 못하고 코트를 입고 나왔다. 그리고는 고향 사람이 경영하는 음식점으로 가서 오랜만에 회포를 풀었다. 그때 선물 받은 그 코트는 아직도 내 옷장에 걸려 있다. 많은 옷을 버렸지만 그 코트만은 버릴 수 없었다.

내가 받은 선물 중에서 가장 내 마음에 남아있는 선물은 호두 두 알과 성경책이다.

1960년대 중반 나는 폐 수술을 받기 위해 부산행 여객선에 몸을 실었다. 선실에 자리를 마련한 후 갑판으로 나왔다. 혹시나 하는 마음을 가지고 어떤 사람의 모습을 찾으려고 부둣가에 서 있는 얼굴을 둘러봤다.

그러나 배의 출항을 알리는 뱃고동 소리가 울릴 때까지 어디에서도 그 모습을 찾을 수 없자 다소 실망감을 안고 발길을 돌리는데 멀리서 내 이름을 부르며 달려오는 여인이 있었다. 막 배가 부두에서 떨어지기 전 건네주는 물건을 간신히 받았다. 고맙다는 인사말을 할 겨를도 없이 배는 멀어지고 그저 손만을 흔들었다.

선실에 들어가 봉투를 열어보니 호두 두 알과 성경책이었다. 호두알처럼 단단한 의지력으로 대수술에서 이겨 내라는 격려의 뜻과 하나님의 가호를 비는 뜻의 성경책이라고 생각되었다. 그 마음 씀이 너무 고마워 갑판 위로 나왔다. 날은 이미 저물어 사방이 어두운데 하늘에는 가냘픈 조각달이 외롭게 떠 있었다. 눈물이 주루룩 흘러내렸다.

수술은 성공적으로 끝났으나 응급실에서 화재 사건으로 위험한 고비를 겪었다. 수술 후 며칠간의 통증은 심했다. 나는 통증을 참으려고 호두알을 만졌고 작은 누나는 성경 구절을 읽어 주었다.

선물은 그 물건의 값이 아니라 주는 사람의 마음의 무게에 따라 그 가치가 결정된다는 것임을 오늘따라 더욱 절실하게 느낀다. 선물에는 정서적 가치가 포함되어 있다. 선물을 받는 사람은 그 선물이 꼭 필요해서 받은 것은 아니다. 따라서 선물의 가치를 실제 가격보다 낮게 평가할 수도 있다. 그러나 누가 왜 주었는지에 따라 선물의 가치는 달라진다. 선물에 담긴 배려와 감정이 선물의 가치를 달리한다고 생각한다.

감동을 주는 친절

기분 좋게 시원한 바람이 불고 있다. 하늘은 어제보다 더 파란 것 같고 나뭇잎들은 어딘지 모르게 싱싱함이 덜한 것 같다. 그러고 보니 오늘이 24절기상 백로이다. 더운 여름이 서서히 물러나고 가을이 가까이 오는 것 같다. 이마를 적시던 땀도 오늘은 수건이 필요 없을 정도이고 힘을 잃어 가던 날파리도 오늘은 만날 수 없다.

가쁜 숨을 몰아쉬면서 세 갈래 길이 나누어 지는 지점에 이르러 맞은편에 서 있는 나무를 보니 줄기에 하얀 표지가 붙어 있다. 못 보던 것이어서 가까이 가서 보니 〈약수터〉라고 쓴 글자 밑에 화살표가 그려져 있었다. 고마웠다. 가끔 산길에서 만나는 사람이 약수터가 어디냐고 물을 때 시원하게 대답을 못했다. 약수터로 가는 길은 나의 집과 다른 방향의 길이어서 잘 모르기 때문이다. 딱 한번 스쳐간 적은 있다. 이사 와서 처음 이 산을 오른 날 하산할 때 길을 잘못 들어 내려가다 바위 밑으로 물이 흐르는 것을 본 기억이 있으나 그것이 사람들이 찾는 약수터인지 확신할 수 없었다. 그리고 길을 잃고 헤매는 과정에서 지나가며 본 곳이기 때문에 거리가 얼마나 되느냐, 시간이 얼마나 걸리느냐 물으면 대답할 수가 없었다.

"이 쪽으로 쭉 내려가면 됩니다."하고 막연하게 대답하고는 기분이 찜찜했다. 좀 더 친절하게 "몇 미터 정도 더 가면 세 갈래 길이 있고 거기서 왼쪽 길로 빠지지 말고 직진하여 몇 미터만 더 가면 약수터가 있습니다."하고 자세하게 설명해 주어야 하는데 그렇지 못했기 때문이다. 분명 약수터를 찾는 사람은 나의 대답에 불쾌감을 느꼈을 것이다.

고마운 마음으로 다시 표지를 보았다. 거리 표시가 있을 것이라 생각했는데 거리 대신 회사 이름이 적혀 있었다. "아, 회사 이름을 알리기 위한 것 이었구나" 하는 생각에 친절성의 정도가 떨어지는 느낌이었으나 나로서는 그래도 고마운 일이다.

처음 가는 지역에서 길이나 건물을 찾는 경우에 지나가는 사람에게 물어보면 대부분이 이 지역을 잘 모른다고 대답하거나 아는 사람도 대체로 막연하게 알려 준다. 도로 구조가 서양처럼 블럭으로 나누어져 있는 것도 아니고 설명해 주는 방법도 서툴다. 요즈음 디지털 세대야 휴대폰만 있으면 쉽게 찾아가기 때문에 굳이 남에게 물을 필요가 없어서인지 젊은이 에게 물어보면 잠깐 서서 생각하다가 모르겠다고 하면서 지나가 버린다.

시골에 가도 마찬가지다. ㅇㅇ마을이 어느 쪽으로 가면 되느냐고 물으면 "쭉 가면 됩니다."고 대답한다. 쭉 얼마나 가야하는지 거리 개념도, 시간 개념도 없으니 막연할 때가 많다.

여러 해 전 프랑스에 출장간 적이 있다. 일행과 함께 호텔을 나와 거리 구경을 하고 저녁을 먹은 후 호텔로 돌아가려니 낮에 보던 거리와 밤에 보는 거리가 달라졌다. 동서남북 방향을 모르니 어느 쪽으로 가야 하는지 막연하였다. 기억을 되살리며 비슷한 길을 찾아갔으나 찾는 호텔은 어디에도 없었다.

지나가는 사람에게 물어보았으나 나의 영어가 시원치 않아서 못 알아듣는지 영어를 몰라서 그러는지 쳐다보고는 그냥 지나갔다. 밤이 점점 깊어 가는 파리의 거리를 우왕좌왕 헤매다가 천신만고 끝에 구세주를 만났다. 50대의 신사였다. 호텔 이름을 듣더니 자기가 안내해 주겠다며 가던 길과 반대 방향으로 앞장서 걸어갔다. 10여 분을 돌고 돌아 호텔 앞까지 안내해 주고는 좋은 밤이 되라고 말하고는 돌아갔다. 어둠 속으로 사라지는 그의 등을 향해 "탱큐"만 몇 번이나 외쳤다.

그 지역이 생소한 사람에게 말로 설명하기 어려움을 알고는 집에 가기도 바쁜 밤늦은 시간에 많은 시간을 할애하여 직접 안내해 주는 그 친절함을 지금도 잊을 수가 없다.

남의 딱한 사정을 이해하는 마음, 모르는 사람에게도 아낌없이 베푸는 친절함을 나는 갖고 있는가를 자문해본다.

내일은 일부러 약수터까지 가봐야 겠다. 어디에 어떤 모양의 약수터인지, 거리는 얼마나 되는지 알고 나서 약수터를 찾는 사람에게 자세히 알려주고 싶다.

사소한 일의 중요성

산에 비가 내리고 있다. 떨어지는 빗소리를 온몸으로 느끼며 한참 산길을 오르다 앞으로 넘어질 뻔하였다. 발밑을 보니 조그만 돌부리가 있었다. "사람이 넘어지는 것은 높은 산이 아니라 조그만 돌이다." 라는 힌두스탄 속담이 언뜻 머리를 스쳤다. 조그만 돌은 산길 어디에나 흔히 있는 작고 사소한 것이다. 무시하고 신경도 안 쓰는 하찮은 것이다. 이 사소한 돌부리 때문에 인적 없는 비 내리는 산길에서 다칠 뻔하였다.

좀 더 걸어가자 이번에는 걷기가 불편하다. 신발 속에 무엇인지 조그만 것이 있어 발을 땅에 디딜 때마다 발바닥이 아프다. 비가 쏟아지는데 신발을 벗고 털어내는 일이 귀찮아서 발바닥으로 이물질을 신발 한구석으로 밀어내며 그냥 걸었다. 그러나 다시 발바닥이 아파 걸을 수가 없었다. 어쩔 수 없이 우산을 내려놓고 비를 맞으며 신발을 벗어 손으로 더듬어 만져보니 콩알만한 돌 부스러기가 있었다. 이 조그만 돌 부스러기가 산을 오르는데 불편을 준 방해꾼이었다. 정말 작고 하찮은 것이다.

우리는 살아가면서 이런 작은 일 때문에 때로는 울고 때로는 웃는다. 그러나 그 사소한 것의 중요성을 잊고 사는 경우가 많다. 모든 일은 사소한 일이 모여 이루어진다. 지금 내가 오르는 산도 한 발짝 한 발짝을 옮겨야 정상에 이를 수 있고, 내가 하는 이야기도 한 마디 한 마디가 모여야 이야기가 된다. 한 발짝이 잘못되어 넘어져 다친다면 산에 오를 수 없고 말 한

마디가 달라지면 이야기 전체가 달라진다.

'나비효과'란 말이 있다. 중국 베이징에 있는 나비가 날개를 한 번 퍼덕인 것이 대기에 영향을 주고 이 영향이 시간이 지날수록 증폭되어, 긴 시간이 흐른 후 미국 뉴욕을 강타하는 허리케인과 같은 엄청난 결과를 가져온다는 것이다. 작은 사건 하나가 엄청난 결과를 가져온다는 뜻으로, 지구 한 쪽의 자연 현상이 언뜻 보면 아무 상관이 없어 보이는 먼 곳의 자연과 인간의 삶에 커다란 영향을 미친다는 이론이다.

사소한 일을 경시해서 낭패를 보는 경우는 우리의 일상생활에서 자주 겪는 일이다. 학교 운동장에 휴지 하나를 버리거나 줍는 사소한 행동 하나가 남에게 신뢰를 받을 수도 있고 잃을 수도 있다. 남녀 간에 사소한 말 한 마디로 사랑이 이루어지기도 하고 영원한 이별이 되기도 한다.

일상생활은 사소한 일의 연속 속에서 이루어진다. 절약하는 삶은 불필요한 전등 하나 끄고 수도꼭지 잘 잠그는 일 등 하찮은 일, 조그만 일을 바탕으로 하며 건강한 삶도 손 자주 씻고 이 잘 닦는 데서 비롯된다. 매일 책 한 장이라도 읽어야 책 한권을 읽을 수 있다.

미국의 석유재벌을 이룬 억만장자 록펠러는 은행에서 1센트를 떨어뜨려 그것이 굴러가는 것을 쫓아가다 의자 속으로 들어가자 손을 집어넣어 찾았다. 그런 모습을 본 사람이 억만장자가 1센트를 갖고 그러느냐고 말하자 록펠러는 많은 돈도 1센트가 모여 이룬다고 대답하였다.

우리가 잘 아는 뉴턴의 만유인력의 발견도 사과 한 알이 떨어지는 사소한 것을 사소하게 보지 않은 데서 비롯되었으며 프레밍이 페니실린이라는 항생제를 발견하여 수많은 생명을 구한 것도 흔히 있는 곰팡이를 하찮은 것으로 생각하지 않은 데서 시작되었다.

걷다 보니 비가 그치고 햇빛이 비친다. 거미줄에 매달린 물방울이 보석처럼 반짝인다. 길을 방해하는 거미줄을 우산으로 걷어 내려다 멈추었다. 나에게는 하찮은 것이지만 거미에게는 삶의 터전이다. 거미 목숨 하나는 나에게 중요한 것이 아닐지라도 거미에게는 전 우주보다도 귀중한 것이다. 나에게 사소한 것이라도 다른 이에게 사소할 수 없다.

사소한 것을 우습게 보지 말자. 사소한 일이 기본이다. 기본을 지키는 삶이 올바른 삶이다.

말 한 마디

동쪽 하늘이 유난히 붉다. 마치 먼 곳에서 큰 불이라도 난 것 같다. 떠오르는 해도 해맑다. 쌓였던 눈이 녹다가 얼어붙은 산길은 밟을 때마다 얼음 깨지는 소리가 산을 울린다. 인적이 없는 산길을 내려오다가 올라가는 사람을 만났다. 서로 "안녕하세요"하고 인사를 건네고 지나가면서 덧붙이는 그의 말, "미끄러우니 조심히 내려가세요!" "예"하고 대답하고는, 순간 나의 마음이 갑자기 따뜻해지면서 영하 10도의 추위가 사라지는 듯했다.

추운 겨울의 이른 아침 얼음이 깔린 산길을 내려가는 노인에게 해 줄 수 있는 말이 이것 이상의 긴 말이 무슨 소용이 있으며 이 말 이상 진정이 담긴 인사말이 있을 수 있을까? 적재적소의 알맞은 말이다.

말의 중요성을 생각해 본다. 말은 인간이 사용하는 약 중에서 약효가 가장 세고 말 한 마디가 세상을 지배한다고도 한다. 이 말은 긍정적인 동시에 부정적인 양면성을 갖고 있다. 내가 한 한마디 말이 듣는 사람에게 커다란 상처를 주는 무기가 되기도 하고 위로와 격려의 말이 되기도 한다.

말은 해야 할 때 하지 않으면 비겁하다 하고, 하지 말아야 할 때 하면 어리석다고 한다. 참으로 어렵다. 그러나 말을 안 해서 후회하는 것보다 해 버렸기 때문에 후회할 때가 더 많다. 그래도 말을 안 할 수가 없다. 말을 어떻게 하는 것이 좋은가를 고민해 본다.

말에는 기적이 따르고 어마어마한 창조의 힘이 있다고도 한다. 긍정적인 생각과 긍정적인 말을 하는 사람일 수록 더 강하고 밝은 세상을 살 수 있으나 패배 의식을 갖고 말로 그것을 표현하면 우리 행동은 그것을 따라간다고 한다. 자기 의지와 상관없이 말에 생명을 부여하게 된다는 것이다. 긍정적인 생각을 하고 긍정적으로 사물을 보며 긍정적인 말을 많이 하며 살아가자.

말을 할 때는 간결하게 마음을 담아 진정으로 하고 남에 대한 험담을 피하자. 험담은 하는 사람, 듣는 사람, 험담의 대상 세 사람을 다치게 하기 때문이다. 남이 하는 말을 중간에서 자르거나 말꼬리를 잡아 시비를 걸지 말고 진지한 자세로 다 들은 다음 자기의 의견을 말하고 상대방의 좋은 이야기에는 동의하고 찬사를 보내는 아량을 보이는 것이 좋다.

직장 생활을 할 때 특히 조심해야 할 태도는 상사와 대화할 때이다. 나서지 않을 때 끼어들어 말하면 가볍게 보이고 말을 해야 할 때 말하지 않고 가만히 앉아 있으면 무엇인가 숨기거나 업무 파악이 안 된 것으로 오인 받을 수도 있다. 묻는 말에 성의 있게 대답하되 너무 늦게 대답하거나 두서없이 애기하거나 많이 아는 체 하지 않은 태도가 바람직하다.

누구와 대화하든지 간에 상대방의 약점이나 감추고 싶어 하는 것을 건드리지 않는 것이 좋다. 이른바 역린(逆鱗)은 건드리면 안 된다. 역린은 옛날 전제군주에게만 있는 것이 아니라 모든 사람이 가지고 있다. 역린을 건드리는 것은 그 사람의 상처를 덧나게 하는 것과 같다.

말을 가려하는 것과, 안 하는 것은 다른 문제이다. 말은 해야 한다. 축복은 말로 표현하기 전에는 축복이 아니라는 말이 있다. 고마우면 그 마음을 표현해야 고마워하는지를 알 수 있다. 말을 하되 상대방의 마음을 다치게 하는 말을 삼가고 상대방의 말을 귀가 아니라 눈으로 듣는 자세를 가질 때 상호 간에 이해의 폭이 넓어질 것이다.

말 한마디가 천량 빚을 갚는다고 한다. 한마디의 말이 사람의 마음을 감동시킬 수 있음을 느끼게 하는 아침이다.

누에는 자기 입에서 나온 실로 집을 짓고 사람은 자기 입에서 나온 말로 자신의 삶을 경영한다. - 플로랑스 스코네 쉰

꽃피는 봄날은 너무나 짧다

진달래꽃 위로 검고 통통한 벌이 붕붕거리며 날다가 꽃 속으로 머리를 처박고 꿀을 빨고 있다. 진달래꽃은 마치 이 산의 주인은 나라고 자랑하듯 곳곳에 무더기로 피어나 그 화사함을 뽐내고 있다. 그러나 그 아름다움은 며칠이면 끝날 것이다. 이 봄 처음 피어나 사람들의 시선을 사로잡던 샛노란 생강 꽃은 이미 시들어 그 존재감을 잃어버렸다.

시간의 흐름 속에 변하지 않는 것이 없고 시간을 이겨낼 존재는 이 세상에 없음을 절감한다. 지금 내가 걷는 한발 한발마다 시간은 지나가고 이 시간은 나로서는 영원히 다시 경험할 수 없는 시간이다. 이 순간의 의미를 생각하며 주위를 둘러본다. 안개 속에 서 있는 나무들, 그 사이를 날고 있는 새들, 힘차게 돋아나는 새싹들이 새로운 의미를 가지고 눈앞으로 다가온다.

순간순간 쉴 새 없이 지나가고 있는 시간, 그 시간이 쌓여 올해도 100일이 지나 버렸다. 내게 남아 있는 시간의 잔고도 그만큼 줄어들었다. 이제 나에게 남아 있는 잔고는 얼마나 될까? 매 분, 매 시간, 매일 줄어들기만 하는 시간은 빌려주는 은행도 꾸어 줄 이웃도 훔쳐올 수도 없는 희소 자원임을 절감한다.

산길을 오르는 이 순간은 흘러감으로써 두 번 다시 만날 수 없고 돌아서서 불러올 수도 없다. 시간을 파는 가게가 없으니 흘러가 버린 시간, 부족한 시간을 살 수도 없다. 나의 시간 잔고에서 잠자는 시간을 빼어버리면 깨어있는 시간은 그만큼 줄어든다. 매 순간 매 순간의 의미와 중요성을 뼈저리게 느낀다.

지난날을 돌아본다. 시간의 빠름과 중요성을 배웠다. 명심보감의 구절도 외우고 있다.

'소년은 늙기 쉽고 학문은 배우기 어려우니 짧은 시간이라도 가벼이 여기지 말라. 아직 못가의 봄풀은 꿈에서 깨어나지 못했는데 어느덧 세월은 빨리 흘러 섬돌 앞의 오동나무는 벌써 가을 소리를 내는구나.'

'오늘 배우지 아니하고서 내일 있다 말하지 말며, 올해에 배우지 아니하고서 내년 있다고 말하지 말라. 날과 달은 가느니라. 세월은 나를 위해 더디 가지 않느니라. 아! 늙었도다 이 누구의 허물인고.'

모두가 시간은 빨리 지나가니 가벼이 여기지 말라. 시간을 헛되게 보내 배울 때 배우지 아니하면 지나간 다음에 후회하게 된다는 가르침이다.

나 나름대로 시간을 붙들고 싸우기도 하였다. 그러나 어영부영하다보니 어느덧 나이 80이 되고 말았다.

어린 시절 그렇게 늦게 가던 시간이 지금은 눈 깜빡하면 한 시간이 지나가고 기지개 한 번 하면 하루가 지나가는 느낌이다. 후회한들 흘러간 시곗바늘을 돌릴 수도 없고 땅을 친들 시간이 나를 기다려 주겠는가? 이제 내가 할 수 있는 일은 시간을 가장 효율적으로 사용하는 일이다.

첫째, 순간순간을 충실하게 살자. 오전에 할 일을 오후로 미루지 말고 오늘 할 일을 내일로 미루지 말자. 내일로 미루면 모레로 미루게 된다.

둘째, 작은 일을 키워 큰일을 만들지 말자. 몸이 아프기 전에 예방하고 아프더라도 초기에 진단하고 치료하여 병이 커진 후에 병석에 누워 시간을 허비하는 일이 없도록 노력하자.

셋째, 미리 대비하고 준비하는 삶이다. 닥치는 대로 살면 시간의 낭비가 많다. 생활에서 필요한 소모품은 항상 예비 량을 비치해 두었다가 필요할 때 쉽게 조달함으로서 다 쓴 후 급히 사러 다니느라 소요되는 시간과 불편을 줄이자. 준비하고 대비할 때 타이밍을 놓치지 않는다. 타이밍을 놓치고 나중에 하려면 몇 배의 시간이 더 걸린다.

넷째, 일의 뒤처리를 잘해야 한다. 뒤처리가 깔끔하지 못하면 다시 해야 하는 일이 발생하고, 정리 정돈을 잘 못하여 물건을 아무 데나 두면 찾는 데 시간이 걸린다.

다섯째, 어떤 일을 하든지 집중력을 높여야 한다. 노는 것인지 일하는 것인지 어중간한 자세나, 술에 물탄 듯 물에 술탄 듯 한 목적의식이 불분명한 태도는 안 된다. 시간을 가벼이 여기고 효율적으로 사용하지 않는 것은 죄라고 할 수 있다. 시간의 생산성을 높여야 한다.

지금도 시간은 흐르고 있다. "우리의 삶은 모든 순간이 첫 순간이고 마지막 순간이며 유일한 순간이다."는 교황 바오로 6세의 말을 마음에 새기고 살아가자.

세상에 공짜는 없다

나이가 들수록 우리말과 문법구조를 달리하는 외국어를 공부하는 것이 치매 예방을 위해 좋다고 한다. 그래서 나는 매일 산길에 오르기 전에 일간신문의 외국어 공부란을 먼저 본다.

오늘은 영어의 No pain, No gain과 관련된 문장을 입속으로 중얼거리며 산길에 나섰다. No pain, No gain!, 고통이 따르는 노력이 없이는 아무것도 얻을 수 없다는 말은 사자성어인 무한불성(無汗不成) 즉 어떠한 일이든 땀을 흘리지 않으면 이룰 수 없다는 말과 같은 뜻이라고 생각된다.

숨을 헐떡이며 땀을 흘려야 산을 오를 수 있고 시간과 돈과 노력이 투입되어야 뜻한 바를 이룰 수 있다. 고진감래(苦盡甘來)이다. '세상에는 공짜가 없다.'란 말도 같은 뜻이라 생각한다. 내가 생활의 신조로 삼는 말이다. 이 말처럼 깊은 의미를 가진 말이 없다고 생각한다. 그 유래부터가 울림을 주는 말이다.

옛날 어느 나라의 임금이 신하들에게 만백성이 생활의 신조로 삼을 만한 좋은 말을 만들어 보라고 지시하였다고 한다. 신하들은 머리를 맞대고 토의에 토의를 거듭하여 100가지의 금과옥조가 될 만한 말을 선정하여 왕에게 보고하였다. 왕은 신하들이 올린 보고서를 읽어 보고 이 많은 것을 백성들이 어떻게 지키며 살 수 있느냐며 줄여보라고 지시하였다. 신하들이 10가지로 줄여 보고하자 임금은 이것도 많으니 한마디로 줄이라고 지시하였다. 그래서 압축한 말이 '세상에는 공짜가 없다.' 였다고 한다.

요즈음에는 '세상에는 공짜 점심은 없다'처럼 좁은 의미로 그리고 약간은 부정적인 의미를 내포하여 경계하는 경우에 많이 사용되는 것 같다. 그러나 나는 세상에 공짜가 없다는 말의 의미를 매우 깊고 넓게 생각한다.

지금 나는 산을 오르며 따뜻한 햇빛, 신선한 공기, 즐거운 새소리, 싱그러운 녹음 속을 걷고 있다. 다리가 아프고 땀을 흘리는 수고가 있기에 이 많은 혜택을 누릴 수 있고 건강을 얻을 수 있는 것이다. No pain, No gain을 다시 중얼거린다. 외국어 공부나 어떤 공부도 많은 시간과 노력이 들어가야 잘 할 수 있다. 건강한 신체를 유지하려면 절제 있는 생활과 적당한 운동을 해야 하며, 가난을 벗어나려면 부지런히 일하고 아껴 써야 한다.

사회 생활이나 인간관계도 마찬가지다. 내가 남을 사랑하고 존중해야 남도 나를 사랑하고 좋아한다. 내가 믿어야 남도 믿어주고 내가 정을 베풀어야 그 정이 돌아온다.

내가 땀 흘리지 않고 좋은 일을 기대하는 것은 도둑의 마음이다. 땀을 흘려야 정상에 오를 수 있기에 나는 지금 한발 한발 옮기고 있다.

꾸준히 하면 끈기가 자란다

지난 10여 일간 산길에서 만나던 사람을 오늘은 못 만났다. 어제만 해도 땀을 비 오듯이 흘리면서 산을 오르던 그였는데 궁금하다. 내가 그 분에게 관심이 가는 것은 어쩌면 나로 인해 아침운동에 나선 것이라고 짐작되기 때문이다.

10여 일 전 텃밭에서 자주 만나는 아주머니가 산에서 내려오는 나에게 인사를 하면서 하는 말이 "아이고 이 아저씨는 눈이 오나 비가 오나 매일 산에 다니니까 이렇게 건강한데 우리 아저씨도 …" 그 후 그녀의 남편 되시는 분을 산길에서 만나게 되었다.

체격이 크고 몸이 다소 뚱뚱하여 걷기가 불편한 듯, 산길 중간에 있는 비교적 평평한 구간을 왕복하며 컨디션을 조절하더니 2~3일 전부터는 더 높은 곳까지 올라갔다 내려오는 것을 볼 수 있었다.

비록 낮은 산이지만 평소 안 하던 등산을 10여 일 계속하면 몸살이 날 수도 있고 오늘처럼 기온과 습도가 높고 흐린 날에는 아침에 일찍 일어나는 것이 힘들어 안 나왔을 것이라고 생각하면서도 혹시 포기하지 않았을까 하고 공연한 걱정이 되기도 한다.

이 산을 매일 아침 오르내린지가 근 8년이 지나는 동안 많은 사람을 산길에서 만났다. 그러나 지금까지 계속 만나는 사람은 한 사람도 없다. 어떤 사람은 1주일이나 열흘쯤 보이다가 안 보이고 어떤 사람은 몇 개월, 길게 만나면 2년 정도이다. 아침 운동이든 무엇이든 꾸준히 오랫동안 지속하는 것은 쉬운 일이 아닌 것 같다.

나는 지금까지 아침 운동을 직장에서 퇴직 후 근 20년을 지속하고 있으며, 좌란 30년, 우란 30년을 연습해야 한다는 난초 그리기도 10년 이상 지속하고 있다. 이런 일을 계속하는 것은 꼭 재미있어 하는 것도 아니고 재능이 있어 남들보다 잘 해서 하는 것도 아니다. 하기로 마음먹고 시작했으니 하는 것이며 어렵기 때문에 하는 것이다. 이런 것을 통해서 나와의 싸움을 하는 것이다. 나의 의지력과 인내심, 지구력을 키우는 것이다.

인내심과 끈기는 타고난 것이라기보다 삶의 과정을 통해 부딪히는 어려움과 싸우면서 길러지는 것이라고 생각한다. 지구력은 어렸을 때부터 길러져야 한다. 책 한 권을 읽기 시작하면 끝까지 읽는 데서부터 길러진다. 일단 시작한 일을 끝마치는 일들이 계속될 때 습관으로 굳어지고 끈질긴 성격으로 변하는 것이다.

끈기는 무엇이든 시작하면 꾸준히 지속하는 것이다. 꾸준히 하려면 지나친 욕심을 부리거나 무리하게 해서는 안 된다. 산길에서 느끼는 일이지만 처음 산에 나온 사람이 오르막길을 계속하여 뛰면 그 사람은 2~3일 후에 다시 볼 수 없고, 운동 효과를 높이려는 듯 동물처럼 기어 다니는 사람은 다른 사람에게 혐오감을 줄뿐만 아니라 그 자신도 무리를 하였는지 곧 산길에서 사라지곤 하였다.

꾸준히 하려면 자기가 감당할 수 있는 정도에서 시작하여 조금씩 늘려야 하고 무리함으로써 부작용이 발생하여 포기하는 것은 현명한 방법이 아니다. 꾸준히 한다는 것은 자기와의 싸움이다.

한 가지 일을 지속하다 보면 싫증이 나고 재미가 없어져 포기하고 싶어진다. 하루를 쉬면 이왕 쉬는 김에 며칠 더 쉬고 다음 날부터 다시 시작하겠다고 미루는 순간 더 지속하기는 어려워 진다. 쉬거나 포기할 이유나 핑계거리를 만들어 자기합리화를 하는 것은 자기와의 싸움에 지는 것이다.

포기하지 않고 오래 지속하려면 그 일을 하루에 해야 할 일 중에서 우선순위를 앞으로 끌어 올려야 한다. 다른 일을 하고 여분이 있을 때 하려고 한다면 그 일은 지속할 수 없다. 그 일부터 하고 다른 일을 할 때 지속가능하다. 하나의 예가 될 수 있을지 모르지만 나는 매일 아침 산에 오르는 것을 지속하기 위해 원칙을 정했다. 그 원칙은 미세먼지의 농도가 매우 나쁨인 경우, 천둥 번개가 치는 날, 나무가 부러질 정도의 태풍, 기온이 영하 20도 이하의 경우에는 산에 오르지 않는다. 여기에 해당되지 않은 날에는 이유 없이 산에 오르고 있다. 그리고 아침 일찍 끝냄으로써 다른 일을 하는데 지장이 없도록 한다. 이 원칙을 지킴으로써 여행을 가거나 몸이 매우 불편한 경우를 빼고는 계속 산길을 걸을 수 있다고 생각한다.

어떤 일이든 남이 시켜 마지못해 하는 일은 오래 지속할 수 없다. 스스로 판단하고 결정하여 실행에 옮기는 주체적 행위가 되어야 한다. 작은 목표를 세워 실천하는 과정이 지속될 때 인내심도 끈기도 강해질 것이다.

이른바 '1만 시간의 법칙'도 하루에 3시간씩 10년을 꾸준히 해야만 한 가지 재능을 숙달시킬 수 있다는 뜻이다. 끈기 없이 이루어질 수 있는 일은 없다.

막걸리 한잔

"아저씨, 막걸리 한 잔 하실래요?" 오르막길을 숨 가쁘게 올라 쉼터에 이르자 벤치에서 배낭 속의 물건을 꺼내던 한 남자가 건넨 말이다. 느닷없는 소리에 걸음을 멈추고 "아니, 사양하겠습니다."하고 지나쳐 걸어가면서 생각하니 모처럼의 호의를 거절하여 미안한 마음이 들었다. 얼핏 본 바로는 술꾼은 아닌 것 같고 물대신 막걸리를 갖고 와 마시려는데 마침 지나가는 사람이 있으므로 나누어 마시며 인사를 나누고 싶었던 것이었으리라 짐작되었다.

나도 막걸리를 좋아한다. 특히 높은 산을 오를 때 산 중턱에서 노점상이 파는 한 잔의 막걸리는 그야말로 천하일미다. 땀을 흘린 뒤의 갈증과 약간의 허기를 덜어주기 때문이다. 그리고 매일 저녁밥을 먹기 전 막걸리 한 잔을 마신다. 김치냉장고에서 적당히 차가워진 한 잔의 막걸리를 조금씩 마시며 하루의 피곤을 씻어낸다. 차가운 막걸리가 주는 청량감이 목젖을 타고 넘어 위를 자극해 주면 밥맛이 좋다. 약간의 알콜은 혈액순환을 촉진하고 특히 막걸리에는 유산균이 많이 포함되어 있다고 하니 한 잔의 막걸리는 나의 신체적 정신적 건강에 기여하고 있다고 생각한다.

내가 마셔온 술 중에서 가장 많이 마신 술은 역시 막걸리이다. 1960년대 학교 교사로 있을 때는 쌀이 귀한 때여서 밀가루로 만든 것을 마셨다. 당시 술은 국가의 허가 없이 개인이 술을 빚을 수 없었으므로 몰래 만들어 음식점에서 팔았다. 그래서 누룩 대신 카바이트 등 화학약품으로 발효시키고 향미용 약재를 섞은 향긋한 냄새가 풍기는 막걸리를 마셨다. 퇴근길에 동료 선생님들과 함께 하루의 피로를 풀고 목에 낀 분필 가루를 씻어 내리며 담소하는 일은 즐거운 일이었다. 그러나 화학약품 등 불순물이 많이 섞인 술이어서 조금만 과음하면 두통에 시달리곤 하였다.

1970년대 중반이후 통일벼가 개발되어 쌀의 생산량이 늘어나자 개인이 가정에서 막걸리를 담가 마시는 것은 허용되었으나 남에게 팔지 못하게 시장에서 파는 누룩에 물감을 들여 그 누룩으로 만든 술은 보라색을 띠었다. 나는 집에 아내가 담가 놓은 막걸리를 자랑하고 싶어서 직장의 직원이나 친구들과 술을 마실 때 2차로 우리 집으로 초대하여 조그만 항아리의 막걸리를 퍼내 순수한 우리 쌀로 만든 진짜 막걸리라고 자랑하면서 마시고는 하였다.

나의 막걸리 인생에서 가장 잊지 못하는 맛은 군대 시절에 마신 막걸리이다. 1961년 2월, 내가 근무하던 부대는 후방 사단이어서 전방 사단과 임무교대를 위하여 홍천에서 화천으로 부대이동을 하였다.

헌병의 임무 중 하나는 부대 이동 시의 교통 통제와 정리이다. 화천군 풍산리의 한적한 군사도로 위에서 부대이동 차량에 수신호를 보내며 이동을 돕고 있었다. 끝없이 계속되는 병력과 장비 이동 차량이 만들어내는 먼지와 매연 그리고 차가운 칼바람 속에서 몸은 지치고 배는 고프며 목은 말랐다.

한 단위 부대가 지나가고 다음 부대가 오기 전 잠깐 지친 다리를 쉬려고 길가의 바위에 엉덩이를 붙이려는 순간 갑자기 "어, 젊은이! 고생이 많네, 잠깐 이리 오게" 하며 수염이 하얀 노인이 사립문 밖에 나와 손짓을 하였다. 영문도 모르고 노인이 부르는 곳으로 갔더니 툇마루에 주전자와 대접 그리고 화로 위에는 냄비가 끓고 있었다. "이거 우리 집에서 담은 막걸리일세, 한잔 하게나."하며 대접 한 가득 따라주었다. "천천히 마시게. 이건, 김치찌개일세. 젊은이가 장시간 추위 속에서 고생하는 것을 보니 마음이 안되어 내가 준비한 것일세. 마시게, 차가 오는지는 내가 밖에 나가 볼 터이니 안심하고 마시게" 하고는 밖으로 나가셨다.

군인이 그것도 헌병이 부대 이동이라는 작전 수행 중에 근무지를 벗어나 술을 마신다는 것은 영창감이다. 그러나 먼지와 매연 속에서 호루라기를 불며 교통정리를 하느라 입술은 마르고 목은 칼칼하고 허기와 추위는 심했다. 더구나 그 할아버지의 따뜻한 마음과 손길 앞에서 "안 됩니다 근무 중입니다" 하는 소리가 나오지 않았다. 두 손으로 막걸리 잔을 들고 천천히 마셨다. 목 줄기를 타고 내리는 그 시원한 맛, 그리고 돼지고기를 넣고 끓인 구수하고 따뜻한 김치찌개, 가슴이 따뜻해지며 갈증과 허기가 사라지는 기분을 느꼈다. 막걸리 한 잔을 마시고 서둘러 뛰어나와 보니 아직 다음 차량 행렬은 도착하지 않았다. 할아버지에게 "정말 고맙습니다. 잘 먹었습니다." 몇 번 고개 숙여 인사하고 다시 먼지 속에서 호루라기를 불었다.

헌병제복을 입고 근무 중인 군인이 한적한 시골 농가 마당에 서서 할아버지가 직접 지은 쌀로 만든 막걸리를 손수 따라주는 그 따스한 마음과 함께 마신 한잔의 막걸리 맛은 60여년이 된 오늘까지 잊을 수가 없다.

그 고마운 할아버지는 이미 하늘나라로 가셨겠지만 그분의 따사로운 마음은 막걸리를 마실 때 마다 되살아난다. 그러나 막걸리도 술이다. 술은 한 두 잔일 때는 보약이 되지만 과음하면 화를 불러오는 요물임을 잊지 말아야 한다.

인간관계

눈이 많이 내렸다. 어린 잣나무들이 눈의 무게를 이기지 못하고 허리가 휘어져 산길을 막고 있다. 허리를 굽혀 잣나무 밑을 지나고 생각하니 남에 대한 배려가 부족함을 느꼈다. 몇 걸음을 돌아와 지팡이로 쌓인 눈을 털어주자 나무는 본래의 바른 모습으로 돌아와 생기를 찾았으나 나는 눈 벼락을 맞았다. 약한 가지들의 눈을 털어주며 산길을 오르면서 내가 하는 행동의 의미를 생각해 본다.

"왜 나는 떨어지는 눈을 뒤집어쓰며 나무의 눈을 털어주고 있을까?" "어린 잣나무가 꺾어지지 않도록 도와주려는 배려이다." "왜 배려해야 하나?" "이 나무들은 나와 매일 만나는 나무들이다. 이들은 나에게 신선한 산소와 피톤치드를 주고 이 산을 아름답게 만들고 있다. 특히 이 삭막한 겨울 산에서 늘 푸름으로 나에게 위안을 주고 추위와 어려움에 굽히지 않는 의연함을 가르쳐 주고 있다. 이 나무들은 나의 친구이며 스승이고 때로는 보살펴 주어야 할 아이들이다. 어려운 처지에 있는 친구를 못 본 채 지나가는 것은 사람의 도리가 아니며 내가 만일 이들이 길을 방해한다고 눈을 흘기며 불평하거나 귀찮다고 꺾어버리면 앞으로 이 나무들과 좋은 감정을 가지고 매일 만날 수가 없을 것이다."

관계라는 것을 생각해 본다. 우리의 삶은 관계 속에서 이루어진다. 헤아릴 수 없이 많은 사물과 관계를 맺고 많은 사람들과의 인연 속에서 살아간다. 특히 사람들과의 관계인 인간관계는 우리 삶의 행복과 불행, 성공과 실패와 직접적인 관련이 있다.

인간관계는 보는 각도에 따라 여러 가지로 분류할 수 있으나 가족 관계, 친구 관계, 직장에서의 상하 관계 등으로 나누어 볼 수 있다. 가족 간의 관계는 인류의 시작이므로 가장 중요한 관계이다. 가족 간의 인간관계가 원만하지 못하면 삶의 기초가 무너지는 것과 다름없다. 모든 관계는 가장 가까운 데서부터 시작된다. 가장 가까운 사람은 부부 관계요 부모 자식 간의 관계다. 이 관계가 삶의 행복과 불행을 좌우하는 기본이다.

부부 관계는 상호 믿음이 있어야 한다. 믿으려면 비밀이 없어야 하고 중요 의사결정은 공동으로 함으로써 주인의식을 공유해야 한다. 부모와 자식 간의 관계는 애정을 바탕으로 한다. 상호 간에 인격이 존중되어야 좋은 감정이 조성되고 상호 간에 좋은 감정을 가질 때 화목한 가정을 만들 수 있다. 부모는 자녀의 모범이 되어야 하고 부모의 질책이 자녀를 위한 것임을 자식이 납득할 때 자녀는 부모를 존경하게 된다. 감정 관리가 매우 중요한 요소이다.

많은 사람들이 직장 생활을 한다. 부하로서 상사와 좋은 관계를 유지하려면 상사의 인정을 받아야 한다. 그러려면 일을 잘해야 한다. 일을 잘한다는 것은 맡겨진 일을 정해진 시간 이내에 끝내고, 품질 좋은 결과물을 내 놓는 것이다. 시키는 일만 하기보다 상사가 지시하기 전에 미리 준비하는 자세와 관계부서 또는 동료의 협조를 얻어내는 능력이 있어야한다.

직장에서 상사와 좋은 관계를 유지하지 못하면 직장 생활을 유지하기 어렵다. 아무리 어려운 상사라도 능력이 있고 겸손하고 성실한 부하를 미워할 상사는 없다.

윗사람은 업무 처리 능력과 인격적인 면에서 부하로부터 신뢰를 받아야 한다. 과제를 줄 때는 일의 내용과 방향이 정확해야 한다. 엉뚱한 일을 시켜 헛수고를 만들면 부하의 신뢰를 잃고 부하가 믿지 않으면 통솔할 수 없다. 상사는 부하를 키워주려고 노력하며 일의 성과는 부하에게 돌리고 부하의 능력을 조직의 장에게 보여줄 기회를 만들어 주어 자신감을 갖게 하여야 한다. 그러면 그는 그 상사 밑에서 일하는 것을 자랑으로 여기게 된다.

동료 또는 친구와의 관계의 바탕은 배려이며 상대방의 입장을 이해하는 자세이다. 때로는 양보하고 손해를 감수하는 마음을 가져야 한다. 동료보다 능력이 있다고, 학벌이 좋고 경력이 많다고 자만하거나 상대방을 경시하는 언행은 안 된다. 말을 신중히 하고 상대방이 없는 자리에서 장점을 말해 주면 그는 고마워하고 우애는 깊어진다.

그러나 모든 사람에게 천사가 될 수 없다. 옳고 그른 것을 분별하고 가까이 하고 멀리할 사람을 구별하는 안목이 있어야 한다. 중국의 초·한전에서 유방을 도와 초(楚)의 항우를 물리쳐 한(漢)을 건국하는데 일등 공신이 된 장량(張良)은 한의 고조 유방이 큰 벼슬을 주는 것도 사양하고 산속으로 몸을 숨기며 아들들에게 정자에 걸 현판을 써 주었다. 그 현판에는 방원각(方圓閣)이라 쓰여 있었다. 방과 원은 각지고 둥근 것이다. 정사각형이 누적되면 원을 이룬다. 둥근 것은 가득한 것, 둥근 것은 때로는 텅 비어 있을 수도 있다. 비어 있지 않고서는 들어갈 수 없고 가득하지 않고서는 이길 수 없다. 가득해야 할 때 가득할 줄 알고 비어 있어야 할 때 모든 것이 들어올 수 있도록 비어야 한다. 모질 때 서리같이 모질 줄 알아야 하고 둥글 때 한없이 둥글 줄 알아야 한다.

세상에는 공짜가 없다. 남편이 잘해야 아내가 잘하고 부모가 잘해야 자녀도 잘하려고 노력한다. 어떤 상사나 부하도, 동료나 친구도 성실하게 대하는 사람을 싫어할 사람이 없다. 미소를 보내면 미소가 돌아온다. 인간관계는 감정을 끈으로 하여 연결 된다. 그 감정은 부정의 감정인 시기, 질투, 불만, 증오가 아니라 긍정의 감정인 사랑, 이해, 배려, 감사, 존중의 감정이다.

이 아침 나무의 눈을 털어 주며 지난날의 경험을 되새겨 보았다.

다람쥐들의 낙원을 꿈꾸며

산길 초입에 도토리 한 알이 떨어져 있다. "아, 그 놈 성질이 급하군. 아직 가을도 오지 않았는데 벌써 익어 떨어지다니." 중얼거리며 주워 들어 제대로 익은 것인가를 확인하고는 숲속으로 던졌다. 다람쥐가 먹거나 다음해 새싹으로 태어나기를 기대하기 때문이다.

조금 더 산길을 오르자 '뚝'하는 소리와 함께 도토리 한 알이 떨어져 땅위를 굴렀다. "이것 봐라" 하며 다시 주워 보니 제대로 익은 놈이다. "아! 가을이 오는가 보다, 가을이 멀지 않음을 알리는 선발대인가? 이제 더위도 그 힘을 잃을 날이 멀지 않았군."

땀을 훔치며 언덕 위로 올라서자 어떤 남자가 검은 비닐봉지를 들고 산길과 숲속을 왔다 갔다 하면서 도토리를 줍고 있었다. "야, 이 사람 봐라, 행동 하나는 빠르군" 한편 놀라면서 또 한편 얄미운 생각이 들었다. 다람쥐들이 먹어야 할 식량을 훔쳐가는 도둑처럼 느껴졌기 때문이다.

나는 몇 년간 이산을 오르내리면서 언제나 아쉽게 생각하는 것은 네발달린 동물의 숫자가 적은 것이다. 고라니가 뛰는 것을 보았으나 그 수는 매우 적은 것 같고 청설모는 가끔 눈을 마주치는 일이 있으나 다람쥐는 일년에 몇 번 볼 정도이다. 어쩌다 다람쥐가 길을 가로질러 가는 것을 보면 그 날은 뭔가 좋은 일이 생길 것 같은 기분마저 든다.

이 산에 있는 나무의 60% 정도는 도토리가 열리는 참나무들이다. 상수리나무, 굴참나무, 떡갈나무, 신갈나무, 갈참나무, 졸참나무 등 종류도 다양하다. 나무의 종류에 따라 잎 모양, 거죽의 무늬, 열매의 모양이 각각 다르다. 그러나 토양이 척박해서인지 도토리는 많이 열리지 않아서 안타깝게 생각하고 있었다.

그런데 올해는 열매가 제법 많이 달렸다. 큰 나무든 작은 나무든 도토리를 많이 매달고 있어 다람쥐들이 풍성한 가을을 즐길 수 있을 것 같은 기대감을 갖고 있었다. 자연 속에서 살아가는 동물들의 생태를 보면 먹이가 풍성한 해에 번식을 많이 하여 개체수를 늘리고 있음을 알 수 있다. 때문에 도토리가 많이 열린 금년에 번식을 많이 하여 새해에는 숲속 이곳저곳에서 다람쥐가 달리는 생기 넘치는 광경을 기대한 것이다. 그러나 사람들이 벌써부터 도토리 줍기에 나서면 나의 작은 소망은 물거품이 될 것 같다,

도토리의 원산지는 인도나 중국 남부인데 우리나라에 들어온 것은 삼국시대부터라고 한다. 2천년의 긴 역사를 지내오는 동안 흉년에 우리 조상님들의 주린 배를 채워주는데 크게 기여하여 왔으며, 부드러운 식감과 맛으로 우리들에게 친숙한 먹거리이기도 하다. 그러나 건강식도 좋고 별미도 좋지만 그것을 주식으로 살아가는 다람쥐도 좀 생각해 주었으면 한다.

서양에서는 참나무가 정원수로도 사랑받는다고 한다. 우리 아파트 단지에도 몇 그루 심어 여름에는 그늘을 만들고 가을에는 도토리를 떨어뜨려 다람쥐들이 숨박꼭질하는 자연친화적 환경을 만들었으면 하는 순진한 꿈을 꿔 본다.

여기저기 떨어져있는 도토리를 주워 숲속으로 던졌다. 다람쥐가 찾지 못하면 뿌리를 내려 우람한 참나무로 자라길 기원하면서.

요행을 기대하지 않는다

신문 1면에 제법 큰 활자로 〈중국 증시 블랙 먼데이, 하루에 8.5% 폭락〉 기사가 실렸다. 중국 증시가 크게 하락함에 따라 우리나라를 비롯한 일본, 홍콩, 대만 등 아시아 증시도 크게 하락하였다고 기사는 전하고 있다. 이 찌는 듯한 여름 더위에 가슴 태우는 사람들의 처지가 어떨까를 생각해 본다.

나는 주식에 투자하지 않는다. 증권시장의 가격 변동을 합리적으로 예측할 수 없고 마치 요행을 바라는 심리가 깔려 있기 때문이다.

회사에 몸담고 있을 때 회사의 주식을 증권시장에 상장시키고 그 후 증권 관련 업무를 담당하며, 주식가격의 움직임을 살펴보니 회사의 주가는 경영 실적과는 다르게 움직였다.

퇴직 후에 마음 크게 먹고 성장이 예상되는 회사에 소액이나마 투자를 해 보았으나 원금을 회수하기도 어려웠다. 더욱이 배포가 작은 탓에 적은 돈을 주식에 투자해 놓고 하루에 몇 백 원 오르고 내리는 것에 신경 쓰며 TV 화면의 시세란을 살피는 내 몰골이 스스로 생각해도 처량하게 보여 그만두었다.

주식을 산다는 것은 그 회사의 일부를 산다는 것이다. 즉 주주가 된다는 뜻이다. 주주는 회사의 경영 성과에 따라 이익을 배당 받는다. 그러나 일반 주식 투자자들은 배당보다 주가의 시세 차익에서 생기는 이익을 우선으로 생각한다. 특히 요즘과 같은 제로금리 시대에 은행에 예금하는 것보다 조금이라도 더 이익을 낼 수 있는 투자처를 찾아 주식시장을 기웃거리다가 증권회사의 권유에 따라 투자한다. 그러나 증권회사나 투자전문가의 예측은 빗나가고 주식가격은 오르다 내리기를 반복하다가 결국 손해만 보는 경우가 많다.

주식가격은 무수히 많은 변수에 따라 움직이고 불과 몇 분 사이에 돈을 벌기도 하고 잃기도 하는 살벌한 곳이다. 주식을 전문으로 하는 사람도 손실을 보는 시장에서 아마추어가 투자하는 것은 매우 어렵다. 몇 백억 몇 천억씩 투자하는 큰 손들에 의해 움직이는 주식시장에서 몇 백만원, 몇 천만원의 소액 투자자는 파도에 휩쓸리는 나뭇잎과 같다.

주식은 '어깨에서 사서 무릎에서 팔라'는 말이 있다. 즉 너무 비싼 가격에 사지말고, 가격이 내릴 때는 많이 내리기 전에 팔라는 말이라고 생각한다. 그러나 무릎에 해당되는 가격이나 어깨에 해당되는 가격을 일반 투자자가 알기는 어렵다. 증권가에서 흔한 얘기로 '상투와 바닥'이라는 말도 있으나 아마추어 투자자가 그 판단을 하기는 대단히 어렵다. 신문에서 읽은 얘기인데 어느 증권회사 임원이 목욕탕에서 세신사가 손님의 때를 밀면서 "바이오 주식이 얼마나 더 갈 것 같으냐?"고 묻는 소리를 듣고 부리나케 회사로 돌아와 해당 주식을 팔아 치웠다고 한다. 그 주식가격이 곧 내려갈 것으로 보였기 때문이다. 미국에서 전설처럼 내려오는 말이지만 1929년 경제대공황 발생 전 케네디 대통령의 아버지 조셉 케네디는 뉴욕 월가의 큰 손 투자자였는데 하루는 길가에서 구두를 닦다가 구두닦이 소년이 요즘 어느 회사 주식을 사는 것이 좋다고 조언해 주는 말을 듣고 곧장 그 주식을 팔아치웠다고 하여 '구두닦이 소년의 신호'라는 말이 나왔다고 한다.

이처럼 전문가들도 상투가 어디인지, 무릎이 어디인지 알 수 없는 것이 주식가격이다. 우리나라에서도 애기 업은 엄마가 객장에 나타나면 주식은 팔 때이고 중국에서는 소림사 승려들이 주식을 사기 시작하면 주가가 폭락한다고 한다. 그런데 정보가 늦은 일반 투자자들은 주식가격이 오른다는 소문이 난 후에 높은 가격에 사서 큰 손해를 본다.

주식 전문가라고 하는 사람들도 믿을 수 없을 때가 많다. 이른바 작전세력이라는 사람들과 짜고 자기들이 보유한 주식을 높은 가격으로 팔기 위해 거짓 정보를 흘려 아마추어 투자자들을 유인하여 투자하게 한 후 가격이 오르면 팔아 치워 소액 투자자들을 울리기 때문이다.

주식가격의 예측은 하느님도 못 한다는 말이 있듯이 주식가격은 너무나 많은 변수에 의해 변동되므로 요행을 바라는 투자는 위험하다.

나는 주택복권이니 로또니 하는 복권도 사지 않는다. 수만 분의 일의 요행을 바라면서 기다리는 것이 내 적성에 맞지 않는다. 그리고 화투를 하며 돈내기를 하는 것도 별로 재미가 없다. 돈을 따면 잃은 자에게 미안하고 잃으면 기분이 안 좋다. 기분이 안 좋은 일을 억지로 할 필요는 없다고 생각하여 되도록 그런 자리는 피한다. 남이 보기에 답답하고 재미없는 사람이라고 해도 상관없다. 남의 눈치 보며 돈 내고 돈 따먹는 도박은 하고 싶지 않다. 도박은 중독성이 강해 한 번 맛을 들이면 자꾸 하고 싶은 것이다

나는 내 힘으로 살고 내가 흘린 땀만큼만 살고 싶다.

음수사원(飮水思源)
– 이승만 초대 대통령을 추도함

우리는 공기 없이는 1분도 살수 없는데도 공기의 고마움을 모르고 자유로운 국가에 살고 있으면서도 그 자유의 가치를 모르고 살고 있다.

TV에서 탈북민들이 자유 없는 북한에서 노예처럼 살았던 이야기를 들으며, 자유 대한민국에서 태어나고 살아온 것이 얼마나 다행스러운 일인가를 생각하지 않을 수 없다.

음수사원이라는 말이 있다. 물을 마실 때는 그 물의 근원이 어디인가를 생각해야 한다는 뜻이다. 우리가 지금 자유로운 나라에서 이 만큼의 생활을 할 수 있는 것은 초대 대통령 이승만 박사의 공이 매우 큰 것임을 알고 고마워하지 않을 수 없다.

마침 오늘은 그 분의 서거 50주년이 되는 날로 비 오는 산길을 걸으면서 추도의 마음을 표하고 싶다.

"대한민국 초대 대통령 이승만 박사님! 지금 제가 걷고 있는 숲길에는 다소곳이 비를 맞으며 서 있는 나무들과 나뭇잎을 두드리는 빗소리뿐입니다. 매일 아침 지저귀던 새들도 무엇인가의 상념에 빠진 듯 조용합니다. 저는 지금 하늘과 땅 그리고 귀를 기울이고 엄숙히 서 있는 나무들과 기타 생령들을 청중으로 하여 대통령님의 서거 50주년을 추모하고 있습니다.

1875년 3월 26일 태어나신 당신께서는 일생을 조국의 자주독립과 자유 민주국가 수립을 위해 분투하셨습니다. 1890년대에는 세계 열강의 세력 다툼의 풍랑 속에서 흔들리는 조각배 같은 조국의 운명을 예감하고 독립 협회에 참여하여 왕조의 개혁과 국민의 자강을 주장하다 영어(囹圄)의 몸이 되셨습니다.

한성감옥에서 엄중한 감시의 눈을 피해 〈독립정신〉라는 책을 집필하여 백성들의 독립 정신을 일깨우고 세계 정세를 논하여 우리나라가 나아갈 방향을 제시하셨습니다. 책의 첫머리에서 '슬프다! 나라가 없으면 집이 없고, 집이 없으면 나와 부모처자와 형제자매 그리고 우리 후손들이 어디로 가겠는가? 그러므로 백성의 안녕과 복지는 순전히 나라에 달려 있다.' 고 주장하셨습니다.

1904년 애국지사인 민영환, 한규설 등의 청원으로 석방된 후 미국으로 건너가 대한제국의 밀사로서 미국의 조야에 일본의 침략 야욕을 폭로하는 활동을 전개하셨습니다.

그러나 일본의 방해로 실패한 후 학업에 뜻을 두시고 조지 워싱턴대학, 하버드대학, 프린스턴대학 등에서 수학하여 국제정치학 박사가 된 후 한인 사회와 협력하여 독립운동을 전개하셨습니다.

1919년 3·1 독립만세운동 후에 수립된 대한민국 임시정부의 초대 대통령에 선출되어 중국과 미국을 무대로 하여 독립운동을 전개하셨습니다.

태평양전쟁이 일어나기 전에는 〈일본을 벗기다〉라는 책을 저술하여 곧 일본이 미국을 공격할 것이라고 예견하여 그 혜안에 세계인을 놀라게 하였습니다.

태평양전쟁 종전을 앞두고는 대한민국 임시정부가 국제적 승인을 얻어 연합국의 일원이 되도록 하기 위해 외교활동을 활발히 하였을 뿐만 아니라 소련의 참전과 한반도 점령을 예상하면서 공산주의와 스탈린의 야욕을 경계하기도 하셨습니다.

공산주의의 야만성을 잘 알고 계셨던 당신께서는 해방 후 귀국하여 민주 민족 진영의 지도자로서 김구 선생과 힘을 합쳐 모스크바 삼상회의의 결과에 따른 한반도 신탁통치안에 반대하는 반탁운동을 주도하셨습니다.

당신께서는 소련의 스탈린과 김일성이 북한을 공산화시키는 것을 보면서 남북한의 통일된 정부의 수립에 앞서 우선 남한만의 민주적인 단독 정부를 수립하고 그 다음 단계로 통일정부 수립을 주장하셨습니다.

1948년 유엔 감시 하에 시행된 5·10선거에서 우리나라 역사상 처음으로 국민이 직접 뽑은 제헌국회가 구성되고, 당신께서는 국회의장에 선출되어 민주공화국의 헌법을 만드는데 주도적 역할을 다하였을 뿐만 아니라 그 헌법에 의해 초대 대통령으로 선출되어 자유 민주주의의 대한민국을 건국하셨습니다.

건국 후 다사다난한 가운데 농지개혁을 단행하여 농민들이 자기 토지를 소유하는 '농자유전'의 이상을 실현함으로써 민주주의와 자본주의의 기반을 마련하셨습니다.

김일성 집단이 소련의 스탈린과 중공의 모택동의 지원을 업고 6·25 불법 남침을 하여 전 국토를 유린할 때 미국과 UN의 지원을 얻어 통일을 눈앞에 두기도 하였으나 중공군의 개입으로 원치 않은 휴전에 이르고 국토의 분단은 고정화 되었습니다. 그러나 당신께서 한·미 상호방위조약을 이끌어냄으로서 북한의 지속적인 군사적 위협 속에서도 국민의 생명과 재산을 지키고 국가의 발전을 지속시키는 기반을 마련하셨습니다. 또한 우리 바다를 지키기 위해 동해에 평화선을 선포해 우리 땅 독도를 지켜낼 수 있게 하셨고 원자력의 중요성을 내다 보시고 원자력 산업의 씨앗을 심어 원자력 산업의 초석을 놓았습니다.

당신께서 하신 일들이 오늘의 대한민국을 있게 한 바탕이 되었습니다만, 저는 당신과 당신에게 충성하는 사람들 때문에 괴로워한 적도 있습니다. 1960년 3·15 부정선거가 그것입니다. 당시 자유당은 고령의 대통령 유고시에 대비하여 부통령 후보였던 이기붕씨를 당선시키기 위해 저를 포함한 초등학교 교사까지 동원하는 무리한 선거운동을 하였습니다.

그게 원인이 되어 4·19혁명이 일어나 당신께서 힘써 육성한 젊은 학도들의 규탄 속에 하와이로 떠나야 했습니다. 그 후 당신께서 건국하고 아끼시던 조국 땅을 다시는 밟아 보지도 못 하시고 하와이의 어느 병원에서 1965년 7월 29일, 오늘 영면하셨습니다. 지금 조국은 당신을 잊었고 우리 국민 중 일부는 아직도 당신을 친미주의자 또는 친일주의자로 비난하고 있습니다.

그러나 그들이 비난하는 당신의 친미 활동은 미국의 힘을 빌려 조국을 독립시키고 공산 세력의 책동으로부터 국가와 국민을 지키기 위한 것이었음을 대다수 국민은 알고 있습니다.

당신의 90년 생애 중에 과실도 있고 시행착오도 있었으나 보다 중요한 것은 오늘의 대한민국을 있게 한 세 가지 축의 기반을 마련한 것입니다. 그것은 자유 민주 공화제의 정치제도와, 자본주의를 바탕으로 하는 시장경제 체제, 그리고 국방력을 강화시킨 한·미동맹입니다. 그 바탕이 있었기에 대한민국은 산업화, 민주화를 이루어 세계 10대 경제 대국이 되었습니다.

세차게 내리던 비가 가늘어졌습니다. 산천초목도 당신의 서거 50주년을 추념하는 나의 추도사에 귀를 기울여 듣고 박수를 보내고 있는 듯합니다. 부디 영면하십시오.

2015년 7월 29일 아침.
당신의 땀이 배인 대한민국에서 살아가는 한 사람.

6 · 25 전쟁 참전 노병의 축사

"우리 참전 용사들은 80대의 노인이고 많은 분들의 기억 속에 한국전쟁 참전 사실이 희미해지겠지만 우리들의 한국에 대한 사랑과 애정은 변함이 없을 것이다 …

한국의 놀라운 성장과 성공은 '자유는 지킬만한 가치가 있다'는 것을 보여주고 있다 …

한국에 또 다른 위기가 닥치더라도 우리 참전용사들은 6·25전쟁 때와 같이 후회 없는 결정을 할 것이다. … 겸손한 마음으로 한국 국민에게 경의를 표한다."

이 말은 6·25전쟁 정전협정 체결 62주년인 2015년 7월 27일 '유엔군 참전의 날' 기념식에 참석하기 위해 우리나라를 방문한 조지프 리틀리지(84)가 한 말이다. 그는 21세인 1952년 미군에 자원입대해 의무병으로 부상당한 장병들과 한국인을 돌봤던 노병이다.

한편 미국에서는 이 날을 기해 6·25참전용사기념재단 주관으로 한국전쟁 참전용사 기념공원에서 6·25전쟁에서 전사한 미군 3만 6,574명의 이름을 부르는 행사를 가졌다. 그들은 말하였다.

"우리가 나서지 않았다면 한국은 공산국가가 되어 버리고 말았을 것이다. 다들 잊혀진 전쟁이라고 말하지만 절대 그렇지 않다. 젊은이들이 이 전쟁을 다시 기억할 수 있게 동료의 이름을 한 명씩 크게 부를 것이다. 그리고 우리 세대가 세상을 떠나면 그 누가 6·25를 기억하겠느냐? 살아 있는 역사를 알려주고 자유를 위해 숨진 병사들이 이렇게 많았다는 것을 눈으로 볼 수 있는 추모의 벽이 그래서 절실하다."고 말하고 추모의 벽의 건립을 추진한다고 한다.

이들 기사를 읽고 대한민국의 국민의 한 사람으로서 너무나 부끄러워 숨고 싶은 심정이었다.

나라 이름도 모르고 어디 있는지 조차 모른 나라를 위해 귀중한 목숨을 내던지고 도와준 사람들이 오히려 대한민국의 발전에 고마워하고 그 전쟁을 잊지 않으려고 애쓰는 모습을 마주하여 우리들의 무관심과 염치없음과 배은망덕함에 너무 부끄러워 가슴이 떨렸다.

정전 후 60여 년 동안에 산업화 민주화를 이루어 이만큼 살게 된 것은 공산화 직전의 풍전등화의 위기에 처한 나라를 미국을 위시한 참전 16개국 국민이 피로써 자유를 지켜 주었기 때문이다. 만약 그때 그들의 도움이 없었다면 우리는 지금 김일성 일가의 지배하에서 노예처럼 생활하고 있을 것이다.

우리를 도와준 나라가 어느 나라인지도 모르고 6·25전쟁과 정전협정의 의미도 모르는 사람이 늘어나고 있다.

만약 미국 등 참전 16국이 김일성 공산 집단의 공격을 낙동강 전선에서 저지하지 못하고, 맥아더 장군이 지휘하는 한·미 연합작전으로 감행된 인천 상륙작전이 성공하지 못했다면 한반도는 완전히 자유 없는 공산사회가 되었을 것이다.

통일을 눈앞에 둔 시점에서 중공군의 인해전술에 밀려 후퇴한 후 일진일퇴하던 전선은 전쟁이 일어난지 3년 만인 1953.7.27 휴전협정으로 전쟁의 포화는 멈췄지만 지금도 휴전선 248Km를 사이에 두고 200만 여명의 군인이 서로 대치하고 있을 뿐 아니라 북의 호전 집단은 원자탄을 만들고 미사일을 발사하며 우리를 위협하고 있다.

결초보은(結草報恩)이라는 말이 있다. 풀을 엮어 은혜를 갚는다는 말이지만 그 뜻은 죽어서까지도 은혜를 잊지 않고 갚는다는 뜻이다. 우리를 도와준 미국, 영국, 호주, 캐나다, 뉴질랜드, 네덜란드, 프랑스, 벨기에, 룩셈부르크, 터키, 그리스, 필리핀, 태국, 남아공, 에티오피아, 콜럼비아 등 16개국의 모든 참전 용사와 우리 산하에서 아까운 삶을 마감한 15만 8천여 명의 전몰 용사에게 고마운 인사와 함께 참회의 눈물을 흘려야 한다.

정부는 오늘을 정전협정 및 유엔군 참전의 날로 정해 기념식을 하고 참전용사를 초청하여 무공훈장 수여 등의 행사를 하고 있다. 그러나 나는 오늘을 참전 감사의 날로 정해야한다고 생각한다. 참전 국가 및 참전 용사 그리고 의료 장비를 지원해준 이탈리아, 덴마크, 스웨덴, 노르웨이, 인도 등과 그 외 물자를 지원해준 39개 국에 대해서 국민의 이름으로 고마움을 표시하고 모든 국민에게 유엔군 참전으로 자유 대한민국을 지키고 오늘의 번영을 이룰 수 있었음을 알려야 한다.

그들의 지원과 희생 그리고 우리 군과 학도병 등 수많은 사람들이 헌신이 있었기에 우리가 살고 있음을 모르면 그야말로 배은망덕이다.

은혜에 고마워하고 그에 보답하는 것이 사람으로서 최소한의 도리이다.

국치일(國恥日)에 생각한다

짙은 안개가 나무들 사이를 채우며 무겁게 내려 앉아 있다. 나뭇잎을 감싸던 안개가 물방울이 되어 떨어지고 풀벌레의 목소리는 힘을 잃었다. 떨어지는 물방울은 마치 107년 전 우리 조상들이 흘렸던 눈물 같고 풀벌레의 한이 서린 듯한 울음은 비탄의 한숨 소리로 들리는 아침 산길이다.

1910년 경술년 8월 29일, 오늘은 우리민족이 나라 잃은 백성이 된 날이다. 유구한 역사를 이어오는 동안 처음으로 국권을 외국인의 손에 넘겨 준 치욕의 날이다. 전쟁을 하다 힘이 모자라 나라를 빼앗긴 것이 아니라 수십 년에 걸쳐 경제권을 뺏기고 외교권을 강탈당하고 군사력을 상실하며 허우적거리다 강토와 백성과 주권을 남에게 바치고 말았다.

우리는 우리나라를 식민지로 지배한 일본을 싫어하고 외교권을 빼앗은 을사늑약에 찬성한 5명의 대신들을 '을사오적'이라 비난하고 한일합방에 앞장선 이완용 등을 매국노라 부르며 미워한다. 그들의 매국 행위야 지탄받아 마땅하지만 과연 그들만의 잘못인가? 그들이 없었다면 나라를 잃는 치욕을 막을 수 있었을까를 생각해본다.

나라의 백성과 국토와 주권을 지키려면 국력이 강해야 한다. 국력은 어디에서 오는가? 경제력, 군사력, 외교력, 신뢰받는 정부, 단결된 국민의 힘에서 나온다. 그러나 당시 조선(대한제국)은 아무런 힘의 근원을 갖고 있지 못하였다. 허수아비처럼 한바탕의 비바람이 불면 곧 쓰러질 허약한 국가였다.

그 원인은 보는 사람에 따라 견해를 달리할 수 있으나 나는 조선의 통치 이념과 정책에서 찾는다. 조선은 성리학을 통치의 기본이념으로 정하였다. 성리학은 공자 맹자로 이어지는 유학을 송나라의 주자 등에 의해 인성과 천리를 기둥으로 체계화한 신유학이다. 조선시대의 지배계급인 사대부는 성리학의 경전인 사서삼경 즉 논어 맹자 대학 중용의 사서와, 시경 서경 주역의 삼경을 공부한 사람들이었고 이들 중에서 과거시험에 합격한 관리가 국가 정책을 수립하고 집행하였다. 이들은 가족적 씨족적 윤리에 바탕을 둔 수신제가치국평천하의 윤리와 도덕을 강조하였다. 〈주자가례〉를 생활화하여 허례허식을 조장하였다. 양반 관료계급이 모든 권력과 경제적 이권을 독점하고 중앙집권 체제는 지방의 발전을 가로막았다.

이들 지배계급은 위정척사의 기치 아래 성리학 이외의 학문을 배척하였다. 불교 등 타 종교는 물론 서양의 새로운 학문은 거짓 학문으로 바른 학문인 성리학을 위태롭게 한다고 하여 배척하였다. 국가의 경제를 성장 발전시키거나 백성의 삶을 개선하는데 이용되는 새로운 학문이나 기술을 발붙일 곳이 없었다.

농업을 중시하는 농본 정책은 사농공상의 신분제와 맞물리면서 경제 발전을 가로막았다. 자급자족의 농업은 사람과 가축의 힘에 의존하였고 하늘의 뜻에 따라 풍년과 흉년이 결정되었다. 풍년에는 먹고 흉년에는 굶는 자연 의존형 경제였다.

더욱이 상업과 공업을 천시하여 공산품이 생산과 유통 과정에서 발생하는 이윤을 부당하게 인식함으로써 자본 축적과 재투자의 통로를 막았다.

또한 장인과 기술자를 천시함으로써 새로운 기술의 개발과 계승, 축적이 이루어질 수 없었다. 바다를 통한 외국과의 무역을 금지함으로써 해외에 진출하여 다양한 외래 문물이나 사상 학문 등을 접촉하거나 도입할 기회가 없었다. 상공업과 무역이 없는 곳에 진취적인 기상이나 모험하고 개척하는 정신이 있을 수 없었으며, 시민계급의 형성이나 자본주의가 잉태할 토양을 가질 수 없었다.

일반 백성인 농민에 대한 모든 제도는 착취적이었다. 지방행정, 조세제도, 병역제도, 환곡 등 복지제도까지 착취적으로 운영되었다. 이에 따라 백성의 삶은 어려웠고 국가는 가난하였으며 백성이 내는 세금으로 키워야 할 국방력은 허약하고 새로운 무기 개발은 어려웠다.

지배계급은 국가를 보위하고 성장 발전 시키는 일이나 백성의 삶과 복지의 증진보다 자기 당파의 권력 유지와 자기 가문의 권세를 위하여 가난한 백성들을 수탈함으로써 민초들은 국가를 원망하고 불신하며 유리걸식하였다. 나라는 왕족과 집권한 당파의 나라, 집권한 가문의 나라였지 백성의 나라가 아니었다.

가난하고 국방력은 약하며, 국민은 정부와 지배계급을 불신하는 허약한 나라로서는 국가가 위기에 처했을 때 도움을 청할 나라도 도와줄 나라도 없었다. 다른 나라의 지원을 받으려면 내 나라가 힘이 있어 그 나라가 필요할 때 내가 도울 수 있어야 한다. 이게 외교력의 바탕이다. 우리나라는 다른 나라의 입장에서는 도와주고 도움을 받을 나라가 아니라 하나의 먹잇감에 불과하였다.

이 나라의 지배계층인 사대부들은 나라 밖 세상이 어떻게 돌아가는지에 대해서는 눈을 감고 오직 성리학만이 제1의 학문이요, 성리학을 지키면 나라가 바로 서고 외국의 침략을 막아낼 수 있다는 허황된 생각을 갖고 있었다. 다른 나라가 산업혁명과 시민혁명을 이루고 기술혁신을 통해 상품을 대량생산하여 대포와 함선을 앞세워 식민지를 찾아서 또는 새로운 시장을 개척하기 위해 물밀듯이 밀려오는 것도 모르는 우물 안 개구리들이었다.

서양의 선진 문명의 손길이 와 닿을 때는 그들을 무시하고 내쫓았다. 그들의 소규모의 공격을 막아내고는 기고만장하여 더욱 문을 걸어 잠갔다.

하지만 이웃 일본은 눈치 빠르게 서양 문물을 적극 받아들여 새로운 나라를 만들었다. 산업을 근대화하고 군대를 육성하여 국력을 강화한 후 코앞의 먹잇감을 그대로 두지 않았다. 1876년 근대식 군함을 타고 와 함포로 강화도를 공격하고 나라의 빗장을 걷어내라고 공갈 협박을 하였다.

겁에 질려 억지로 문을 열자 그들은 근대식 공장에서 만든 물건을 갖고 와 비싼 값에 팔아 돈을 벌고 우리의 자산을 차지하기 시작했다.

준비도 없이 갑자기 나라의 문을 열고 새로운 제도와 문물을 들여오니 새것과 구식 것이 서로 충돌하여 우리끼리 피 터지는 싸움으로 나라는 더욱더 어지러워졌다(임오군란, 갑신정변). 호시탐탐 이런 기회를 노리던 많은 힘센 나라들이 너도나도 먹잇감을 더 차지하기 위해 달려들었다. 그중에서도 이웃인 중국(청)과 일본이 자기들이 혼자 먹겠다고 싸움을 벌였다(청일전쟁). 이 싸움에서 일본이 이겨 혼자 먹으려 하자 러시아가 달려들었다. 또 두 나라가 싸워 일본이 최종적으로 이김으로써 삼천리금수강산은 일본의 손아귀에 잡히는 신세가 되고 말았다(러일전쟁).

먹잇감을 두고 다투던 나라들이 물러나자 일본은 다른 나라와의 관계 즉 외교 관계는 자기네가 책임지고 하겠으니 외교권을 내어 놓으라고 협박했다. 왕은 반대했으나 국정을 이끌어 가는 대신들 중 몇 사람이 앞장서서 외교권을 내주었다(1905년 을사늑약). 외교권이 없는 나라는 국제사회에서 나라로 인정받을 수 없다. 이때부터 나라의 운명은 끝이 났다.

외교권을 빼앗긴 임금은 이 억울한 사실을 국제회의에 알려 호소하려 했지만(1907년 헤이그 국제 평화회의) 일본의 방해와 세계열강의 무관심 속에 허사가 되고 이 사건을 트집 잡아 임금인 고종을 몰아내고 아들인 순종을 왕위에 올린 후 군대를 해산하고 사법권 경찰권까지 차례차례 빼앗더니 드디어 허울뿐인 통치권마저 빼앗아 가고 말았다(1910.8.29).

이웃 깡패 집단끼리 이권을 갖고 다투다가 한 놈이 이겨 차지해 버린 꼴이다. 얼마나 보잘 것 없는 존재였으면 이웃 깡패들이 제집 드나들 듯 하며 싸웠겠는가? 그 이유는 스스로의 힘을 키우지 않고 외부의 세력에 의존하려 하였기 때문이다. 힘이 없으면 업신여김을 당하는 것이 힘의 세계이다.

과거를 알지 못하면 잘못을 되풀이 할 수 있다. 국력을 키워야 한다. 경제력을 키우고 국방을 튼튼히 하며 어려울 때 도와줄 친구를 갖고 있어야 한다. 더 나아가 집안에서 싸워도 남과 싸울 때는 일치단결하여야 한다.

이것이 오늘을 맞는 역사의 교훈이다.

주먹세계를 보는 감회

어제(2015.9.3) 중국 천안문 광장에서는 항일전쟁 승리 및 세계 반 파시스트전쟁 승리 70주년 기념행사가 있었다. TV로 중계된 열병식과 천안문 성루에 서있는 사람들의 모습을 보면서 마치 주먹 세계의 힘자랑을 보는 기분이었다.

이 행사를 주관하는 시진핑 주석을 중심으로 중국의 전 현직 권력자들과 러시아의 푸틴 대통령을 비롯한 중앙아시아의 여러 나라의 대통령과 국가대표 30여 명이 도열한 가운데 우리 대통령이 생뚱맞게 끼어 있었다. 그러나 중국의 항일전쟁을 지원했던 미국이나 영국의 최고 지도자의 모습은 볼 수 없어 국제사회 주먹 세계의 판도가 달라지고 있음을 보여주는 장면처럼 보였다.

제2차 대전 후 수 십 년간 주먹세계를 평정해 온 나라는 미국이었다. 미국에 맞서 세력 싸움을 하던 소련이 해체되면서 감히 미국의 힘에 도전할 세력이 없더니 중국이라는 주먹이 힘을 키우고 미국과 대결하여 한판 붙을 수도 있으니 이제 중국을 강한 주먹으로 인정하라는 선언식처럼 보였다.

세계 제2차 대전에서 독일, 일본, 이탈리아 등으로 구성된 주먹패당과 미국, 영국, 소련 등이 한패가 되어 싸웠고, 그 싸움에서 이긴 미국과 소련은 힘없는 우리나라를 떡 자르듯이 갈라놓았다. 6·25전쟁 때는 소련 중국 북한이 한패가 되어 우리를 공격하자 미국과 그들을 지원하는 주먹들이 도와줘 우리는 간신히 살아남을 수 있었다.

지난 70여 년 간 우리는 미국이라는 힘센 주먹의 보호 아래 힘을 키워 제법 주먹에 힘이 붙었다. 어떤 주먹도 무시할 수 없는 주먹으로 커지자 힘센 주먹들이 서로 자기편으로 만들려고 하고 있다.

중국이 우리 대통령을 전승절 기념식에 참석시키려고 공을 들이고 환대하는 것은 미국과 대결해야 할 앞날을 예상하고 우리를 자기편으로 끌어들여 힘을 불리겠다는 속셈이 깔려있는 것이다. 그러나 주먹 세계는 인정사정이 없는 세계다. 이용가치가 있으면 끌어들이고 별 볼일 없으면 걷어차거나 아예 없애 버린다.

5천 년 역사상 중국은 우리에게 때로는 주먹을 휘두르고 때로는 칼부림을 하였다. 자기들 내부가 혼란하고 분열이 되어 주먹의 힘이 약화되었을 때는 우리가 조금 가슴을 펴고 살기도 했으나 그들이 다시 힘을 모으면 이웃에 착하게 살고 있는 우리를 못살게 굴었다.

한나라가 고조선을 침략하여 멸망시킨 뒤 한사군을 설치하여 우리 땅의 일부를 지배하기 시작한 후 수나라, 당나라는 고구려를 수차례 침략한 후에 끝내 만주 지역의 그 광대한 영토를 가져갔다. 원나라 시대에는 고려를 수차례 침략하여 국토를 황폐화 시킨 뒤 고려가 원나라의 공주를 왕비로 삼는 사위나라가 되어서야 겨우 목숨을 이어갈 수 있었다. 일본이 명나라를 치겠다며 조선으로 쳐들어 왔을 때 도와준 일이 있으나 명나라와 청나라는 조선을 신하처럼 취급하여 조선은 때맞춰 선물 보따리를 들고 찾아가 굽실거려야 하는 주먹이었다.

그리고 6·25전쟁 때는 대규모로 김일성을 지원하였고 지금도 한패를 이루고 있다.

중국의 전승절에 참석하여 우의를 과시한 러시아는 어떤 주먹인가? 그들은 조선왕조 말 우리나라를 차지하려고 일본과 칼부림을 한 주먹이다. 그들은 얼지 않는 항구를 얻기 위해 만주를 거쳐 우리나라로 주먹을 내밀고 일본 역시 우리나라를 먹고 만주로 진출하려고 주먹을 휘둘렀다. 그들 두 주먹은 한때 북위 39도선을 경계로 한반도를 나누어 먹자고 흥정하더니 서로 더 많이 차지하겠다고 주먹 대결을 벌였다. 뿐만 아니라 제2차 대전이라는 큰 싸움판에서 일본을 밀어내고 한반도의 북쪽을 차지한 후 급기야는 김일성이라는 골목의 말썽꾼을 지원하여 우리의 숙원인 통일을 막았다.

우리나라의 이웃들은 하나같이 힘이 센 주먹들이다. 그 주먹 중의 하나가 일본이다. 일본이라는 주먹도 옛날부터 우리를 괴롭히며 못살게 굴었다. 오랜 기간 왜구라는 이름의 해적으로 동네 주먹처럼 우리나라의 해안가를 돌며 행패를 부리더니 조선시대에는 우리나라에 본격적으로 쳐들어와 7년 동안이나 분탕질을 하였다. 뿐만 아니라 명치유신 후 서양의 문물을 배워 힘을 키우더니 우리나라를 둘러싸고 중국과 러시아와 차례로 싸워 이긴 끝에 동북아시아의 최고의 힘센 주먹이 되어 우리나라를 집어삼킨 후 우리민족을 자기네 종 부리듯 하였다. 제2차 대전 후 한반도에서 쫓겨났으나 우리나라에 6·25전쟁이 일어나자 군수물자를 생산하면서 힘을 얻고 미국의 지원으로 힘을 키워 또 하나의 주먹으로 자라났다.

일본은 우리나라가 크는 것을 배 아파하는 이웃이다. 자기들의 식민지였던 보잘 것 없는 것이 이제 힘을 키워 미국과 중국의 큰 주먹 사이에서 존재감을 나타내고 특히 이번에 그들과 대결 자세를 보이는 중국의 전승절에 우리 대통령이 참석하자 뒤에서 눈을 흘기며 하늘을 향해 주먹질을 하고 있다.

가장 중요한 미국도 우리 대통령의 전승절 참석을 두고 겉으로는 태연한 척 하지만 속으로는 썩 기분이 좋지 않을 것이다. 그러나 미국이라는 주먹은 우리 이웃 중에서 가장 우리를 도와주는 주먹이다. 일본의 식민지에서 벗어나게 해 주었을 뿐만 아니라 김일성이 6·25 불법 남침 시에 그들을 격퇴하여 자유 대한민국을 지켜내고 한미 동맹으로 다른 주먹들이 덤비지 못하게 든든히 지켜주고 있다.

미국 주먹의 지원이 있었기에 오늘날 우리가 이만큼 힘을 키울 수 있었으며 비록 조그만 주먹이지만 남들이 함부로 하기에는 버거운 존재가 되었다. 그러나 언제까지나 미국이 도와주리라는 보장은 없다. 미국도 자기들에게 소용이 있을 때에 도와주는 것이다.

문제는 앞으로 우리가 어떻게 하느냐이다. 세계 4대 주먹 사이에서 통일이라는 대업을 이루어 좀 더 큰 주먹으로 커 나가려면 어느 주먹과도 적대적 관계가 되어서는 안 된다. 지금과 같이 미국이라는 주먹과 손잡고 우리의 힘을 키우며 통일의 그날까지 어려운 발걸음을 계속해 나가야 한다.

국가이든 개인이든 자기가 힘이 있고, 좋은 벗이 있어야 살아남을 수 있는 살벌한 세상에 우리가 살고 있음을 절감한다. 힘이 지배하는 주먹 세계에는 주먹의 힘이 곧 정의임을 한시라도 잊어서는 안 된다.

인생의 가을에 서서

나는 지금 낙엽 지는 가을 숲속 길을 걸으며 윤동주(尹東柱, 1917~ 1945)의 〈내 인생에 가을이 오면〉을 읊조리고 있다.

내 인생에 가을이 오면

윤동주

내 인생에 가을이 오면
나는 나에게
물어볼 이야기가 몇 가지 있습니다

내 인생에 가을이 오면
나는 나에게
사람들을 사랑했는지에 대해 물을 것입니다

그때 나는 가벼운 마음으로 대답하기 위해
지금 많은 이들을 사랑해야겠습니다

내 인생에 가을이 오면
나는 나에게
열심히 살았느냐고 물을 것입니다

그때 나에게 자신 있게 말할 수 있도록
나는 지금 맞이하고 있는 하루 하루를
최선을 다해 살아야겠습니다

내 인생에 가을이 오면
나는 나에게
사람들에게
상처를 준 일이 없었냐고 물을 것입니다

그때 자신 있게 말할 수 있도록
사람들을 상처 주는 말과
행동을 하지 말아야 하겠습니다

내 인생에 가을이 오면
나는 나에게
삶이 아름다웠냐고 물을 것입니다

그때 기쁘게 대답할 수 있도록
내 삶의 날들을 기쁨으로 아름답게
가꾸어 가야겠습니다

내 인생에 가을이 오면
나는 나에게
어떤 열매를 얼마만큼 맺었느냐고
물을 것입니다

내 마음 밭에 좋은 생각의 씨를
뿌려 좋은 말과 좋은 행동의 열매를
부지런히 키워야 하겠습니다

부끄럽다. 너무 부끄럽다. 윤동주 시인이 20대에 다짐한 것을 나는 나이 80이 가까워서야 깨닫고 있으니 이 얼마나 한심한 인간인가.

많은 사람을 사랑하지도 못하였고 남보다 더 열심히 살았다고도 자신 있게 말할 수 없으며, 많은 사람들에게 상처를 남겼는지도 모르겠다.

내 삶이 아름답지도 못했으며, 무엇 하나 뚜렷하게 열매를 맺은 것도 없다. 뒤늦게 후회한들 무슨 소용이 있으랴.

이제 20대로 돌아가 새로운 삶을 살 수도 없는 일이므로 내가 할 수 있는 일은 남아 있는 가을 동안 어떻게 살아가고 있느냐고 물으며 살아가야겠다.

다시 생각한다. 남은 세월이 얼마나 될는지 모르지만 청춘의 마음을 갖고 살아가고 싶다. 그래서 사무엘 울만(Samuel Ullman, 1840~1924)의 〈청춘〉이란 시를 읽으며 마음을 새로이 다져 본다.

청춘

사무엘 울만

청춘이란 인생의 어떤 한 시기가 아니라
마음가짐을 뜻하나니
장밋빛 볼, 붉은 입술, 부드러운 무릎이 아니라
풍부한 상상력과 왕성한 감수성과 의지력
그리고 인생의 깊은 샘에서 솟아나는 신선함을 뜻하나니

청춘이란 두려움을 물리치는 용기,
안이함을 뿌리치는 모험심,
그 탁월한 정신력을 뜻하나니
때로는 스무 살 청년보다 예순 살 노인이 더 청춘일 수 있네.
누구나 세월만으로 늙어가지 않고
이상을 잃어버릴 때 늙어가나니

세월은 피부의 주름을 늘리지만
열정을 가진 마음을 시들게 하진 못하지.
근심과 두려움, 자신감을 잃는 것이
우리 기백을 죽이고 마음을 시들게 하네.
그대가 젊어 있는 한
예순이건 열여섯이건 가슴 속에는
경이로움을 향한 동경과 아이처럼 왕성한 탐구심과
인생에서 기쁨을 얻고자 하는 열망이 있는 법,

그대와 나의 가슴 속에는 이심전심의 안테나가 있어
사람들과 신으로부터 아름다움과 희망,
기쁨, 용기, 힘의 영감을 받는 한
언제까지나 청춘일 수 있네.

영감이 끊기고
정신이 냉소의 눈[雪]에 덮이고
비탄의 얼음[氷]에 갇힐 때
그대는 스무 살이라도 늙은이가 되네
그러나 머리를 높이 들고 희망의 물결을 붙잡는 한,
그대는 여든 살이어도 늘 푸른 청춘이네.

자폐증을 앓는 아들을 위한 염원

저에게는 큰 염원이 있습니다. 매일 산길을 걸으면서 이 염원이 이루어지기를 빌고 있습니다.

"자폐증 치료 방법이 하루 속히 개발되어 이 세상 모든 자폐 환자와 저의 아들을 치료하는 길이 열리도록 도와주십시오!"

이러한 나의 염원은 30년이 넘도록 계속되고 있지만 아직도 희망의 빛은 보이지 않습니다. 오늘 더 간절하게 염원을 드립니다. 이 세상을 창조하셨다는 하느님, 인간의 고뇌의 해결을 고민하셨던 부처님, 인간의 길흉화복을 주제하신다는 옥황상제님, 모든 천지신명님! 귀가 있으시면 들으시고 눈이 있으시면 살펴보십시오! 아직도 제 염원의 기도소리가 약해서 들리지 않습니까?

당신네님도 잘 아시는 바와 같이 제 아들은 제가 43살에 얻은 귀한 아들입니다. 위로 누나가 셋이 있어 그만 낳으려고 했으나 한 집안의 6대 종손으로서의 책임과 특히 어머니의 근심이 크셨습니다. 어머니는 저를 낳기 전에 누나들 다섯을 낳아 할아버지, 할머니의 성화에 시달린 경험이 있으셨고 더욱이 외할머니가 아들이 없어 아픔을 겪는 모습을 보고 괴로워 하셨던 것을 생각하며, 저에게도 아들은 꼭 있어야 한다면서 저에게 압력을 가했던 것도 알고 계시지 않습니까?

다행히 저에게 아들을 점지해 주셨습니다. 그 아들은 인물도 좋고 건강하여 잘 자랐습니다. 특히 영특하여 이웃의 부러움도 받았습니다. 동네에 사시는 한 할아버지는 당신의 손자와 어울려 노는 것을 보시고는 이런 말도 하였습니다. '나는 교장으로 정년퇴임을 한 사람인데 내 손자와 노는 댁의 아드님을 관찰해 보면 대단히 영리한 아이입니다. 내가 교육자를 했기 때문에 아이를 보는 눈이 있습니다. 잘 키우세요. 큰 인물이 될 것입니다.' 그런 얘기를 들을 때 정말 기분이 좋았고 아들이 커가는 것을 큰 즐거움으로 여기며 이놈이 빨리 자라기만을 기다렸습니다.

그러나 지금부터 30여 년 전 어느 가을날부터 아이는 이상해 졌습니다. 4살이었던 아이는 이웃집에서 놀다 장독대의 고추장 단지를 밀어 깨뜨렸습니다. 실수로 한 것이거니 하고 지나갔는데 그 이후 아이의 정서가 불안해지고 집 밖으로 뛰쳐나가 돌아다니기 시작했습니다.

동네 사람들은 얼마 전에 자전거를 타고 놀다 오토바이에 치어 넘어지는 것을 보았다고 동정하는 사람이 있는가 하면 정신병에 걸렸다고 수군거리기도 하였습니다.

병원에 찾아갔으나 병명을 아는 의사가 없었고 심리 상담사를 만났으나 모두가 헛수고였습니다 당신님들도 아시는 바와 같이 제 아내와 제가 아들을 위하여 안 해본 일이 무엇입니까?

고향에 계신 어머님의 의견에 따라 절에 가서 조상님 천도제를 올리고, 용하다는 삼신할머니를 모셔다가 제를 올리기도 하였습니다. 108번뇌를 치료한다고 큰 바늘 108개를 묶어 두드리며 침을 놓는 보살님을 찾아다닌 것은 몇 개월이며 성당이나 교회의 각종 행사를 찾은 것은 몇 차례입니까?

어느 곳에서도 절망만의 연속이었습니다. 그래도 포기할 수 없어 용하다는 곳은 다 찾아다녔습니다. 10년 동안은 매주 토요일이나 일요일이면 집에서 멀리 떨어진 속리산 부근의 마을과 추풍령 너머까지 아들을 데리고 다녔습니다.

청주와 속리산 사이에 있는 어느 마을에는 옥황상제의 딸이라고 자처하며 난치병을 치료하는 할머니가 있었습니다. 수소문 끝에 찾아갔더니 집 앞에는 대형 버스와 많은 차량이 세워져 있었습니다. 소강당 같은 방에는 많은 사람들이 앉아 있고 그 할머니는 한 사람 한사람씩 불러내어 머리에 손을 얹고 주문 같은 것을 외웠습니다. 그 다음에는 옥황상제가 내려주셨다는 물 한 컵을 마시고 내복만 입은 채 야외 샤워장처럼 만들어 놓은 천막 안에 들어가 차가운 물을 몇 바가지 머리에서부터 뒤집어 끼얹었습니다.

많은 사람이 찾아가고 가끔 치료되었다는 사람도 있다기에 또 다시 조그만 기대감을 가지고 3년을 한 주도 빼지 않고 다녔습니다. 그러나 아무런 효과도 없었습니다.

다음 7년은 추풍령 너머 조그만 사찰의 스님이었습니다. 유방암 말기였던 사촌 형수가 그 스님의 치료를 받고 완치되었다는 말을 듣고 찾아갔습니다. 스님은 진맥을 해 보더니 치료가 가능하다고 하였습니다. 그날부터 매주 일요일이면 새벽에 출발하여 200Km를 달려 해 뜰 무렵이면 절에 도착하는 일을 계속하였습니다. 조금 늦으면 스님이 외출하는 경우가 많았으므로 외출 전에 치료받기 위해서였습니다. 스님의 치료 방법은 침이었습니다. 막힌 기를 통하게 한다고 척추를 따라 꼬리뼈에서 머리까지 수십 개의 침을 두 줄로 놓았습니다. 아들놈은 침을 안 맞겠다고 몸을 피하고 때로는 저항을 하였습니다. 어르고 달래기를 계속하여 겨우 침을 맞고는 하였습니다.

그러나 10년의 정성도 아무런 결실을 거둘 수 없었습니다. 10년간 고속도로를 다니다 보니 죽을 고비도 여러 번이었습니다. 겨울철 안개가 짙은 새벽의 고속도로는 앞이 잘 보이지 않아 몇 번이나 교통사고가 날 뻔했으며, 한번은 자동차 바퀴에 못이 박혀 바람이 세면서 내리막 커브 길에서 핸들 통제가 안 되어 지그재그로 가다 간신히 중앙 분리대 와의 충돌을 피한 적도 있습니다.

당신님들도 보시고 아시는 바와 같이 10년을 같은 길, 같은 시간에 다니다 보면 많은 인정을 만나기도 하였습니다. 휴게소에 들리면 김밥 마는 아주머니는 김밥 몇 개를 더 얹어주고 식당에서 배식하는 아주머니는 시키지도 않은 따뜻한 국물을 말없이 가져다 주고는 하였습니다. 오징어 구워 파는 아주머니는 불편한 아들을 데리고 다니는 것을 보니 가슴이 아프다며 지나가는 나를 불러 오징어를 구워 주고는 돈을 안 받아 돈을 던지듯 드리고 나오기도 하였습니다. 주유소 주유원은 물병 하나를 더 주고 고속도로 매표소 직원은 '오늘도 일찍 출발하셨네요. 조심히 가세요.' 하고 걱정해 주었습니다.

이렇게 말씀드리고 보니 마치 치료하러 다니느라 고생했노라고 푸념하는 것으로 들으실지 모르겠습니다만 사실 힘든 일은 다른 데 있습니다. 제 말을 듣고 불쾌하게 생각할 사람이 있을 것으로 생각되지만 사실 저는 팔다리를 다쳐 불편하신 분들이나 눈 또는 귀가 불편하신 분들이 부러울 때가 있는 것이 솔직한 심정입니다. 그 분들은 생활은 불편하지만 뇌는 정상이므로 사물을 판단하고 자기감정을 조절할 수 있으며, 남을 배려할 줄 알기 때문입니다.

그러나 자폐증 환자는 뇌가 잘못되어 있습니다. 지금 우리나라를 비롯해 선진 각국에서 막대한 예산과 인력을 투입하여 자폐증에 대한 연구를 하고 있으나 원인이 확실히 밝혀지고 치료 방법이 개발되려면 얼마나 더 기다려야 될지 모르겠습니다. 그러나 최근(2017.9)에 그 원인과 치료 방법까지 동물시험에서 밝혀졌다는 연구 결과가 국제 학술지 '네이처'에 발표되어 조그만 희망을 갖게 하고 있습니다.

제가 보아온 바로는 자폐증이라 해도 사람마다 나타나는 증상이 다른 것 같습니다. 제 아들은 자폐 정도가 심한 편이어서 모든 것이 자기중심적이고 폭력적입니다.

특히 자기가 하고 싶은 일을 자제시키면 감정이 폭발하여 소리를 지르거나 주먹이 나오기도 합니다.

감정의 기복이 심한 사춘기에는 하루에도 몇 번이나 폭력을 휘둘렀습니다. 갑자기 뛰어나와 때리기 때문에 방어할 틈도 없이 맞으며 날아오는 주먹을 방어하느라 난투극이 벌어졌습니다. 제 누나는 코뼈가 상했고 제 엄마는 얼굴에 멍이 든 적이 여러 번입니다. 저도 여러 번 맞고 난투극을 벌렸습니다. 제일 난처한 것은 고속도로 운전 중이거나 휴게소에서 식사를 하다 얻어맞는 경우였습니다. 김치를 먹으라는 말 한마디에 어린 아들에게 얻어맞는 늙은 아버지의 난감한 모습을 바라보는 옆 좌석 사람들의 표정은 가지각색이었습니다.

제 아들은 자기중심적이어서 남을 배려하지 않습니다. 사회 생활을 경험시키려고 버스나 전철에 타면 남을 밀어내 자리에 앉습니다. 제가 쫓아가 밀려난 사람에게 "죄송합니다. 교통사고로 머리를 다쳐 정상적인 아이가 아닙니다. 대단히 죄송합니다."하고 수없이 고개를 숙이고 사과를 해야 했습니다.

그리고 물건을 창밖으로 내던지는 버릇이 있습니다. 복지관 동료들의 라디오를 창밖으로 던져 부숴버린 일이 여러 번이며 한 번은 전철역 가게에 들어가 비싼 꽃병을 깨뜨린 적도 있습니다. 그때마다 찾아가 배상하고 사죄하기를 반복해야 했습니다.

아이의 이런 돌발행동 때문에 집에 손님을 초대하지 못합니다. 직장에 다닐 때의 이야기입니다. 어느 토요일 회사의 전 임원의 골프 모임이 끝나 저녁 식사 중 2차는 저의 집에 가서 한잔 더 하자고 사장이 제의하자 모두 좋다고 하였습니다. 저는 아무 말도 않고 한참 앉아 있었습니다. 모두 의아한 눈빛으로 저를 쳐다보았습니다.

얼마의 정적이 흐른 뒤 저는 술 한 잔을 단숨에 마시고 무겁게 입을 열었습니다. "미안하지만, 우리 집에 모실 수 없습니다." 그리고 저의 아들이 자폐증을 앓고 있음을 처음 밝혔습니다. 나는 목이 메었습니다. 눈물이 흘러나왔습니다. 다 같이 여러 잔의 술을 더 마셨습니다. 저는 그날 술에 취한 채 집에 돌아와 통곡했습니다.

아내는 영문을 몰라 왜 우느냐고 몇 번이나 물었습니다. 그 동안 수 없이 얻어맞고 창피를 당해도 울어본 일이 없었습니다. 뇌기능이 정상이 아니어서 사리를 분별하거나 감정을 통제할 수 없음을 알기 때문입니다. 그러나 그날 왜 그리 울음이 터졌는지 모르겠습니다. 아마 제 입으로 "제 아들이 자폐증 환자입니다" 하고 밝혔기 때문인지도 모르겠습니다.

아들은 지금 추석 휴가로 집에 와 있습니다. 월요일에 수도원에서 운영하는 그룹 홈에 가서 지내다가 토요일에 집에 오는 생활을 하고 있습니다. 요즈음에는 신경정신과의 처방에 따라 약을 복용하면서 폭력성은 줄어들었으나 자기중심적인 행태나 창밖으로 물건을 내 던지는 행동은 여전합니다.

천지신명이시여! 이런 자폐증 환자는 계속 늘어나고 있다고 합니다. 심지어 어린이 100명에 2~3명이 될 정도로 그 심각성이 커지고 있습니다. 자폐증 자녀를 둔 많은 부모는 매정하게 들릴지 모르지만 자녀가 부모보다 하루 전에 죽기를 바라고 있다고 합니다. 그들은 혼자 살아갈 능력이 없기 때문입니다.

당신님들은 그 수많은 젊은 부모들의 간곡한 염원의 목소리가 들리지 않습니까? 하루 속히 분명한 원인이 밝혀지고 치료 방법이 나올 수 있도록 지혜를 모아 주십시오. 이들이 정상인이 되면 분명 그들은 인류 발전에 기여하는 훌륭한 인재가 될 것입니다.

이들이 인류공영에 이바지할 수 있도록 가호와 은총을 베풀어 주십시오. 더불어 자폐의 원인과 치료 방법을 밝혀내기 위해 불철주야 애쓰시는 과학자 여러분, 여러분의 노고에 감사드리며 더욱 분발하여 자폐증 환자들이 고통의 늪에서 벗어나 인간다운 삶을 살아갈 수 있도록 도와주시기를 간절히 소망합니다. 그리고 자폐증을 포함한 장애인을 보살펴 주시는 분들께 고마운 마음을 전하며 특히 '마리아의 아들 수도회'와 '바다의 별' 여러분께 감사드립니다.

고맙고 미안한 마음뿐인 아내

어느덧 우리가 부부의 연을 맺은 지가 반백년이 가까워 졌습니다. 지난 세월 당신은 고생이 너무 많았습니다. 1970년대의 공무원 봉급은 문자 그대로 쥐꼬리만 했습니다. 그 돈을 쪼개어 전세 자금 이자를 갚고 고향에 계신 어머니와 시동생을 걱정하고 일 년에 몇 번씩 돌아오는 제사 명절을 지냈습니다. 대학을 갓 졸업한 어린 당신이 감당하기에는 너무 벅찬 일을 당신은 운명처럼 받아들이고 온몸으로 감당하셨습니다.

아이들 셋이 태어나고 자라면서 경제적으로 육체적으로 부담이 가중되는 가운데서도 고향에서 올라온 조카들 뒷바라지를 다하는 아름다움을 보였습니다. 더욱이 내게 닥친 불행으로 모든 것이 파탄에 이르렀을 때 당신은 의연한 자세를 잃지 않았습니다.

당신의 고통은 봉주 때문에 더욱 가혹하였습니다. 잘못된 아들을 데리고 매일 학교에 가서 교실 뒤에 앉아 있기를 몇 년이며 치료를 위해 희망을 갖고 갔다 절망을 안고 돌아오기를 반복한 지가 몇 년입니까? 게다가 수시로 아들에게 얻어맞으면서 가슴 속으로 울고 지새는 세월은 언제 끝날지 알 수 없습니다.

이제 70을 지난 나이에 인공관절의 불편한 다리를 가시고 아들이 좋아질 날을 기대하며 오늘도 수영장에 가고 공원을 걷기도 하면서 정성을 다하고 있습니다. 고맙고 미안합니다. 그러나 나는 무엇 하나 당신에게 해준

게 없습니다. 옷 한 벌 사 달라고 한 적도 없고 비싼 옷을 사 입지도 않은 검소한 생활의 연속이었습니다. 시장에서 사 오는 것은 할인 제품이었고 생활필수품 뿐이었습니다.

그런 가운데서도 현실에 주저앉지 아니하고 자기 발전을 위해 노력하는 삶을 살고 있습니다. 동양 고전 등의 강의를 들으며 마음공부를 하고 사진, 글씨, 그림을 배우며 마음의 안정을 찾는 자세는 아름답습니다.

당신은 인간관계에서도 훌륭한 품성을 보여주고 있습니다. 여러 가지 인연으로 만나는 사람들과 계속 좋은 관계를 유지하고 때로는 그들로부터 많은 도움을 얻어내기도 합니다. 집에서 기른 채소 등 농작물을 보내주는 지인도 여럿이고 일이 있을 때 집으로 와서 도와주는 사람이 있다는 것은 요즈음 세태에서는 보기 힘든 일입니다.

우리는 살아오면서 부부싸움 한번 제대로 해 본 적이 없습니다. 부부 간에 다투는 요인은 여러 가지 이유가 있겠지만 가장 큰 요인은 부부 간에 신뢰가 부족하기 때문이 아닌가 합니다. 그러나 우리는 상호 간에 모르는 것이 없었고 모든 것을 공유하였으며 우리 사이에는 불신이 없었습니다. 살아오면서 불만이 많았겠지만 바가지 한 번 긁은 적이 없습니다. 아마 그냥 참고 지나갔을 것으로 생각합니다. 그런 상호 신뢰와 인내가 많은 고난을 이겨내 온 원동력이라고 생각합니다.

당신은 결혼 후 단 한 번도 장인 장모님의 병환 때를 제외하고 혼자만 친정을 찾은 적이 없습니다.

당신의 삶의 터전은 언제나 우리 집이었고 내 곁이었습니다. 우리 집의 주인은 언제나 당신이었습니다.

이제 우리의 소망은 봉주가 현대 과학의 힘을 빌려 혼자서도 사람 구실을 할 수 있는 날이 오기를 염원하는 것뿐입니다. 그러기 위해서는 우리는 건강하게 살아야 합니다. 당신은 건강을 위해 집에서도 계속 집안일을 처리하며 몸을 움직이고 수영을 하는 등 노력하고 있습니다. 아프지 않고 건강하게 살다가 웃으며 헤어질 수 있도록 매일 기도합니다.

여보, 앞으로도 열심히 살아갑시다. 고생이 많은 당신에게 다시 감사드립니다.

여보, 사랑합니다.

숲길 단상

치우는 자와 버리는 자

어제까지만 해도 산길을 가로질러 넘어져 있어 허리를 굽혀야 지나갈 수 있던 나무가 오늘은 치워져 있다. 장맛비에 지반이 무너지면서 넘어진 나무인데 나 혼자의 힘으로는 끄떡도 않아 어쩔 수 없이 바라보기만 하던 나무였다. 아마 3~4명이 산길을 오르다가 힘을 합해 길 옆으로 옮긴 것 같다.

작년 태풍이 분 다음날 산에 오르는데 썩은 나뭇가지가 많이 떨어져 산길을 막고 있었다. 하나하나 길 옆으로 치우면서 올라가다 보니 세 그루의 큰 나무가 쓰러져 등산길을 막고 있었다. 그런데 놀랍게도 한 할머니가 쓰러진 나무에 매달려 톱질을 하고 있는 것이 아닌가, 나도 달려들어 할머니를 도우고 있는데 한 사람이 다가왔다. 그러나 그는 나이도 젊은데 노인들이 일하는 것을 보면서도 도와주지도 않고 나무 사이를 비집고 지나갔다.

다행히 또 한 사람이 다가와서 서로 힘을 모아 통행에 불편이 없게 나무들을 치울 수 있었다. 나는 그 할머니에게 나무가 쓰러져 있는 것을 어떻게 아시고 톱을 갖고 오셨느냐고 물었더니 그 할머니의 대답은 "산에 자주 다니는데 언제나 배낭에 톱이나 기타 간단한 도구를 갖고 다닌다. 왜냐면 길을 가는데 뭔가 장애가 되는 것이 있으면 그냥 지나가지 못하는 성질 때문"이라는 것이었다.

그 할머니의 준비성 때문에 등산길 통행이 편해져서 고마운 마음을 가지면서도 성격이 별나다는 생각이 들었었다.

매일 산길을 걷다보면 특이한 행동을 하는 사람이 있다. 어느 날 산을 내려오면서 만난 어떤 남자는 키 높이의 작은 나뭇가지 중에서 길로 뻗어 나와 있는 가지를 하나하나 꺾으면서 올라왔다. 산길을 걷는 사람들을 다치게 하지 않으려는 따뜻한 마음씨의 발로인지는 모르겠으나 산에 가면 나뭇가지에 스칠 수도 있고 방해가 되면 피해가면 되는 것이지 왜 잘 자라고 있는 나뭇가지를 꺾는지 이해할 수 없었다. 왜 나무를 꺾느냐고 물어보고 싶었으나 참았다. 특이한 성격의 소유자와는 말다툼으로 번질 수가 있기 때문이었다.

산에 신문을 가지고 와서 읽다가 버리고 가는 사람과 물병을 가지고 와서 물을 마신 후 아무데나 버리는 사람도 이해할 수 없다.

산에서 신문 읽는 것이야 나무랄 수 없지만 버린 신문이 여기저기 흩어져 있는 것을 보면 깨끗한 산이 더럽혀진 것 같고 산과 나무와 자라는 풀들에 미안한 생각이 들어 주워 오기는 하지만 기분은 좋지 않다.

나의 생각이 잘못된 것인지 모르겠으나 등산길 쉬어가는 곳 주변의 낙엽을 쓸어내는 사람도 잘 이해가 되지 않는다. 어느 날 땀을 흘리며 산을 올라가니 노인 한 분이 나뭇가지를 꺾어 빗자루를 만들어 낙엽을 쓸어 내고 있었다. 노인이 수고하는데 그냥 지나갈 수 없어 나도 빗자루를 만들어 함께 쓸었다. 이 일은 내가 하고 싶지 않은 일이었다. 등산길 쉼터는 마치 절간 마당처럼 빗자루 자국을 남기며 깨끗해졌지만 뭔가 생경함을 느꼈다.

등산길은 사람이 걸어 다니면서 자연스럽게 생긴 길이다. 사람만이 아니라 다람쥐가 지나가고 두꺼비가 건너가며 개미가 집을 짓고 많은 곤충이 사는 자연의 일부다. 산길의 낙엽은 매우 자연스러운 것이며 낙엽을 밟고 걷는 등산길이 나의 마음을 더욱 편하게 한다. 왜 낙엽을 쓰느냐고 묻지는 않았다. 그 분은 스님들이 절 마당을 쓸면서 번뇌를 쓸어내듯 수행하는 마음으로 그 일을 하는지도 모르기 때문이다.

이유야 무엇이든 산길에 깡통이나 과자봉지를 버리는 것보다는 훨씬 좋은 일이며 사람에 따라서는 기분 좋게 생각할 수도 있기 때문이다. 취향의 문제이기도 하다.

산길은 일종의 공유재산이다. 여러 사람이 이용하는 것일수록 다 같이 협조하는 마음을 가져야 한다고 생각하며 오늘도 비닐봉지와 숲길에 버려진 물병을 주워 담는다. (2015.7.30. 금, 맑음)

잃어버린 장갑 한 짝

어제 잃어버린 장갑 한 쪽을 찾을 수 있었으면 하는 기대감을 갖고 날이 환하게 밝기 전에 서둘러 산길에 나섰다. 산길 주변을 살피며 어제 산을 내려올 때의 상황을 되짚어 생각해 봤다.

어제는 일찍 일어나 집안 청소를 하여 아내의 수고를 덜어준 후에 산에 오르니 발걸음이 가벼웠다. 산은 안개로 덮여 있었고 날씨는 포근하여 한 겨울에 이렇게 기온이 오른 것은 이상기후라고 생각하였다. 너무 더워 땀이 나기 시작하자 속에 입었던 옷 하나를 벗고 장갑도 벗었다. 장갑은 등산복 양쪽 주머니에 한 짝씩 집어넣었다. 그 장갑이 어디서 빠졌을까? 아마 내려올 때 팔을 휘저으며 걸을 때 빠졌거나, 미끄러져 넘어질 뻔 했을 때 빠졌을 것이다. 대강 짐작이 가는 지점이 떠올랐다. 나의 예상은 적중되었다. 장갑은 어제 미끄러져 넘어졌던 지점의 부근 나뭇가지 위에 얹혀 있었다.

아마 어제 나보다 늦게 산에 오르던 사람이 장갑을 보고 주워서 눈에 잘 띄는 곳에 매달아 놓은 것임에 틀림없었다. 참으로 고마운 분이다. 길에 떨어진 것을 밟고 지나가거나 발로 차버리지 않고 잃어버린 사람의 마음을 헤아려 준 그분의 마음 씀에 진정으로 고마움을 표하지 않을 수 없다.

이 장갑은 내가 겨울 내내 산을 오르면서 하루도 빠짐없이 챙기는 소중한 장비 중의 하나이다. 호주에 사는 딸이 사다준 것으로 양가죽으로 만들어 매우 따뜻하고 튼튼하다. 영하 7~8도의 날씨에도 이 장갑 하나면 따뜻하게 손을 보존할 수 있어 매우 편하게 사용하는 애용품이다. 그 애용품 반쪽이 없어진 것을 집에 와서 알고는 다시 산을 올라가다 내려오기도 하였다. 그러니 그것을 찾았을 때의 기쁨과 반가움을 어찌 말로 표할 수 있으랴.

장갑은 한 쪽만으로는 제 기능을 수행할 수 없다. 왼쪽 오른쪽이 제자리에서 제 역할을 다해야 그것이 완전해 지는 것이다. 장갑이 없으면 추운 겨울에 산에 오를 수 없다. 있어야 할 자리에서 제 역할을 다하고 없어서는 안되는 그런 존재가 소중한 존재이다.

남을 배려하는 마음과, 모든 존재의 소중함, 그리고 그들이 수행하는 역할에 고마움을 느끼게 하는 아침이다. (2016.1.4. 월, 맑음)

명인의 마음가짐

산길을 걸으며 어젯밤에 읽은 바이올린 제작의 명인 안토니오 스트라디바리(1644~1737, 이탈리아 출생)의 삶의 자세에 대해 생각해 본다.

그는 18세에 당시 바이올린 제작자로 유명한 니콜로 아마티의 견습공으로 들어가 20세부터 혼자 바이올린을 만들기 시작하여 90세에 사망할 때까지 1,116개의 바이올린을 만들었고 지금 남아 있는 것이 700여 개가 된다고 한다.

그는 '실패한 바이올린에는 결코 내 이름을 넣어 팔지 않는다'는 신념 아래 무수한 시행착오와 연구를 거듭한 후 자기의 온 영혼을 불어넣은 작품을 만들어내고 제대로 된 최고의 소리를 낼 수 있는 바이올린만 자기 이름으로 팔았다고 한다.

그가 만든 바이올린 중 1733년에 만든 것이 몇 해 전 29만 7,250달러의 값으로 영국의 한 경매장에서 팔렸다고 한다. 자기가 만든 작품, 자기의 이름에 온 영혼을 쏟아 넣는 자세와 부끄럽지 않은 명작을 남기려는 자세에 고개가 숙여진다.

이러한 명인의 마음가짐을 배워야 한다. 이런 마음가짐으로 세상을 살아야 한다. 무엇을 하든지 정성을 다하는 삶의 자세를 본받고 싶다. (2016.2.9. 화, 맑음)

자연은 나의 종교다

영하 1도의 산길은 바람이 불어 싸늘하다. 어제는 얼었던 길이 녹아서 질퍽거렸는데 오늘은 얼어붙어 걷기에는 별 불편이 없다. 구름에 가렸던 해가 얼굴을 내밀자 산은 찡그린 얼굴을 펴듯 밝아졌다. 사랑과 자비의 손길이 온 산을 어루만지는 것 같다.

자연! 자연의 신비함을 느낀다. 신비한 자연은 나의 신앙이요 종교다. 종교란 무엇인가? 으뜸 되는 가르침이다. 자연은 나에게 많은 것을 가르쳐 준다. 종교는 사람들에게 위안을 주고 자기 삶을 돌아보고 성찰하게 하는 것이다. 마찬가지로 자연은 나에게 삶의 지혜를 준다. 자연 속에서 인간의 유한함을 느끼며 겸손을 배우고 서로의 관계 속에서만 존재할 수 있는 관계성을 배운다. 그 속에는 사랑과 자비가 있으며 그 속에서 배려와 감사의 마음을 키울 수 있다.

자연은 만물을 만들어 내고 만물의 생육을 도우고 삶의 터전을 제공한다. 자연 속에서만 생물은 하루하루를 살아갈 수 있다. 태양이 있어 얼어 죽지 않고 식물은 자라며 열매를 맺는다. 달이 있어 조수간만의 차이를 만들어 해산물이 자란다. 공기가 있어 숨을 쉬고 물이 있어 생명이 탄생하고 그 생명을 유지한다. 흙이 있고 불이 있어 인간의 삶이 가능하다.

자연이 제공해 주는 터전에서 나는 오늘도 살아가고 있으며 자연의 가르침 속에서 살고 있다. 나는 지금 이 순간에도 자연이라는 성전 속에서 자연이 가르치는 위대한 소리에 귀를 기울이고 있다. 바람에 날리는 낙엽 하나, 작은 새의 울음 소리, 하늘에 떠가는 구름 한 조각, 발끝에 차이는 작은 돌멩이 하나하나가 모두 경전임을 느낀다.

돌부리에 걸려 넘어지고 땅에 떨어진 작은 나뭇가지를 밟아 미끄러지면서 사소한 것을 경시해서는 안 됨을 배운다.

이러한 가르침은 내 삶에 성찰의 기회를 주고 이러한 가르침에 감사의 마음을 갖게 한다. 자연은 나에게 지나친 욕심이 쓸데없음을 알게 하고 남을 배려하는 마음을 키워주고 마음의 여유와 평안을 안겨 준다.

이러할 때 콧노래가 나오고 휘파람이 절로 난다. 일종의 찬송가다. 자연에 대한 찬미요 환호이며 감사이다.

나는 매일 산길을 걸으며 자연이 가르쳐 주는 지혜를 배우고 실천하는 삶을 이어갈 것이다. (2016.2.19. 금, 구름)

감사하는 마음

하늘에 구름 한 점이 없다. 기온은 영하 3도, 체감온도 영하 7도. 시간이 지날수록 하늘빛은 더욱 파랗게 변하고 있다. 고개를 꺾어 한참 하늘을 올려다본다. 눈이 시원하고 마음마저 맑아지는 것 같다.

산마루에서 멀리 서울 쪽 하늘을 보니 미세먼지가 바람에 날려가 버렸는지 다른 날과 달리 선명하다. 까마귀 몇 마리가 까악까악 운다. 날씨가 맑아서인지 까마귀 소리마저 청아하게 들린다. 구름을 걷어 가고 미세먼지를 날려 버린 바람이 고맙다.

감사해야 할 대상이 많다. 이렇듯 청명한 하늘 아래 떠오르는 아침 햇빛을 받으며 산길을 걸을 수 있는 건강에 고맙고 부드럽게 부는 바람에 감사한다. 감사의 마음은 온몸으로 퍼져 한층 더 힘이 솟고 걸음걸이가 빨라진다. 새들의 노랫소리가 즐겁고 휘파람이 절로 나온다.

매사에 감사하자. 모든 사람에 고마운 마음을 갖자. 우선 나를 위해 늙은 몸을 움직이고 있는 아내가 고맙고 나를 이 세상에 태어나게 한 부모님이 고맙다. 나의 건강을 걱정해 주는 자식들과 형제들이 고맙고 내가 아는 모든 사람들에게 고마운 마음을 갖자. 내가 살아오고 살아갈 터전인 나라가 있어 고맙다.

이렇게 추운 겨울에도 불편 없이 산을 오를 수 있게 등산 장비를 비롯한 생활용품을 만드는 사람이 고맙고, 내가 먹고 살 수 있도록 도와주는 모든 사람이 고맙다.

감사의 마음을 갖고 살면 자신의 몸을 건강하게 할 뿐만 아니라 행복한 인생을 살 수 있으며 인간관계를 부드럽게 할 수 있다고 한다. 불평을 하지 말자. 불평은 내가 가지고 있는 것, 나를 과대평가하는 교만한 마음에서 나온다. 나를 낮추고 욕심을 줄이고 겸손한 마음을 가지고 살아가자.

감사하는 마음을 가진다고 당장 무엇이 달라지지는 않을 것이다. 그러나 감사하는 마음을 가질 때 나의 마음이 풍요로워지고 인생을 보는 시각과 깊이가 달라질 것임을 믿는다. (2016.2.21. 일, 맑음)

앞서 걷는 사람의 책임

산길에는 새벽에 내린 하얀 눈이 덮여 있고 그 위에 둥그런 도장을 찍어 놓은 것 같은 자국이 점점이 이어져 있다. 크기로 보아 집을 나온 고양이 발자국으로 보인다. 두 개씩 네 개씩 찍힌 발자국을 따라 가면서 나보다 먼저 눈을 밟은 고양이가 밉다는 생각이 든다. 내가 먼저 밟고 싶은 순백의 신성한 길을 고양이가 먼저 밟았기 때문이다. 고양이 발자국은 끊어졌다 이어졌다 하다 어느 지점에 이르자 사라졌다. 아마 사람이 다니는 편한 길을 벗어나 자기만의 길인 나무 사이로 들어간 모양이다.

이제야 아무도 밟지 않은 눈을 밟으며 걸어가다 뒤를 돌아보니 나의 발자국이 선명하게 남아 있다. 문득 서산대사의 말씀이 귓가를 스친다. '눈 덮인 들판을 지날 때 어지럽게 함부로 걷지 마라. 오늘 네가 남긴 발자취는 뒷사람의 이정표가 되리니' 踏雪野中去(답설야중거) 不須胡亂行(불수호난행). 今日我行跡(금일아행적), 遂作後人程(수작후인정)

그렇다. 눈 덮인 들판뿐만 아니라 등산길도 앞선 사람이 잘못 들어서면 뒷사람이 고생한다, 길뿐 아니라 일상의 언행이나 삶의 방식도 마찬가지다.

산을 내려오다 올라가는 사람을 만났다. 아버지로 보이는 남자가 고개를 숙이며 "안녕하세요" 하고 인사를 하자 뒤따르던 아들이 인사를 하고 다시 그 뒤를 따라오던 부인이 고개를 숙인다.

앞서 걷는 어른이 모범을 보이자 모두 따라하는 것을 보며 눈 덮인 벌판을 걸을 때 앞선 사람이 어떻게 걸어야 할 것인가를 다시 한 번 더 생각하게 한다. 맨 앞서 간 사람의 발자국을 뒤에 가는 사람이 밟고 그 후 여러 사람이 지나면서 길이 만들어 지듯이 한 사회의 문화와 전통도 앞 세대가 살아온 삶의 방식을 다음 세대가 이어가면서 형성되고 확립된다.

가정생활의 경우에도 부모가 어떤 삶의 자세를 갖고 어떻게 살고 있는가를 보고 배운 자식이 그것을 따라하면서 가풍이 만들어 진다. 앞서 걷는 사람들에게 주어진 책임감은 막중한 것이다.

앞서 가는 사람은 따로 정해져 있는 것이 아니다. 모두가 다음 세대에게는 앞서 걷는 사람이다. 이 아침 눈 덮인 산길을 걸으면서 다시 한 번 나의 언행과 삶의 자세를 돌아보게 된다. (2016.2.23. 화, 흐림)

눈꽃

커튼을 걷어 창 밖을 보니 측백나무 위에 눈이 소복이 쌓여 있다. 산에 오르면 아름다운 설경을 볼 수 있으리라는 기대감을 안고 현관을 나서 앞산을 바라보니 아니, 이게 웬일인가, 나무마다 새하얀 눈꽃으로 덮여 있다. 이 곳으로 이사 와서 6년이 지나는 동안 본 설경 중에서 최고라고 할 만큼 아름답고 눈부시다.

온 천하가 하얗다. 하늘은 얇은 구름으로 하얗고 그 구름에 살짝 가려진 달도 하얗게 걸려 있어 눈에 보이는 모든 것이 순백색이다. 산길에 들어서니 새 솜 같은 보드라운 눈이 나뭇가지를 장식하여 기침 소리에도 날아갈 듯하다. 건너편 산을 보니 마치 산벚꽃이 만발한 듯하고 골짜기의 관목들도 눈꽃으로 단장하여 저마다의 아름다움을 자랑하고 있다.

겨울을 보내고 새봄을 맞이하려는 축제인가, 나무들은 각각 피워낸 눈꽃을 뽐내며 경쟁하는 것 같다. 자연의 힘, 이처럼 장대하고 섬세하며 오묘한 아름다움을 만들어 내는 자연의 무한한 힘 앞에 고개를 숙이지 않을 수 없다. "고맙습니다. 이런 장관을 볼 수 있게 해 주셔서 참으로 고맙습니다" 는 중얼거림이 나도 모르게 입술 밖으로 나온다.

산마루에 올라 사방의 경치를 둘러보며 설경에 취한 눈에 반짝이는 것이 보인다. 무엇인가를 확인하기 위하여 나뭇가지 사이를 살폈더니 얇은 구름에 가려진 태양이다. 햇님도 흰 눈에 물들었는지 마치 보름달처럼 하얗게 보인다. 둥근 해도 지상의 눈꽃 잔치를 보고 싶어 견딜 수 없다는 모습으로 하얀 구름 속에서 반짝이고 있다. 가슴이 덜컥하고 내려 앉는다. 저 햇빛이 이 아름다운 눈꽃 잔치를 망치지 않을까 하는 걱정 때문이다. 햇님은 나의 걱정을 아시는지 구름 속에서 그 빛의 강도를 줄여준다.

산을 내려오며 건너편 산을 보니 약하게 비추는 햇빛에 눈꽃은 연분홍색으로 변하고 가까이 있는 나무 위의 눈들은 하나 둘 꽃잎 되어 떨어진다. 이 아름다운 눈꽃도 시간이 지나면 모두 지고 말 것이다. 이 아름다움이 사라지기 전에 많은 사람들이 나와 즐겼으면 얼마나 좋을까 하고 생각하는데 부부인 듯 보이는 젊은이 한 쌍이 손을 잡고 올라온다. 그들도 아름다운 설경에 취한 듯 얼굴에는 환희에 찬 미소가 번지고 있다. 인사를 나누면서 나는 한마디를 더했다. "아름다운 경치입니다." 그들도 "예"하며 기쁜 음성으로 대답했다.

산을 내려올수록 눈꽃이 계속하여 떨어지더니 아파트 경내의 나무에 피었던 눈꽃은 많이 지고 말았다. 아름다운 것은 생명이 짧다고 하는데 시간이 조금 더 지나면 이 눈꽃으로 덮인 장관도 사라지겠지.

집에 들어와 모자를 벗고 거울을 보았다. 설경에 취한 채 하얀 세계를 걸었더니 머리카락도 더 희어진 것 같다. 행복한 아침이다. (2016.2.27. 토, 흐림)

방심

가늘어진 달이 구름 사이에서 숨박꼭질 하듯 바쁘다. 산길도 눈이 쌓여 있는 길, 녹다 얼어붙은 길, 다 녹은 흙길, 낙엽으로 덮여진 길 등 변화가 심하다.

자연은 언제나 변하는 것, 그 변화를 탓하는 것은 어리석은 일이다. 그러나 그 변화 속에서도 나무들은 변하지 않을 것처럼 깊은 휴식 속에 침묵하고 있다.

미끄러운 산길은 내려올 때가 더욱 위험하다. 경사진 그늘에 얼음이 깔려 있어 여러 번 넘어질 뻔 하였다. 얼음이 깔린 곳을 피하고 덜 미끄러운 곳을 찾아 발을 디디며 조심조심 내려오며 신경을 쓰다 보니 이마에 땀이 배었다.

경사진 위험한 고비를 지나 이제 산을 다 내려왔다고 안도의 한숨을 내쉬는 순간 미끄러지면서 넘어졌다. 하마터면 크게 다칠 뻔 하였으나 다행히 큰 상처는 없었다.

또 하나의 삶의 교훈을 얻었다. '어떤 일이든지 마지막 순간까지 주의를 기울여야 하고 방심하는 순간 모든 일은 수포로 돌아간다는 것을'

산길에 깔려 나를 넘어지게 한 얼음에 감사하며 오늘 새삼 얻은 삶의 지혜를 마음 깊이 새긴다. (2016.3.2. 수, 구름 많음)

비온 뒤에 땅이 굳어진다

어제 오후는 경칩 날답게 천둥 번개와 함께 세찬 비가 내렸다. 천둥소리에 놀라 개구리 벌레들이 겨울잠에서 깨어났을까를 생각하며 산을 오른다. 키 작은 나무의 가느다란 가지에는 물방울들이 줄지어 매달려 있고 그 물방울 사이에는 조그만 잎눈, 꽃눈이 꿈틀거린다. 얘들도 천둥소리에 놀라 깨었나 보다.

어제 내린 비가 40mm 이상이어서 흙이 질퍽거릴까 걱정했는데 오히려 어제보다도 땅이 더 굳어 있다. 어제는 얼었던 땅이 녹으면서 발이 빠지고 미끄러지는 지점이 많았는데, 오늘은 그 지점이 말랑말랑하게 굳어서 발밑의 감촉이 좋다.

'비온 뒤에 땅이 굳어진다.' 는 속담을 몸으로 느낀다. 우리 선조들은 이런 자연현상에서 지혜를 배우고 인간사의 굴곡을 비유적으로 표현하였다. 사람들은 살아가는 과정에서 많은 분쟁과 갈등을 겪게 된다. 이러한 갈등 관계를 서로 대화와 타협을 통해 현명하게 해결한다면 서로의 관계는 갈등 이전 보다 훨씬 더 유대가 강화된다. 이런 경우 사람들은 비온 뒤에 땅이 굳어진다고 말하였다.

또한 이 속담은 좀 더 넓은 의미로 해석하기도 하였다. 고진감래(苦盡甘來) 즉 괴로움 다음에는 즐거움이 온다는 생각이다. 비 오는 날이 지나면 맑은 날이 오고, 어렵고 불행한 시기가 있더라도 그것은 편안하고 행복한 시기를 맞이하기 위한 단련의 시기라고 위안하면서 살았다.

삶을 긍정적으로 낙관적으로 인식하며 사는 삶의 자세이다. 어떤 일도 나쁘기만 한 일이 없고 좋기만 한 일이 없다. 나쁜 일도 잘 활용하면 좋은 일로 만들어낼 수 있고, 좋은 일도 잘못하면 곧 불행의 원인이 될 수 있다.

살아가면서 만나는 시련과 난관에 일희일비하지 않은 의연한 자세가 필요하다. (2016.3.6. 일, 흐린 후 맑음)

4월 어느 봄날

어젯밤 내린 비가 신호탄이었나
키 작은 나무 가지 위에 운동회가 열렸다.
귀여운 새싹들이 달리기를 한다.

무거운 옷 벗어 던지고
가벼운 차림으로 신나게 달린다.

생강나무 진달래 옹기종기 모여
노랑풍선 분홍풍선 손에 손에 들고
춤을 추며 응원한다. 박수치며 응원한다.

큰 새는 축하비행 작은 새는 응원가
온 산이 들썩인다. 넘치는 생명력.

(2015.4.14. 화, 가랑비)

마음의 여유

새들이 지저귀는 소리가 나의 귀를 즐겁게 하고 뭉게뭉게 피어 있는 산벚꽃이 하얗게 웃고 있다. 화사한 표정의 벚꽃을 보면서 문득 어제 저녁 때의 일이 떠올랐다.

저녁밥을 먹으려는데 아내가 식탁 위 전등을 실수로 끄자 나는 "왜, 이래?"하고 말하였다. 내 말이 퉁명스럽게 들렸던지 아내의 표정은 밝지 않았다. 내가 무심결에 한 말이 상대방의 마음을 상하게 했음을 생각할 때 내 자신을 돌아보지 않을 수 없었다.

새들의 노랫소리가 나를 즐겁게 해주고 꽃들이 나에게 미소를 보내는데 나는 주위 사람에게 미소도 즐거움도 주지 못하고 있다. 주위에 있는 사람들이 즐거워야 내가 즐겁고, 내가 웃어야 상대방도 웃게 된다는 것을 알고 있으면서도 나는 그러하지 못하고 있다.

나는 나의 단점을 잘 알고 있으면서도 고치지 못하고 있다. 무뚝뚝하고 미소나 유머가 부족하다. 좀 더 부드러운 말씨, 미소 띤 부드러운 표정, 상대방의 실수를 웃음으로 넘기는 여유를 갖도록 노력하자.

모든 사람은 흠을 갖고 있다. 흠이나 단점이 없는 사람은 인간미가 없고 삶을 각박하게 한다고 한다. 그래서 인디언의 어느 부족은 목걸이를 만들 때 하나의 알은 반드시 흠이 있는 것을 끼워 넣는다고 하며, 유명한 페르시아 카펫에도 일부러 조그만 흠을 남긴다고 한다. 그러나 이런 흠은 완벽함에서 느끼는 긴장감을 해소하기 위한 여유를 말하는 것이다.

그렇다. 여유가 있어야 한다. 남의 흠이나 실수를 감싸 안는 여유와 너그러움을 갖도록 더욱 노력하자. (2015.4.23. 목, 맑음)

꿩 알 12개

가까이서 멀리서 꿩 우는 소리가 들린다. 까투리가 낳은 알을 지키려고 천적의 침입을 경계하는 소리처럼 들린다. 옛날 어린 시절이 생각난다.

70여 년 전 어느 봄날의 오후, 나는 이종사촌과 함께 보리이삭이 막 피어난 밭에서 잡초의 일종인 대오리(대보리?)를 뽑고 있었다. 그 때도 사방에서 꿩 우는 소리가 들렸다.

사촌형은 대오리를 찾아 뽑고, 나는 뽑은 것을 받아 가슴에 안고 밭 구석으로 버리러 가다가 보리밭 가운데서 꿩 알을 발견하였다. 이게 무슨 횡재인가, 그것도 자그마치 12개의 꿩 알이 보리 뿌리 사이의 둥지에 담겨 있었다. 주우려니 가슴이 두근거렸다. 생각하지도 못한 공짜에 기뻐서 가슴이 벅차기도 했지만 조금 전 급히 날아간 엄마 꿩을 생각하니 어린 마음에도 마음이 걸렸다.

그러나 이 보릿고개에 꿩 알 12개를 그냥 두고 가기에는 너무도 아까웠다. 이것들을 집에 가져가면 반찬거리 생겼다고 칭찬을 받을 것이라는 기대감도 있었다. 쓰고 있던 밀짚모자를 벗어 12개의 알을 조심스럽게 주워 놓고 의기양양하게 집에 돌아와 할아버지께 "이것 봅서(보세요)! 나 꿩둙새기(제주사투리) 12개 주서 와수다(주워 왔어요)"하고 보여 드렸다. 잘 주워 왔다고 칭찬의 말씀을 기대했는데 이게 무슨 날벼락인가, "야! 이 녀석아, 꿩둙새기를 집에 주워 오면 되나, 당장 제자리에 갖다 놓고 와!" 하고 호통을 치는 게 아닌가. 어리둥절하여 할아버지 얼굴을 쳐다보자 "아무리 미물이지만 새끼를 잃은 부모의 마음이 얼마나 아프겠냐? 빨리 가지고 가!" 하시며 재촉하였다.

죄책감 반 섭섭한 마음 반의 기분으로 꿩알 을 들고 밭에 가서 둥지를 찾았으나 그 넓은 보리밭 한가운데서 둥지를 찾을 수가 없었다. 날은 점차 어두워져 할 수 없이 부근이라고 생각되는 곳에 놓아두고 돌아오면서 걱정이 되었다. 엄마 꿩이 알들을 찾지 못하면 그 알들의 운명이 어떻게 될까 하고.

그 꿩 알의 운명이 어떻게 되었는지는 모른다. 그러나 나는 그날 어린 생명을 존중해야 한다는 가르침을 받았다. 비록 맛있는 반찬감을 잃어버린 아쉬움은 남았지만. (2015.5.2. 토, 맑음)

검은 등 뻐꾸기의 울음소리

어버이날이다. 나뭇잎들이 5월의 태양 아래 싱그럽다. 숲속 여기저기서 검은 등 뻐꾸기가 경쟁하듯 울고 있다. 새소리 치고는 특이하게 '오호코호'로도 들리고 '화아호오'로도 들리는 울음소리는 무엇인가를 걱정하는 듯, 호소하는 듯 절박감이 느껴진다. 계속해서 산속을 흐르는 음률 따라 가사를 붙여 본다.

남의 둥지 맡겨놓은 우리 새끼 걱정된다.
부화되어 자라는지 속이타고 걱정된다.
부모 되어 도리 못해 미안하고 미안하다
아무쪼록 살아남아 건강하게 자라거라.

뻐꾸기나 검은 등 뻐꾸기는 다른 새의 둥지에 알을 낳아 놓는 특이한 새이다. 자기는 낳아 놓기만 하고 부화시켜 먹이고 키우는 것은 남에게 맡긴다. 뻐꾸기는 자기 새끼에 대해 갖고 있는 지극한 모성애가 없는 것일까? 대부분의 동물들은 자기가 낳은 새끼를 지키고 키우기 위해 온몸을 던지는데 뻐꾸기들은 울고만 있다.

모성애란 도대체 무엇인가, 부모의 도리란 무엇인가, 왜 동물들은 자기의 새끼를 목숨을 걸고 지켜내는가? 자기의 유전자를 보존하고 증식시키려는 본능에 불과한 것인가?

모든 생물은 유전자에 정해진 바에 따라 살아간다고 한다. 뻐꾸기의 유전자에는 남의 둥지에 알을 낳는 것이 유전자를 남기는 최선의 방법으로 기록되어 있는 것일까?

왜 사람들은 자식을 낳아 힘들게 키우고 공부시키고 결혼자금을 대어야할까? 유전자를 남기려는 생물 본능 때문일까? 늙어서 효도 받고 오늘 같은 어버이날 카네이션 한 송이 가슴에 달기 위한 것일까? 검은 등 뻐꾸기의 울음소리가 수 많은 부모들의 자식들을 걱정하며 내쉬는 한숨처럼 들리는 이유는 무엇일까?

부모의 도리, 자식의 도리란 무엇이며 효도란 무엇인가에 대하여 생각하게 하는 날이다. (2015.5.8. 금, 맑음)

상추 잎을 따며

상추 잎이 아침 햇볕을 받으며 반들거리고 있다. 지난 4월 중순 모종을 심은 후 물을 주며 자라기를 기다렸는데 손바닥 크기로 자랐다. 기쁘다. 내가 키운 상추가 이렇게 잘 자라서 오늘 처음 따게 되어 조그만 보람을 느낀다.

상추 잎을 따려고 굽힌 어깨 위로 쏟아지는 5월의 햇살이 따스하다. 순간, 이 상추는 내가 키운 것이 아니라 햇빛이 키운 것이란 생각이 머리를 스친다. 그렇다. 상추는 내가 키운 것이 아니라 태양과 대지, 그리고 공기와 물 등 자연이 키워낸 것이다. 내가 한 일이야 가끔 물이나 주고 지나다가 들러 얼마나 자랐는지를 보며 기다린 것뿐이다.

별로 한 일도 없는 나는 대단한 일이라도 한 것처럼 휘파람 불며 잎을 따는데, 정작 이들을 키워낸 자연에 대해서는 아무런 보답을 못하고 있다. 상추의 입장에서는 키워준 은혜를 갚지 못하는 안타까움이 있을 것이다. 그러므로 내가 할 일은 상추를 맛있게 먹고 그 대신 자연을 사랑하고 보호하는 일로 상추의 마음을 달래 주어야 한다.

텃밭을 가꾸는 일은 행복해지는 한 가지 방법이라고 말한 사람이 있다. 텃밭을 가꾸면서 타이밍의 중요성과 기다림의 미학을 배운다. 요샛말로 슬로우 라이프(slow life)이다. 서두른다고 식물은 빨리 자라지 않으며 시간이 흘러야 한다. 시간이 농작물을 길러내고 농작물은 기르는 사람의 마음을 키운다.

텃밭에서 농작물을 키워 자급자족하면 자연을 보호하는데 일조를 할 수 있다. 이른바 푸드 마일리지(food milage)를 줄여 수송에 따른 연료의 소비 절감으로 탄소 배출량을 감소시키고 비닐봉지 등 포장지 사용을 줄일 수 있다.

또한 자연과 더불어 산다는 기분을 느끼고, 스스로 키운 작물을 먹으며 자연의 고마움을 배운다. 지금 나는 5월의 대자연 속에서 조그만 행복감에 젖어 상추 잎을 따고 있다. (2015.5.11. 월, 맑은 후 흐림)

배우려는 자세

한 노인이 맞은편에서 걸어오면서 활짝 웃는 얼굴로 인사를 한다. "벌써 날이 더워졌네요, 조심히 다녀오세요!" 나도 "그래요, 더운 날이네요"하고 몇 걸음 지나가다 말고 뒤돌아보았다. 그 할아버지의 밝고 따뜻한 인사말에 마음이 즐겁고 존경의 마음이 우러났다. 그리고 나를 돌아보게 하였다. 인사는 이렇게 하는 것이라고 가르쳐 주셨다. 감동을 주셨다.

스승은 학교에서 지식을 전수해 주는 선생님만이 아니라 언제 어디서나 모범을 보이고, 지혜로 깨우쳐주며 바른 삶의 길로 인도해 주는 사람은 모두 스승이다. 오늘 등산길에서 참 스승을 만난 것이다.

공자는 세 사람이 길을 가면 반드시 스승이 있다고 하였다. 나는 세 사람이 모두 스승이 될 수 있다고 생각한다. 사람은 누구나 좋은 점과 나쁜 점을 가지고 있다. 그 장단점을 찾아 장점을 배우고 단점을 고치려고 노력하면 같이 가는 사람 누구도 스승이 될 수 있다.

문제는 배우려는 의욕과 자세가 있느냐이다. 배우려는 마음만 있으면 사람이 아닌 자연에서도 많은 것을 배울 수 있고 그 자연이 바로 스승이다. 배우려면 오만과 아집을 버려야 한다. 많이 배웠다고, 많이 알고 있다고 자만하는 자는 참스승을 만나도 스승임을 모른다. 언제나 겸손하고 겸허해야 배울 수 있다.

불치하문 (不恥下問)이란 말이 생각난다. 나이 어린 사람에게 배우는 것도 부끄러운 일이 아니라는 말이다. 속담에 '업은 아이에게도 배운다'는 말이 있다. 마음이 열려 있어야 배울 수 있다. 배우려고 노력하는 사람만이 남의 스승도 될 수 있다.

나도 남의 스승이 될 수 있는가를 돌아보게 하는 스승의 날이다. (2015.5.15. 금, 흐림)

부처님 오신 날

숲 속의 새들도 오늘이 부처님 오신 날인줄 아는가 보다. 어떤 새는 큰 절의 법고처럼 둥둥 소리를 내며 울고, 딱따구리는 목탁 치듯 딱 딱 또르르 소리를 내며 나무를 쪼아대고, 검은 등 뻐꾸기는 카코코호 공즉시색 색즉시공 하며 반야심경을 외우고 있다.

그들도 윤회의 과정에서 부처님과 날개라도 스친 인연이 있었거나 불법의 가르침을 받았는지 모르지만 오늘은 다른 날과 다르게 새들의 움직임도 부산하고 울음소리도 다양하여 부처님 오신 날을 축하하는 것 같다.

새들도 사람처럼 태어나서 죽을 때까지 시간 속에서 살고, 자연이라는 공간 속에서 살아가고 있으니 생·노·병·사의 네 가지 고통을 겪고 있을 것이며 이에 더하여 좋아하는 짝이나 새끼를 잃는 괴로움(애별리고, 愛別離苦), 두려운 적을 만나는 괴로움(원증회고, 怨憎會苦), 먹을 것을 찾아 헤매야하는 괴로움(구득불고, 求得不苦), 이 모든 괴로움을 안고 살아야 하는 괴로움(오성음고, 五盛陰苦) 등 사고팔고(四苦八苦)의 고해 속에서 살아가고 있을 것이다.

그러하니 새들인들 어찌 불법을 모르겠으며 부처님 오신 날을 축하하지 않을 수 있겠는가? 더욱이 요즘처럼 공해가 심해지고 사람들이 새들의 삶의 터전인 숲을 황폐화시키고 있으니 부처님의 가호가 절실할 것이다.

그런데 새들은 고통의 원인인 삼독(三毒) 즉 탐(貪 : 탐욕), 진(瞋 : 분노),

치(癡 : 어리석음)를 어떻게 다스리고 있을까? 부처님께서는 "지나치게 가지려 하고 쾌락을 추구하는 것이 탐욕이며, 탐욕은 사람의 마음을 태우고 이웃을 태우며 그리고 모든 것을 태워 버린다. 탐욕이 충족되지 않으면 증오로 변하고, 증오는 다시 분노가 되어 폭발한다. 이것이 '진'이다.

탐욕과 분노는 이성을 마비시켜 사리판단을 못하고, 옳고 그름을 제대로 구분하지 못하게 한다. 편견과 아집 고집불통의 자기중심적 인간이 된다. 이것이 어리석음(치)이다."고 가르치셨다.

그리고 이 삼독을 멸하고 고해의 바다를 벗어나 해탈에 이르려면 팔정도(八正道)를 수행해야 한다고 하셨다. 어렵다. 사람이나 새들이나 먹고 살기에 바쁘다 보니 탐 진 치의 삼독에서 벗어나기가 쉬운 일이 아니다. 그저 살면서 지나친 욕심, 분수에 넘치는 쾌락이나 줄여 나갈 수 있으면 조금은 세상을 편하게 살 수 있을 것이다. (2015.5.25. 월, 맑음)

* 팔정도(八正道)

① 정견(正見) : 올바로 보는 것

② 정사유(正思惟)·정사(正思) : 올바르게 생각하는 것

③ 정어(正語) : 올바르게 말하는 것

④ 정업(正業) : 올바르게 행동하는 것

⑤ 정명(正命) : 올바르게 목숨을 유지하는 것

⑥ 정정진(正精進)·정근(正勤) : 올바르게 부지런히 노력하는 것

⑦ 정념(正念) : 올바르게 기억하고 생각하는 것

⑧ 정정(正定) : 올바르게 마음을 안정하는 것

산길에서 만나는 사람들

매일 아침 산을 오르내리는 동안 많은 사람들을 만난다. 오늘 처음 만난 사람은 20대의 젊은이와 그의 어머니처럼 보이는 여성이다. 그 젊은이는 가끔 만나는 경우가 있으나 서로 인사를 나누어 본 적이 없다. 인사를 건네려고 얼굴을 보면 외면하거나 땅만 보고 걸어간다. 이런 사람과 만났을 때는 마음이 편치 않다. 언젠가 한번 인사의 말을 했으나 무시당한 경험이 있기 때문이다. 처음에는 무안하기도 하고 무시당한 것 같아 화가 나기도 했으나 생각을 바꾸었다. 그도 그 나름의 이유가 있을 것이고 인사를 하고 안 하고는 완전히 그의 자유인지라 내가 왈가왈부하는 것은 내 중심의 잘못된 사고방식이라 생각되었기 때문이다.

가파르게 경사진 길을 오르는데 중년의 남자가 내려왔다. 고개를 들어 쳐다보니 나와 눈이 마주치기 전에 한번 고개를 숙이고 눈이 마주치자 다시 고개를 숙이고 인사를 했다. 나도 "안녕하세요"하고 기분 좋게 인사말을 하였다.

만나는 사람마다 인사하는 모습이 다양하다. 고개만 까딱하는 사람, 들릴 듯 말 듯 작은 소리로 인사하는 사람, 미소 띤 얼굴로 밝게 인사하는 사람, 처음 보는 사람이 마치 친한 사람을 오랜만에 만난 것처럼 어디까지 갔다 오느냐, 매일 다니느냐 어디 사느냐 등을 물어보는 친화형의 사람도 있다.

산길을 오르내리는 사람들의 모습도 여러 가지이다. 계속 뛰는 사람, 빨리 걷는 사람, 천천히 이것저것 관찰하며 걷는 사람, 라디오를 듣거나 스마트폰을 보며 걷는 사람, 메모지를 들고 외우는 사람, 무엇인가를 중얼거리며 걷는 사람도 있고, 음식을 먹으며 걷는 사람, 물병 들고 걷는 사람, 골프채 들고 걷다 공터가 나오면 휘둘러 보고 가는 사람 등 손에 들고 있는 것도 여러 가지이다.

내가 신경 쓰이는 사람은 담배를 피우거나 신문지를 들고 다니는 사람이다. 불씨가 살아남아 산불로 번질까 불안하고 버려진 꽁초나 신문지가 청정한 숲을 더럽힐까 걱정된다.

이런저런 사람들을 보면서 나 자신을 돌아본다. 그들의 눈에 비친 나는 어떠할까? 호감을 주고 있을까 아니면 불쾌감을 주고 있을까를 생각하고 그들에게서 배울 점을 찾기도 한다.

나는 미소 띤 얼굴로 가볍게 고개 숙이며 "안녕하세요"하는 인사를 좋아한다. 때로는 자주 만나는 사람에게는 "이제 봄이 됐네요." "오늘은 날씨가 덥네요.", "길이 미끄러우니 조심하세요."한다든가, 아름다운 꽃 옆을 지날 때는 "꽃이 참 곱네요."정도의 간단한 말을 덧붙인다면 상대방에게도 부담이 안 가는 인사라고 생각한다.

일행이 있어도 조그만 소리로 말하고, 라디오는 이어폰을 사용하여 듣고, 가져온 물건을 버리지 않는 사람을 좋아한다.

산은 높으나 낮으나 여러 사람이 체력을 기르고 마음의 휴식을 얻는 장소이다. 남을 배려하고 남에게 피해를 끼치는 언행을 안 하려고 오늘도 다짐한다.

자유는 다른 사람들에게 해를 끼치지 않는 데서 자유가 끝난다.

\- 존 스튜어트 밀(2015.6.19. 금, 맑음)

믿음과 천국

머리가 하얀 할머니가 산길 옆 숲속 바위 위에 앉아 두 손 모아 기도를 하고 있다. 이른 아침, 인적이 드문 숲속에 앉아 기도를 드리는 모습을 의아하게 생각하면서 산으로 올랐다. 한 시간여가 흐른 뒤 산에서 내려오는 나를 본 그 할머니는 나를 불러 세우고 "예수 믿어 천국에 가세요" 하며 팸플릿을 한 장 주고는 다시 "교회에 나오세요."하고 말 하였다.

〈길과 진리와 생명이신 예수 그리스도〉라고 쓰여진 표지의 팸플릿을 펼쳐보니 '사람들은 하나님을 떠난 죄인이므로 누구든지 예수님을 믿음으로써 죄사함을 받고 하나님의 자녀가 되어 천국에서 영원히 살게 된다.'는 요지의 내용이 적혀 있었다.

그 할머니의 '예수님을 믿으면 천국에 가서 영원히 살 수 있다'고 믿고 살아가는 그 신심에 경의를 표하면서도 나로서는 천국이라는 곳이 있는지 궁금하다. 술친구 중에 교회에 열심히 나가는 사람이 몇 명 있다. 어느 날 술자리에서 그 친구들에게 물어본 적이 있다. "천국에 가려고 교회에 나가는 것인가?" 하였더니, 한 친구는 "교회에 나가는 날, 따로 사는 자식들을 만나 예배 끝나고 식사를 같이함으로써 가족의 화목을 도모할 수 있다"고 대답하였고, 한 친구는 "교회는 기도발이 잘 듣는다. 우리 어머니가 교회에 나가 열심히 기도하니까 자식들이 다 잘 되었다."고 말하였다. 또 다른 친구는 "일요일에 교회에 가서 기도하면 지난 일주일 간 술 마신 일 등 모든 죄를 용서 받는 기분이 들어 마음이 가벼워진다"고 하였다. 모두 천국 가려고 교회에 가는 게 아니라 현세적이고 현실적인 목적으로 간다고 하였다.

대부분의 종교는 죽어서 갈 다음 세상을 말한다. 착한 일을 많이 하면 천당이든 극락이든 좋은 세상으로 가고 나쁜 일을 하면 지옥으로 간다고 한다. 철학자 칸트는 그의 저서 〈실천이성 비판〉에서 '사람들에게 좋은 일을 하면 복을 받고 나쁜 일을 하면 벌을 받는다고 가르치지만, 착한 일을 많이 하고도 평생 불행하게 사는 사람이 있고, 악한 일을 한 사람이 죽을 때까지 잘 사는 경우가 많으므로, 내세라는 개념을 도입하여 현세에 불행하더라도 내세에는 복을 받는다고 믿게 함으로써 선행을 장려하기 위해 천국이나 극락을 만들어 냈다'는 뜻의 말을 하였다.

나는 내세를 위해 무엇인가를 하고 싶지는 않다. 살아있는 동안 무엇을 해야 내가 마음 편하게 살다가 죽을 수 있을까를 생각한다. 나는 남에게 조금이라도 도움이 되는 일을 했을 때 보람과 행복감을 느끼고 남에게 불편을 끼쳤을 때 마음이 불편하다.

천국은 나의 마음속에 있다고 생각한다. 나의 천국을 만들기 위해 오늘도 남을 배려하며 살고 싶다. (2015.7.6. 월, 맑음)

대선배인 나무들

아침 최저온도가 24~25도, 올 여름 들어 가장 더운 아침이다. 그늘을 만들어 주는 나무 밑을 걸어가면서 높게 뻗어 올라간 참나무를 올려다본다. 매일 보며 지나는 나무인데도 오늘은 다르게 보인다. 왜냐면 나무를 보는 인식이 달라졌기 때문이다.

어제부터 칼 세이건(Carl Edward Sagan, 1934~1996)이 쓴 〈코스모스〉라는 책을 읽고 있다. 먼 과거로 거슬러 올라가면 동물인 나와 식물인 나무는 조상이 같으며 사람이나 나무나 모두 탄소, 산소, 질소, 수소 등의 원소로 구성되어 있을 뿐 아니라 60% 정도의 유전자가 같다는 것이다.

또한 내 몸을 구성하고 있는 원자들 속에는 나무들이 썩어 분해된 후 흩어져 있던 원자의 일부를 물려받았을 수도 있으며 저 나무들 속의 원자에는 먼 나의 조상의 몸속에 있던 원자가 들어있을 수 있다.

지구 위에 살고 있는 생물의 진화과정에서 볼 때 식물은 동물보다 먼저 태어난 형님이요 대선배이다. 식물이 먼저 태어나 동물이 살아갈 수 있는 터전을 마련해 주었기 때문에 동물이 태어나 살아갈 수 있었다.

게다가 인류의 조상은 나무 숲 속에서 태어나 나무 열매를 따 먹으며 나무 위에서 살았다. 나무들은 인류의 대선배요 생명의 근원이며 먼 조상을 같이하는 형제들인 것이다. 나는 지금 대선배인 나무들을 생명의 은인을 대하는 마음으로 바라보고 있다.

사실 나는 그동안 매일 나무 아래를 걸어 다니면서 나무나 숲이 주는 혜택에 고마워하고 있었을 뿐이다. 나무는 탄소동화작용을 통하여 우리 인간에게 유익한 산소를 공급해 주고 탄산가스를 흡수하여 지구 온난화를 막아주고 있으며, 아름다운 경치와 피톤치드 등 좋은 물질을 발산하여 인간의 삶을 풍성하고 유익하게 해주는 것으로만 인식하고 있었다.

그러나 이런 나의 생각은 인간 중심의 너무나 천박한 것이었음을 절감한다. 이 지구상에 식물이 없으면 우리 인간은 물론 모든 동물은 존재할 수 없다. 식물은 생태계의 먹이 구조에서 그 기반이 되고 있다. 동물은 식물이 광합성을 통해 만들어낸 탄수화물이 없으면 세포를 작동시키는 에너지를 만들어 낼 수 없다. 아무리 고기를 좋아하는 사람도 식물이 만들어 내는 탄수화물 없이는 살아갈 수 없다. 뿐만 아니라 식물이 없다면 좋아하는 고기도 있을 수 없다.

그러고 보니 우리 인간은 식물이 있어야 살아갈 수 있는 허약한 존재이다. 먹을 것을 주고 집 지을 재목을 공급하고 연료와 에너지도 식물에서 비롯되는 것이 대부분이다.

인간이 만물의 영장이라고 자만하며 근본을 잊어버리거나 우리들의 삶을 가능하게 하는 식물의 은혜를 잊어서는 안되겠다. 오늘부터 나는 대선배 앞에 선 후배의 자세로서 그들의 말없는 가르침을 겸허히 배우면서 이 길을 걸을 것이다. (2015.7.11. 토, 맑음)

달맞이꽃

텃밭 공터에 달맞이꽃이 노랗게 피어 있다. 아침 해가 뜬지 한참 된 이 시간이면 꽃잎을 오므리고 있어야 할 꽃이 그냥 피어 있다. 태풍 '찬홈(CHAN-HOM)'에 밀려온 검은 구름이 하늘을 덮고 있어 아직도 밤인 줄 아는 것 같다.

저녁에 피었다 아침이면 진다고 하여 야화(夜花), 달 뜰 때 핀다 하여 월견초(月見草), 밤에 은은한 향기를 풍긴다고 하여 야래향(夜來香)이라는 멋진 이름을 가진 이 꽃을 볼 때마다 80나이에도 마음이 두근거린다. 어린 시절 짝사랑의 추억을 되살리기 때문이다.

농촌의 여름날 밤, 마당에 보리 짚을 깔고 그 위에 멍석을 펴 놓으면 그곳이 사랑방이요 안방이 되었다. 저녁밥을 먹고 멍석에 누워 하늘을 올려다보면 수많은 별들이 경쟁하듯 반짝이고 반딧불이가 유유히 초가지붕을 넘나든다. 동쪽 하늘에 밝은 달이 얼굴을 내밀면 좋아하는 소녀의 얼굴이 떠오르고 갑자기 보고 싶은 마음이 달덩이처럼 커진다. 먼발치에서 나마 보고 싶은 마음에 두근거리는 가슴을 안고 집을 나선다.

소녀의 집 가까이에 가서 그녀의 집안을 둘러봐도 그녀의 모습은 볼 수 없고 얄미운 개만 짖었다. 쓸쓸한 마음으로 발길을 돌릴 때 내 마음을 아는 듯 살며시 웃어 주는 게 담장 옆에서 피어나고 있는 달맞이꽃이었다. 폭, 폭 소리를 내며 꽃잎을 터뜨리는 달맞이꽃을 보며 약간의 위로를 얻고는 발길을 돌리고는 하였다.

북아메리카 인디언들이 약초로 활용하던 것이 해방되던 무렵에 우리나라에 들어왔다 해서 해방초로도 불리는 이 꽃은 뿌리, 꽃, 씨, 잎 모두를 사람들에게 내어주는 고마운 식물이다. 꽃잎은 식용으로도 쓰이지만 달인 물은 피부병이나 종기 치료, 기침과 통증 치료에 사용하고 씨에서 뽑아낸 기름은 성인병인 당뇨, 비만, 고지혈증 치료에 좋다고 하니 사람들에게는 매우 유용한 식물이다.

이러한 약리적 효능 이외에 달맞이꽃을 보면서 느끼는 점은 다른 꽃들은 대부분 낮에 피는 것과 달리 밤에 핀다는 점이다. 많은 사람들이 가는 길을 피하고 자기만의 길을 찾아가는 사람을 보는 것 같다. 낮의 밝음 속의 생활만을 고집하는 사람들에게는 사람들이 보지 않는 밤에 피는 꽃의 가치를 낮게 평가하고 나비나 벌이 없어 열매를 맺지 못할 것으로 생각할 수도 있다.

그러나 눈을 돌려 보면 우리가 잠자는 밤에도 낮에 못지않은 활발한 생명활동이 일어나고 있다. 달맞이꽃은 뭇 꽃들이 다투는 낮을 피해 밤에 노랗게 피어남으로써 다른 꽃들과 다투지 않고 나방이를 불러 모을 수 있으며 그 희소성 때문에 향기나 아름다움에 비해 많은 사랑을 받고 있다.

식물이나 사람이나 자기만의 특성과 재능을 가지고 있어야 이 험한 세상에서 살아남을 수 있다. 여러 사람이 선호하는 분야에서 성공하는 것도 의미가 있지만, 남들이 가지 않은 분야에서 혼자 뚜렷이 서는 것 또한 의미가 있다.

혼자 가는 길은 외롭고 실패에 대한 두려움이 있을 수 있다. 그러나 자기의 재능을 가장 아름답게 꽃 피울 수 있는 곳을 찾아야 한다.

달맞이꽃은 밤에 피어 더욱 아름답다. (2015.7.12. 일, 비)

애완견의 여러 모습

산길을 조금 올라가니 아주머니 한 분이 길에서 벗어나 나무들 사이에 서있는 모습이 보였다. 이상하게 생각하며 가까이 다가가서 보니 검은색의 송아지만한 개의 목줄을 쥔 체 서 있었다. 아주머니는 "안녕하세요!" 하고 인사하면서도 어서 빨리 지나가기를 바라는 표정이었다.

한참 더 올라가 쉼터에 이르자 산길에서 자주 만나는 부부가 강아지 때문에 애를 먹고 있었다. 평소에는 주인 부부를 따라 잘 다니던 강아지가 오늘은 무슨 이유인지 길 가운데 버티고 서서 걷기를 거부하고 있었다. 목줄에 끌려가면서도 한사코 버티자 주인은 어쩔 수 없이 끌어안고 갔다.

애완견을 데리고 산에 오르는 사람들이 많다. 목줄을 잡고 걷는 사람, 강아지를 앞세우고 따라가는 사람, 주인 따라 좇아가는 강아지, 짊어진 배낭 속에 넣고 걷는 사람, 품에 안고 걷는 사람 등 다양하다.

개의 성질에 따라 말없이 주인을 따라가는 놈이 있는가 하면, 사람만 보면 짖어대는 놈, 어쩌다 산에 나와 해방감을 느꼈는지 동서남북으로 뛰면서 짖어대는 놈도 있다.

산길에서 제일 무서운 개는 버려진 개인 유기견이다. 다 자란 큰 개 한 마리가 홀로 다니는 경우도 있지만 어미 개가 두세 마리 새끼 개와 함께 떼 지어 다니기도 하고, 큰 개 두 마리가 짝지어 다니기도 한다. 한 마리 개와 마주칠 때도 두렵지만 두 마리 이상의 개를 한꺼번에 만날 때가 겁이 난다. 개들은 사람을 만나면 오던 길을 돌아서 가다 서서 한참 뒤를 돌아보고 다시 걷다 다시 돌아보기를 두세 차례 하다 길 옆으로 비켜서서 사람이 지나가기를 기다린다. 지나가면서 개의 눈을 보면 경계의 빛이 역력하고 어느 순간 달려들 것 같은 자세이다. 조마조마한 마음으로 뒤를 돌아보면 계속하여 지켜보고 있다. 혹시 등 뒤로 달려들지 않을까 하는 두려움에 뒷목이 긴장되고 식은땀이 난다. 한 마리라면 들고 있는 지팡이로 막아볼 수 도 있으나 두 마리면 자신이 없다.

나는 애완견을 키우지 않는다. 여러 해 전 지인이 어린 강아지 한 마리를 주면서 길러 보라기에 집에서 며칠간 지내보았더니 강아지 한 마리가 사람 한 사람보다 더 많은 스트레스를 주었다. 먹을거리 장만, 대소변 처리, 목욕, 낑낑대는 소리 등 내 한 몸 건사하기에도 힘든데 강아지에 뺏기는 시간과 노력이 너무 많았다. 강아지를 키움으로써 즐거움이나 정신적 위안을 받는 게 아니라 강아지에 얽매여 허덕이는 것처럼 느껴졌다

사서 고생하는 기분이 들어 돌려주고 말았지만 애완견을 반려삼아 생활하는 사람들이 애완견에 쏟는 정성을 보면 대단한 사람들이라고 생각한다.

애완견을 데리고 산책하는 사람들을 만날 때마다 개와 주인의 모습을 함께 보게 된다. 많은 경우 주인과 애완견의 인상이 비슷하다고 느껴질 때가 있다. 얼굴 모습에서 전해지는 느낌이 비슷하고 강아지의 치장과 주인의 옷차림도 같은 느낌이다.

여러 해 전 딸이 사는 호주에 간 적이 있다. 아침 산책을 나가 숲길을 걷는데 앞에서 큰 셰퍼드와 함께 걸어오는 남자를 만났다. 좁은 숲길에서 사납게 생긴 개를 보자 은근히 겁이 났다. 약 10m쯤 가까이 다가서자 그 남자는 길을 멈추고 개의 목줄을 짧게 잡더니 뭐라고 개에게 지시하였다.

개는 갑자기 주저앉더니 앞다리를 쭉 뻗었다. 우리 일행이 그 옆을 지날 때 개주인은 웃으면서 인사를 보냈다. "아! 이런 것이 개 키우는 사람의 자세구나!" 멋진 사나이와 멋진 개를 보았다. 남에게 조금이라도 불편을 주지 않으려고 개를 훈련시킨 그 남자의 마음 씀씀이가 나에게 조그만 울림을 주었다.

자기 취향에 따라 애완견을 키우면 이웃에게 불편을 주지 않게 하고 이왕 키우기 시작했으면 중간에 버리지 말았으면 좋겠다. (2016.8.11. 화, 맑음)

골프

산길 옆 산소의 잔디 위에서 골프채를 휘두르는 사람을 보니 옛일이 생각난다. 그리고 그 사람의 마음도 이해할 수 있을 것 같다.

나도 40여 년 전 골프를 처음 시작 할 때 한 달간 연습장에서 연습코치에게 기초를 배우고 골프 코스에 나갔다. 그 때는 한 팀 4명 각자에게 캐디가 배당되어 골프채 가방을 메고 따라다녔다. 나에게 배당된 캐디는 4명 중 가장 나이가 많은 베테랑 캐디였다. 처음 골프장에 나왔다는 말을 들은 그 캐디의 인사 겸 훈계조의 첫 말은 "처음 골프장에 나오면 뛰는 것부터 배워야 한다"는 것이었다.

나는 그 말이 무엇을 의미하는지 몰랐을 뿐 아니라 불쾌하기까지 하였다. "공 치러왔지 달리기 하러 왔나"하며 중얼거렸다. 그러나 첫 타를 치자마자 정말로 달리기 시작했다. 연습장에서 쳐 보고는 처음 골프장에 나와 공을 치려 티 앞에 서니 나를 바라보는 동료들의 걱정스런 눈길과 캐디 아가씨, 그리고 기다리는 다음 팀의 수많은 시선이 의식되면서 몸은 굳어지고 티 위에 놓인 공이 잘 보이지도 않았다.

"에라 모르겠다"하는 심정으로 골프채를 휘두르니 공은 앞으로 날아간 게 아니라 옆 산속으로 들어가 버렸다. 그 때부터 공을 찾아 뛰기 시작했다. 헐레벌떡 공을 찾아 들고 나오면 다른 동료들이 기다리고 서 있다. 미안하고 민망한 마음에 서둘러 다시 치면 이번에는 공은 안 맞고 뒤 땅만 파고 만다. 18홀을 공과 골프채 들고 오른쪽 산, 왼쪽 숲, 연못과 모래판을 헤매다 하루를 보냈다.

그 후 가끔 연습장에도 가고 일요일에는 산에 가서 으슥한 곳을 찾아 골프채를 휘두르거나 거울만 보면 어깨를 돌려 보는 등 이상한 짓을 많이 했다. 그러나 몇 년이 지나도 골프장에서 계속 뛰었다.

나는 지금 골프를 치지 않는다. 옛 직장에서 골프모임을 주선하기도 하고 친구들의 골프모임에서 연락도 있지만 나가지 않는다. 어떤 후배는 술자리에서 선배는 골프도 안 치고 무슨 재미로 사느냐고 힐난조로 묻기도 한다. 그러면 나는 골프가 재미없어 안 친다고 대답한다. 우선 골프를 치는데 시간과 돈이 많이 든다. 운동량으로 따지면 하루 8km 정도를 걷는다고 하지만 그 8km를 걷기 위해 하루 종일 시간을 낭비해야 한다. 골프장이 멀면 왕복하는데 2시간 정도, 골프 치는데 5시간 쯤, 준비하고 뒷풀이 하는데 2시간 정도 소요되니 골프 한 번 치려면 아침에 나가서 저녁이 되어야 집에 돌아올수 있다. 비용도 백수에게는 적지 않은 돈이다.

골프장 분위기가 마음에 안 든다. 자격지심 인지는 모르겠으나 좋은 차, 비싼 골프채, 멋진 골프 복장을 한 사람과 그 반대의 사람을 대하는 태도가 다르다. 나 같은 멋을 무시하는 사람은 이방인이 된다.

돈내기 골프가 싫다. 푸른 잔디밭 위에서 신선한 공기와 햇빛을 즐기면 되었지 돈 몇 만원 때문에 다투고 스트레스 받으며 치는지 그 이유를 모른다. 그리고 공을 잘 치지도 못하면서 연습도 안 하고 나가면 공이 맞지도 않는다.

보조를 맞춰야 하는 동료들에게 미안하고 나 자신이 미워진다. 그래서 골프장에서 돌아올 때는 기분이 씁쓰레 하다.

돈도 안 들고 연습도 필요 없으며 마음의 상처도 안 받으면서도 운동효과가 좋은 등산을 매일 하니 배짱이 편해서 좋다. (2015.7.5. 수, 맑음)

날파리

열돔(Heat Dome)에 지구가 갇혔다고 전 세계가 난리법석이다. 우리나라뿐만 아니라 전 세계가 더위 때문에 아우성이다. 미국 26개 주는 폭염경보가 내렸고, 중국 상하이는 40도, 일본 동부는 39도, 중동 어느 지역은 54도란다.

아침 최저기온이 27도에 불과하지만 산을 오르다 보니 땀이 머리에서 얼굴을 거쳐 목으로 등으로 물줄기를 이루어 흐른다. 흐르는 땀이 눈으로 들어가 불편한데 엎친 데 덮친 격으로 날파리가 그 눈을 공격한다. 날파리에 무슨 목표 공격 유도장치라도 있는지 서서히 비행하던 것들이 갑자기 눈을 향해 기습 공격한다.

여름만 되면 나타나 산길 초입부터 계속 따라다니는 날파리는 마치 나를 시험하고 수련시키려는 듯 눈과 코, 입으로 날아들어 나의 신경을 날카롭게 한다. 고개를 흔들고 팔을 휘저으며 쫓아내도 달려드는 날파리들의 끈기에 손을 들고 그들을 산행의 친구로 여기기로 마음먹었는데 오늘은 나의 착한 마음을 악용하려는지 눈치 없이 더 달려들어 나의 눈을 공격한다.

나의 눈을 향해 집요하게 투신함은 평소 나에게 무슨 나쁜 감정이 있어 그리는 것인지 아니면 밀 못할 무슨 절박한 이유라도 있는 것인지 모르겠다. 두 팔을 휘두르며 쫓아도 그 틈 사이로 내 눈을 향해 결사적으로 날아드니 이건 가미가제 특공대가 미 군함으로 몸을 던지는 것과 같고 불나방이 불을 향해 날아드는 것과 흡사하다. 분명 그들로서는 그들 나름의 이유가 있을 것인데 입장 바꿔 생각해 보면 남은 생애 동안 꼭 이루어야 할 사명을 완수하기 위해 필사적이 된 게 아닐까하고 생각해 본다. 모든 생물은 이 세상에 태어나서 해야 할 가장 중요한 일은 자손을 남기는 일인데 어쩌면 나의 눈을 그들의 후손을 남기는 터전으로 선택한 것으로 보인다.

그러나 그들이 나의 눈에 자손을 남기면 나는 이 숲길을 거닐 수 없다. 경사가 많고 평탄하지 않은 산길을 걸으려면 무엇보다 내 눈이 그 기능을 다해 주어야 한다. 그런 중요한 눈을 쉼 없이 공격하면 아무리 자비심에 넘치는 부처님 같은 넓은 마음을 가져도 마냥 웃을 수는 없다.

사면춘풍(四面春風)이라 하여 어떤 경우, 어떤 곳에서도 누구에게나 웃음으로 대할 수가 없으니 참으로 답답한 일이다. 서둘러 발걸음을 옮겨 이 숲길을 벗어나는 길만이 산행 친구 날파리들과의 악연을 만들지 않는 방안이다.

숲길에서 벗어나 텃밭에 이르니 호박꽃이 반갑게 웃어 준다. 흐르는 땀을 닦아 내며 전장에서 벗어난 기분으로 안도의 숨을 내쉰다. (2016.7.25. 월, 구름많음)

맥주 한 잔

7월의 마지막 날, 장마가 끝나자 더위가 맹위를 떨친다. 안개가 자욱한 산길은 습도를 더 높여 발걸음도 무겁다. 바람이라도 불어주면 좋으련만 나뭇잎 하나 움직임이 없다. 대신에 반갑지 않은 날파리만 살판났다는 듯 신나게 달려든다. 땀이 비 오듯 흘러내린다. 목이 마르다. 다른 사람이 캔에 든 음료를 마시는 것을 보니 목이 더 마른 것처럼 느껴진다. 맥주 한 잔 생각이 난다.

맥주 한잔이 무척 마시고 싶은 때가 있었다. 1981년경 생산성본부에서 근무할 때 파키스탄에 간 적이 있다. 아시아 생산성본부가 주관하는 생산성 관련 세미나에서 우리나라의 노동생산성에 관한 연구결과를 발표하기 위해 회의장이 있는 라호르(Lahore)의 한 호텔에 숙박하고 있었다. 당시 파키스탄은 우리나라와는 외교 관계가 없고 북한의 대사관만 있었다. 출국 전에 미수교국 체재 시의 행동 요령에 대한 특별 교육을 받을 때 혼자서만 시내를 다니다가 북한 사람에게 납치되는 위험성이 있으므로 조심하라는 경고를 받았기 때문에 행동이 조심스러웠다.

회의가 없는 시간에는 호텔방에 앉아 있으려니 답답하고 게다가 날씨는 더운데 냉방시설은 천정에서 천천히 돌아가는 선풍기 한 대 뿐이며, 목이 말라 물을 마시려고 해도 위생 상태를 모르니 마음 놓고 물을 마실 수가 없었다. 시원한 캔 맥주 한잔 생각이 간절하였다. 그러나 이슬람 국가여서 맥주를 파는 곳이 없었다.

생각 끝에 호텔식당에 가서 맥주를 마실 수 있는가하고 물어 보았다. 외국인의 경우 마실 수는 있으나 식당에서 남이 보는 데서 마실 수 없으므로 방에서 혼자 마셔야 한다는 것이었다. 그리고 외국인임을 확인하기 위해서 맥주 구입 신청서를 작성하라면서 서식 한 장을 내주었다. 그 서식에서 요구하는 대로 본인의 여권번호, 국적, 종교는 물론이고 부모의 종교까지 적고 두 병을 주문하였다.

방에 가서 기다리고 있으면 배달하여 주겠다는 말을 듣고 한 잔의 시원한 맥주를 기대하고 있었는데 가져온 맥주는 냉장이 안 된 미지근한 병맥주였다. 크게 실망하며 한 잔을 컵에 따라 마셔 보니 도저히 목을 넘길 수 없었다. 마실 수도 없고 버릴 수도 없이 방구석에 놔두었다가 인도네시아에서 온 사람에게 말했더니 자기는 기독교 신자이므로 마실 수 있다기에 그에게 주고 말았다.

귀국길에 카라치(Karachi)에서 비행기에 올라 음료수를 부탁하자 맥주 한 캔을 주었다. 서둘러 뚜껑을 열고 마시자 메말랐던 목 줄기를 타고 넘어가는 그 시원함이 말로는 표현할 수 없을 만큼 짜릿하였다. 살 것 같은 기분이었다. 맥주 한 잔의 기억이 되살아나 목이 더 말라온다. (2016.7.31. 일, 구름 많음)

포기하지 않는 정신

곤충들도 말복을 알아보는 듯 매미소리가 약해지고 가을의 전령인 풀벌레의 울음소리가 들린다. 하늘은 구름 한 점 없이 파랗고 이따금 부는 바람이 더위를 식혀 준다. 그러나 이 말복 더위를 식혀 주는 정말 시원한 소식은 지구 반대편 브라질의 리우에서 날아왔다.

펜싱 에페급에서 마지막 2분 24초 동안 5연속 득점으로 4점차 승부를 뒤집고 역전 우승한 박상영 군의 포기하지 않는 감투정신이 온 국민에게 더위를 식혀 주는 한바탕의 소나기가 되고 있다. 그는 역전의 감동보다 더 큰 메시지를 전해 주었다. '할 수 있다.' 는 결의와 포기하지 않는 정신력은 우리 국민 모두에게 큰 울림을 주었다.

"모두가 포기하고 있을 때 너만은 포기하지 않았다. 우리도 죽기 전에 포기하지 않을게", "흙 수저의 역전 드라마를 보았다.", "나태하게 살고 있는 내 모습을 반성한다", "긍정의 DNA를 다시 일깨워 주어 고맙다" " 열대야의 사이다 같은 경기" 등이 국민들이 보인 찬사이다.

그렇다. 그가 보여준 포기하지 않는 강한 투지와 결정적인 순간의 몰입은 우리들 모두에게 큰 가르침을 주었다. "할 수 있다, 할 수 있다"고 스스로에게 격려하는 모습은 자신의 능력을 믿는 자신감이며 긍정적인 마음가짐이다. 자신이 흘린 땀의 가치에 대한 믿음이다.

목표 달성을 앞두고 포기하는 것은 그동안 투입한 모든 노력을 물거품으로 만드는 것이다. 50cm만 더 파면 맑은 샘물을 마실 수 있는데 10m에서 포기한다면 그것은 시작을 안 함보다 못한 일이 된다. 역전이나 반전, 기적은 마지막 순간에 일어나는 것이므로 신념을 갖고 시작한 일은 결판을 보는 끈질김을 갖고 마지막 단계의 고난을 이겨낼 때 성공의 단맛을 향유할 수 있다고 생각한다. 쉽게 포기하면 아무것도 이룰 수 없다. 한 번 손을 대면 끝을 보아야 한다.

할 수 있다고 생각하기 때문에 할 수 있다.

- 로마 시인 베르길리우스 (2016.8.11. 목, 맑음)

준비가 곧 예방이다

아침 온도가 18도까지 내려갔다. 불어오는 바람이 한결 시원하다. 날씨가 선선해지면서 악을 쓰듯 울어 대던 매미소리가 사라지고 죽기 살기로 달려들던 날파리도 오늘은 조용하다. 청설모 한 마리가 잣나무에서 잣 방울을 떨어뜨리고 땅위에서 굴려가며 갉아먹고 있다.

그들도 가을이 오고 있음을 알고 겨울 준비에 들어간 것일까? "Providing is preventing. Falling to prepare is preparing to falling" 준비하는 것은 예방과 같다고 했다. 미리 준비하는 것이 생명체가 살아가는데 가장 중요한 것이다. 유비무환이다.

말없이 하늘을 향해 뻗어 있는 나무들을 본다. 아마 가을을 준비하고 다음에 올 겨울을 예비하고 있을 것이다. 자연의 변화에 대비하여 미리미리 준비하며 살기 때문에 나무들은 오랜 기간 생을 유지하고 있는 것이다.

생각에 잠긴 채 걸어가는 내 옆을 스쳐 앞으로 걸어가는 사람이 있어 보니 50대의 남자이다. 나도 그를 좇아 발걸음을 빨리했으나 거리는 점점 멀어지고 숨이 가쁘다. 늙은이가 젊은 사람과 산에서 속도경쟁을 하는 무모함을 깨닫고 곧 나의 평소의 속도로 돌아와 걸으며 생각했다.

"Take no more on than you are able to bear. Do not bite off more than you can chew" 감당할 수 있는 것 이상 떠맡지 말고, 씹을 수 있는 것 만큼만 입 속에 넣어야 한다. 능력을 알아야 한다. 무모하게 덤비다가

넘어지면 모든 것이 끝난다. 씹을 수 있는 양 만큼 입에 넣고 천천히 씹어야 자기 것을 만들 수 있다.

나의 분수에 맞는 생활 속에 앞으로 올 가을을 맞이하자. (2016.8.29. 월, 구름)

벌들이 가르쳐 주는 것

낮에는 불볕더위가 기승을 부리지만 이른 아침엔 다소 기온이 내려가 부는 바람이 시원하다. 요즘 들어 부쩍 목소리가 높아진 풀벌레들의 노래에 귀를 기울이며 산을 내려오는데 갑자기 말벌이 날아올랐다. 깜짝 놀라 급히 피하고 뒤돌아보니 말벌 몇 마리가 참나무 밑둥 주위를 붕붕거리며 날고 있다. 나무 구멍에 집을 짓거나 수액을 먹고 있을 것이다.

산길을 내려오다 텃밭에 가보니 호박꽃 몇 송이가 아침 해를 마주하여 활짝 웃고 있다. 초록색 잎들 사이에 막 피어난 샛노란 꽃은 눈부실 만큼 아름답다. 호박꽃이 이렇게 찬란하게 빛나는 것을 처음 보았다. 한참 넋을 잃고 멍하니 바라보고 있는데 샛노란 황금가루로 단장한 호박벌이 날아오르더니 다른 꽃으로 옮겨갔다. 두 마리 호박벌이 분주히 날아다니는 사이에 주먹보다 큰 호박이 매달려 햇빛을 즐기고 있다.

벌들은 자기들의 생존을 위하여 꽃을 찾아다니지만 그 과정을 통하여 지구 생태계의 유지에 지대한 공헌을 하고 우리 인간의 삶을 지속가능하게 한다. 학자들의 연구에 의하면 만약 지구상에서 벌이 사라진다면 지구상의 생물도 살 수 없게 된다고 한다. 즉 벌이 꿀을 모으는 과정에서 꽃가루를 옮겨 수성을 함으로써 식물은 열매와 씨를 맺어 종속의 번식과 보존이 가능해지는 것이다. 식물이 수정을 못하면 식물은 사라질 것이고 식물이 없어지면 동물도 살 수 없다.

봄이 되면 꽃이 만발한 과수원에서 사람들이 나무에 매달려 인공수정을 하는 모습을 TV를 통해서 본다. 그것은 자연수정을 담당했던 벌들의 수가 줄어들었기 때문이라고 한다. 벌의 개체수가 줄어드는 이유 중에서 가장 중요한 요인이 살충제 때문이라니 우리 인간의 행위가 자연을 파괴하는 것이며 그 업보를 받고 있는 것이다.

나에게 있어서 '벌'하면 떠오르는 생각은 꿀과 벌침이다. 1960년대 중반 어느 초봄, 벌통 몇 개를 가지고 있던 큰 자형이 꿀 따는 날이라며 나를 불렀다. 오랜만에 바람도 쏘일 겸 현장으로 나가 보았더니 샛노란 유채꽃이 봄바람에 물결치며 꿀 향을 쏟아내고 있었다. 꿀벌이 붕붕거리며 날아다니는 가운데 자형은 갓 채취한 신선한 꿀을 양재기에 담아 먹어 보라고 주었다.

꿀 향기를 찾아 날아드는 벌들을 손으로 쫓으며, 돌담 위에 앉아 넓게 펼쳐져 있는 유채꽃밭을 바라보며 천천히 꿀을 마셨다. 그런데 가슴이 따뜻해지면서 몸에서 열이 나고 심장이 뛰는 속도가 빨라지면서 취기가 돌았다. 그 순간 나는 죄스러움을 느꼈다. 내가 막 먹은 꿀은 수많은 꿀벌들이 흘린 땀과 눈물의 결정체이다. 그 꿀을 모으기 위해 벌들은 얼마나 긴 거리를 날아야 했으며 얼마나 많은 꽃을 찾아 헤매었으며 그리고 수없이 많은 날갯짓을 해야 했을까를 생각하며 가슴이 먹먹함을 느꼈다. 동시에 꿀벌들의 근면성과 티끌모아 태산이 된다는 가르침도 함께 배웠다.

또 하나의 벌에 대한 기억은 벌에 쏘인 일들이다. 가을이면 산소에 가서 벌초를 하고 밭 언저리에 자라난 풀을 베었다. 낫으로 풀을 베다 풀숲에 있는 벌집을 건드리면 자기들 집과 새끼들을 지키려는 벌들은 가차 없이 나의 얼굴을 공격하였다.

아차, 하는 사이에 벌에 쏘이면 지체 없이 아랫도리를 내려 손으로 오줌을 받아 벌에 쏘인 부위에 발랐다. 과학적 근거가 있는지 모르겠으나 벌에 쏘인 데는 오줌이 최고라는 민간요법에 따른 것이다. 오줌을 발랐으나 벌독은 나의 눈과 입술을 붓게 하여 찌그러진 얼굴 모양은 보는 사람을 슬프게 하였다. 몸집이 작은 벌들이어서인지 아니면 오줌의 약효 때문이었는지 며칠이 지나면 얼굴은 제 모습을 찾고 약간의 가려움증만 남겼다.

벌은 가족과 자기 보금자리를 지키기 위해 벌침이라는 무기를 갖고 있으며 모든 생물들도 살아가기 위해 자신만의 독특한 무기를 갖고 있다. 나는 이 세상을 살아가기 위해 무슨 무기를 갖고 있는가를 다시 생각해 본다. (2016.9.5. 월, 맑음)

외골수 정신

남해안에는 태풍 '차바'가 몰아치는데 이곳은 학교 가기 싫은 아이가 부모님의 야단을 맞고 어쩔 수 없이 느릿느릿 걸어가는 것처럼 마지못해 내리는 듯한 비가 성글게 내리고 있다. 우산을 접고 몇 방울씩 떨어지는 비를 즐기며 산길을 걷고 있다.

빗방울이 떨어지는 소리, 풀벌레 소리, 이따금 불어오는 바람에 가볍게 흔들리는 나뭇잎들의 속삭임에 귀를 기울여 본다. 자연의 소리다. 그 소리 하나하나가 제각각 다른 소리다. 자연의 모습도 소리도 제각각으로 모두가 다르다. 이것이 자연이다. 사람도 마찬가지다. 모습도 생각도 살아가는 방법도 각각 다르다.

일본인 학자가 올해도 노벨상을 받았다. 일본인이 받은 노벨상은 지금까지 모두 25개이며 과학 부문만 22개이다. 일본인이 이렇게 많은 과학 부문 노벨상을 받을 수 있는 바탕에는 '헤소마가리' 정신 즉 외골수 정신이 있다고 한다. '헤소마가리'란 다른 사람이 뭐라 하든 말든 자기 식으로 외길을 가는 고집불통을 의미한다.

이번에 생리의학상을 받은 도쿄공대 오스미 교수는 autophagy(자기포식)연구로 상을 받았다. 오토파지는 세포가 자기 안에 쌓인 단백질 노폐물을 청소하는 일을 한다고 하며 이 기능이 제대로 작동 안 되면 몸에 노폐물이 쌓여 암이 되거나 치매나 파킨슨병을 일으킨다고 한다. 이 분야는 그

물관과 미술관에 가서 손으로만 만져 보던 위대한 예술품을 눈에 담고, 저녁에는 영화를 보며 관객들과 함께 울고 웃으며 공감해 보고 싶다고 하였다.

마지막 날, 뉴욕의 거리로 나가 평범한 일상을 살아가는 사람들을 보고 강 위를 지나가는 배, 도시의 건물과 상점의 물건 등을 보고 싶다고 하였다. 그렇게 3일이 지난 뒤 켈러는 기적이 가져다 준 멋진 추억을 떠올리며 감사의 마음으로 다시 어둠으로 돌아가겠다고 썼다. 모두가 우리가 일상적으로 보는 광경들이다. 그가 그렇게 보고 싶어하는 것을 나는 시시하게 생각하고 더 아름다운 것만 찾고 있다.

그는 "내일 듣지 못하는 사람이 될 것처럼 아름다운 음악을 듣고, 내일 아름다운 꽃향기를 맡지 못하는 사람이 될 것처럼 꽃향기를 맡고, 내일 촉각이 마비될 사람처럼 사물을 만지라"고 덧붙였다. 안일하게 살아가는 나의 삶의 태도에 대한 경종으로 들린다.

내 주변의 모든 사물을 소중히 여기고 매일매일의 일상사에 애정을 가지고 충실하게 살아야겠다. 눈 내린 산을 둘러본다. 생각을 바꾸니 눈에 보이는 모든 것이 아름답고 귀에 들리는 새소리가 예사롭지 않다.
(2016.12.29. 목, 맑음)

일출

정유년 새 아침이다. 산에는 엷은 안개가 흐르고 회색 구름이 하늘을 가렸다. 새해 일출을 보려는 사람들이 삼삼오오 일행을 이루어 산을 오르내리고 있다. 구름에 가려 일출을 보지 못한 사람들의 얼굴은 밝지 못하다.

산마루에 올라보니 몇 사람이 의자에 앉거나 서서 무엇인가를 마시고 있다. 나를 본 아주머니가 생강차 한 잔 마시라며 권하기에 받았다. 내가 종이컵에 든 생강차를 막 마시려고 컵을 입에 대는 순간 그 아주머니가 "와! 나왔다"하고 환성을 질렀다. 깜짝 놀란 나는 무엇이 나왔나하고 일행이 시선이 향하는 곳을 보았다.

불그스름한 해가 얇은 구름 사이로 얼굴을 내민 것이다. 스마트 폰을 들고 사진 찍느라 야단인 가운데 해는 곧 구름 속으로 사라졌다. 극히 짧은 순간 얼굴을 보여주고는 사라진 해! 일출시간에 맞추어 산에 올랐던 사람은 외면하고 약간 늦게 올라와 차를 마시던 사람들에게만 짧게 보여 주고는 해는 구름 속에 몸을 숨기고 다시는 나오지 않았다. 그 짧은 순간을 카메라에 담은 사람들은 순간의 기회를 잡았다고 희희락락하며 산을 내려간다.

나는 매일 산에 오르면서 수많은 일출을 본다. 일출의 모습은 매일 다르다. 새빨간 불덩이 같은 해, 잘 익은 홍시 같은 해, 미세먼지에 가린 노란 해, 떠오르면서부터 하얗게 부서지며 눈부시게 빛나는 해 등 여러 가지 해의 모습을 본다. 그 중에서 내가 제일 좋아하는 일출은 구름을 뚫고 장엄하게 솟아오르는 해다. 구름이라는 시련과 장애를 뚫고 나온 해는 내공을 안으로 간직한 듯 불타는 정열을 품고 있으나 눈부시지 않아 친근감을 자아내어 자꾸만 쳐다보게 된다. 큰 품 안으로 모든 것을 끌어안아 줄 것 같은 너그러움을 갖고 있다.

모든 시련과 고난을 이겨내고 마침내 뜻을 이룬 사람을 보는 것 같은 감동을 받는다. 구름이라는 장애를 받지 않고 떠오른 해가 온실 속에서 피어난 꽃이라면 구름을 뚫고 솟아난 해는 황야에 핀 들꽃처럼 보인다. 그러나 그 향기는 벌판 멀리 있는 벌 나비를 부른다. 온실에서 피어난 꽃은 겉은 아름다우나 향기를 뿜어내는 내공이 약하다.

진한 향기를 뿜어내려면 찬바람 눈 비 천둥과 번개 목마름과 배고픔을 겪어봐야 한다. 고난과 좌절을 경험해 봐야 한다. 많은 체험을 해봐야 한다. 황야를 걸어 보아야 한다. 그런 시련을 통해 생각은 깊어지고 눈은 밝아지며 가슴은 넓어진다.

사람들은 굴곡 없는 평탄한 삶을 희구한다. 그러나 그런 삶에서는 인생의 깊은 뜻을 경험할 수 없다. 땀과 눈물을 바탕으로 우뚝 일어설 때 모든 사람의 찬사와 존경을 받을 수 있다.

새해 새 아침에 뜨는 해라고 다른 해가 아니다. 다만 그 해를 바라보는 사람들의 생각이 다를 뿐이다. (2017.1.1. 일, 흐림)

미래를 향한 소망

너의 인생을 걸고 도전하고 싶은 일이 무엇이냐?

어렸을 때 너희들은 이런 질문을 많이 받았을 것이다. "커서 뭐가 될래?" 이 물음에 어떤 대답을 했는지 기억하고 있느냐?

지금까지 너희들은 부모님의 보살핌 아래 성장하여 왔다. 온실에서 키우는 식물과 다름없었다. 그러나 너희들은 곧 황야로 나가 뜨거운 햇빛과 몰아치는 광풍과 맞서야 한다. 홀로 걸어가야 하고 혼자 헤엄쳐야 한다.

이제 10대 후반의 너희들에게 다시 묻겠다. 너의 인생의 목표가 무엇이냐? 무슨 일을 하고 싶으냐? 어떤 사람이 되고 싶으냐? 이 물음에 얼른 대답이 안 나올 것이다. 왜냐면 쉽게 대답하기에는 너무나 어려운 인생이라는 긴 항해의 과정과 도달할 목표와 관련된 문제이기 때문이다.

사람의 일생을 배를 타고 험한 파도를 건너는 것과 같다고 말한다. 험한 파도를 헤치고 나가려면 크고 단단한 배가 필요하고 어떤 어려움도 극복할 수 있는 선장이 있어야 한다. 그 배를 만드는 것도 본인이고 선장도 본인이다.

너의 인생항로를 책임질 너는 무슨 배를 타고 어디로 항해하려고 하느냐? 모든 일은 '나'로부터 시작된다. 나의 발밑에서 시작된다. 나를 모르면 아무것도 모르는 것이다. 내가 무엇을 할 수 있는가가 누구인가를 말해 주는 것이다. 너는 어떤 사람이냐?

공책과 펜을 꺼내 '나'가 누구인지, 무엇을 할 수 있는지 적어 보아라. 처음에는 막연할 것이다. 우선 이름을 적고, 생년월일을 적어라. 이름의 무게를 느껴보고 인생 80세를 기준으로 어느 시점에 서 있는가를 점검하고 지나온 시간과 앞으로 맞이할 미래가 어떻게 되어야 할 것인가를 깊이 생각해 보라. 부모님과 형제들 그리고 가까운 친척의 이름을 써 보아라. 가족관계에서의 너의 위치가 어떤 것인가를 생각해 보아라.

또한 네가 살고 있는 우리나라는 어떤 나라인가를 생각해 보아라. 과거와 현재 미래를 생각하고 너는 너의 조국을 위해 무슨 일을 하고 싶으며 무슨 일을 할 수 있다고 생각하느냐? 인류의 현재와 미래를 내다보며 네가 공헌할 수 있는 일이 무엇인가를 생각해 보라. 그래서 너의 사명을 도출하라. 모든 사람은 수행해야 할 사명을 갖고 있다.

다음은 너의 관심분야와 개성과 재능에 대해서 적어 보아라. 너는 무슨 생각에 자주 빠지는가, 네게 무엇이 가장 중요하게 생각되는가, 무엇을 할 때 가장 즐거운가, 무엇이 가장 견디기 어려운가? 관심이 많은 분야가 무엇이며 잘 할 수 있는 일, 해 보고 싶은 일, 좋아하는 일 등을 자세히 적어라.

해 보고 싶고 좋아하나 그 일을 하는데 장애요인이 있다면 그 장애요인을 적어 보라. 너는 어떤 성격을 갖고 있느냐? 성급한 편인가, 침착한 편인가, 활동적인가 아닌가, 참을성은 어떤가 등등 생각나는 대로 적어라.

그런 다음 너의 재능과 적성을 정리해 보라. 자신을 제대로 인식해야 자신이 갈 길을 알 수 있다.

경제와 산업 그리고 사회 상황의 변화 추이를 정확히 파악해야 한다. 변화에 따라가지 못하거나 너무 앞서 가서도 사회에 적응할 수 없다. 앞으로 다가오는 4차산업혁명 시대에는 어떤 일이 각광을 받을 수 있으며 어떤 일이 사라질 것인가를 예측해야 한다.

'너' 가 생각하는 너의 사명과, 너의 적성과 재능에 가장 적합한 분야 그리고 시대의 변화를 고려하면서 무슨 일을 하는 것이 너의 인생을 걸고 도전하고 싶은 일인지 심사숙고하라. 이 과정에서 훌륭한 멘토의 의견을 경청하라. 그러나 최종결정은 너의 몫이다. 너의 인생항로의 선장은 너이기 때문이다.

이제 다시 묻겠다. 너의 인생을 걸고 도전하고 싶은 일이 무엇이냐?

인생 계획을 세워라

항해를 하든, 높은 산을 오르든, 여행을 하든 계획이 있어야 그에 따른 준비를 하고 출발할 수 있다. 여행 계획의 바탕은 가고자 하는 목적지이다. 마찬가지로 인생이라는 긴 항해도 목표가 확실하게 정해져야 인생 계획을 세울 수가 있다. 앞에서 너는 일생을 걸고 도전할 과제를 선정했다. 지금부터는 그 과제를 완수하기 위한 인생 설계를 시작해야한다. 백화점을 설계한다고 가정하면 건설 부지의 면적, 관계 법령, 주변 여건 등을 고려하여 최적의 규모를 정해야 할 것이다. 즉 몇 층의 건물을 지을 것인가를 정해야 한다. 그게 정해져야 기초공사에서부터 완공에 이르는 설계가 가능하다. 설계서 없이 집을 지을 수 없는 것과 같이 인생 설계서 없이 눈감고 인생을 살 수 없다.

너가 달성하고자 하는 최상위 목표가 무엇이냐? 마지막 단계에 이르고자 하는 목표가 확고하게 정해져야 거기에 도달하기까지의 상위 목표 하위 목표가 단계적으로 수립될 수 있다. 몇 년이면 건설하는 백화점도 각 단계별 중간 목표와 일정 등 치밀한 계획을 세우고 추진하는데 하물며 전 인생을 걸고 도전하는 인생 계획에는 좀 더 세분된 목표 체계가 확립되어야 한다. 그러기 위해서는 매우 신중하면서도 단호한 결의를 가지고 최상위 목표를 정해야 한다. 중간 목표들은 추진 과정에서 수정이 가능하다. 그러나 최종 목적지가 흔들리면 방향을 잃고 방황하게 된다. 하위 목표는 연필로 써도 되지만 최상의 목표는 잉크로 써야 한다.

최상위 목표는 높게 잡아야 한다. 갖고 있는 능력을 모두 동원해야 달성할 수 있는 도전적인 목표라야 한다. 도전적인 목표일 때 하고자 하는 의욕이 생기고 뜨거운 열정이 샘솟는다.

다음은 최종 목표에 이르는 중간 단계의 목표를 설정하라. 가장 하위 단계의 목표는 많은 노력이 없어도 달성 가능한 것이 좋다. 작은 성공을 경험할 때 할 수 있다는 자신감을 가지게 되고 추진력이 강해 진다.

일본 최고의 자산가가 된 소프트뱅크 손정의(孫正義, 1957~) 사장이 19세때 세웠다는 '인생 50년 계획'은 많은 사람들에게 가르침을 주고 있다. 요약하면,

그는 세계적인 기업을 세운다는 인생목표를 달성하기 위해 20세에 회사를 세우고, 30대에 천억~2천억을 모으며, 40대에 승부수를 던지고, 50대에 사업을 완성해 60대에 다음 세대에 사업을 넘긴다는 것을 중간 목표로 하였다. 계획대로 그는 1974년에 고등학교를 중퇴하고 미국으로 가서 1979년 대학 재학 시 자기가 개발한 자동번역기를 팔아 받은 1억엔(약 10억)으로 소프트웨어 업체를 차렸다. 일본으로 돌아온 그는 24세인 1981년 소프트웨어 유통업체 소프트뱅크라는 회사를 설립한 후 1996년 미국 야후와 함께 야후재팬을 설립하였으며 2000년대 들어 일본텔레콤 등 통신업체를 인수하며 통신사업에 본격 진출하였다. 2008년에는 애플과 아이콘 공급 파트너십 계약을 하는 등 글로벌 투자에 나서고 있다.

손 사장은 재일 한국인 3세로서 1957년 일본 규슈 사가현에서 재일 한국인이 모여 사는 무허가 판자촌에서 태어났다. 어린 시절 '한국인'이라는 이유로 주변으로부터 놀림과 차별을 받았지만 열심히 공부하여 명문 고등학교에 입학했고, 1년 후 중퇴하여 미국으로 건너가 2주 만에 검정고시로

고등학교 과정을 마치고 미국 명문대학 UC버클리 경제학과를 졸업했다. 아르바이트 직원 2명으로 시작한 소프트뱅크는 경영난으로 폐업 위기를 여러 번 겪었지만 끝내 이겨내어 오늘의 세계적 재벌의 모태가 되었다.

미래를 예측해 과감한 투자를 적중시키는 것으로 유명한 그는 '일본 IT 업계의 전설, 세계에서 가장 공격적인 투자를 하는 기업가, 도전의 아이콘' 등으로 불리고 있다.

그로부터 인생 계획의 중요성과 과감한 실천력, 그리고 굽힐 줄 모르는 열정과 시대의 흐름을 읽는 혜안을 배워야 할 것이다.

이 세상에 태어나서 이루고자 하는 확고한 목표를 세우고 거기에 이르는 항로를 정해 비바람과 높은 파도를 헤치며 앞으로 나아가라. 모든 일은 타이밍이 중요하다. 지금이 바로 그 때이다.

문제는 도전이다

설계서가 있다고 집이 저절로 지어지는 것은 아니다. 공사에 착수해야 한다. 공사의 시작은 기초공사이다. 기초가 견고하지 않으면 높은 건물을 지을 수 없다. 건축 과정에 허물어지거나 다 지어 놓고도 쓸모없는 건물이 될 수 있다.

인생계획서 실행의 첫 단계는 기본 실력을 다지는 것이다. 운동선수가 되려면 기본기와 체력을 길러야 할 것이며, 학문의 길로 들어서려면 기본 과목을 충실하게 공부해야 하고, 사업에 뜻을 두면 그 사업과 관련된 전문 분야를 익혀야 할 것이다. 기초가 허약하면 긴 항로를 헤쳐 나가기가 어렵고 가다가 넘어질 수 있다. 나무를 베려면 톱부터 갈아야 쉽게 나무를 벨 수 있다. 무딘 톱으로 나무를 베려면 시간과 정력이 몇 배 소모된다. 톱을 날카롭게 가는 게 기본 실력을 다지는 일이다.

인생항로를 항해하여 목적지에 도달하려면 열정과 끈기가 있어야 한다. 열정 없이는 무수히 다가오는 시련과 고난을 이겨 나가기가 어렵다. 열정은 강한 신념에서 나온다. 자기가 하는 일에 대한 확신과 '할 수 있다'는 긍정적이고 낙관적인 자신감에서 비롯된다. 할 수 있다고 생각해야 할 수 있다. 마음 속에서 계속 다짐해야 한다. 매일 일기를 쓰며 스스로 독려하며 용기를 충전해야 한다.

열정과 더불어 끈기가 있어야 한다. 끈기는 한번 결정한 사항을 조용히

밀고 나가는 결단력이며 의지력과 인내심을 바탕으로 한다. 장애물 앞에서 포기하지 않는 집요함이요 완강함이다. 끈기는 습관과도 밀접한 관련이 있다. 끈기를 방해하는 나쁜 습관을 버리고, 시작하면 끝장 보는 습관을 몸에 익히는 것이 중요하다. 책을 읽기 시작하면 재미가 없어도 끝까지 독파하는 일도 도움이 될 것이다. 끈기는 정신적 근육이다. 연습하고 훈련하면서 키워야 한다.

미국 펜실베니아대학 심리학과 교수인 앤절라 리 더웍스(Angela Lee Duckworth)는 그의 베스트 셀러 《Grit(그릿)》에서 성공한 사람들의 남다른 점은 열정과 결합된 끈기 있는 사람들이었다고 썼다. 그리고 수많은 성공사례를 분석해보니 끈기가 강한 사람이 지능이 최상위권이면서 끈기가 다소 부족한 사람보다 성공 확률이 높게 나타났다는 것이다.

끈기에는 꾸준함이 따라야 한다. 일정한 리듬을 유지해야 한다. 꾸준함의 중요성을 설명해 주는 예를 하나 들겠다. 너희들은 남극점을 누가 최초로 정복했는지 알고 있느냐? 답은 아문센이다. 1911년 10월 인류 사상 첫 남극점 정복을 놓고 로알 아문센과 로버트 스콧이 세기의 대결을 벌였다. 아문센은 1911년 12월 14일, 스콧은 아문센 보다 한달 늦은 1912년 1월 17일 남극점에 도착했다. 아문센의 압도적 승리였다. 패배한 스콧에겐 더 큰 비극이 기다리고 있었다.

남극점에 뒤늦게 도착한 후 모든 힘이 소진되어 눈 속에 갇혀 빠져나오지 못하고 전원 사망하고 말았다. 이 대결에서 승패를 가른 것은 꾸준함이 차이였다.

아문센은 날씨에 관계없이 매일 20마일(약 32km)씩 꾸준히 행군했다. 날씨가 좋은 날도 20마일, 눈보라 치는 험한 날씨 속에서도 사투를 벌여가며 20마일을 전진했다. 날씨가 좋은 날에는 자신감과 여유를 가지고 궂은 날에 대비했다.

그러나 스콧 팀은 날씨가 좋은 날은 체력이 고갈될 때까지 대원들을 혹사하여 30마일을 전진하다 날씨가 나빠지면 텐트 안에서 시간을 보냈다. 날씨가 좋은 날에도 힘들고 나쁜 날에도 힘들었다. 꾸준해야 리듬을 유지할 수 있다. 리듬을 유지해야 오래 멀리 갈 수 있다.

열정과 끈기를 무기로 하여 인생 계획의 실현에 과감히 도전하라. 그러면 반드시 높은 봉우리는 너의 발아래 있을 것이다.

세상 어떤 일도 끈기를 대신 할 수 없다. - 맥도날드 창업자, 레이 크록 (1902~1984)

자신과 자손의 운명에 영향을 주는 하루하루의 삶

인생의 행복과 불행, 성공과 실패를 좌우하는 것은 무엇이라고 생각하느냐? '운칠기삼(運七技三)'이라는 말이 있다. 잘 되고 못 되는 것은 운명이 70%이고 자기 노력은 30%라는 의미로 해석할 수 있다. 이 말은 지나치게 운명의 역할을 과대평가하고 자기의 노력을 과소평가하는 운명론적 자세라고 하고 싶다.

'자업자득'이나 '뿌린 대로 거두리라' 는 말도 있다. 모두 자신이 어떤 노력을 했느냐에 따라 그 결과가 다르므로 좋은 결과를 얻으려면 열심히 노력해야 함을 강조하는 인과론적 견해라고 생각한다. 너희들의 생각은 어떠하지 궁금하다. 나의 생각을 말한다면 운명적 요인 30%, 인과적 또는 환경적 요인 60%, 우연적 요인 10%라고 생각하고 있다.

내가 생각하는 운명적 요인이란 일반적으로 말하는 사주팔자가 아니라 내가 대한민국이라는 나라에서 부모님의 유전자를 받아 1940년에 태어났다는 운명적 사실을 말하는 것이다. 이 사실은 어떠한 해석도 필요 없으며 바꾸려 해도 바꿀 수 없는 숙명이다. 내가 1940년에 우리나라에서 태어났기 때문에 일제의 식민지배하에서 제2차 대전을 경험하고 해방과 4·3사건 그리고 6·25 등의 역사적 격변기를 살아야했으며, 3녀 2남중 장남으로 태어났기 때문에 다른 형제들과는 다른 삶을 살아야 했다.

그리고 부모님으로부터 물려받은 유전적 요인이 나의 신체적 조건이나 지능과 재능, 성격 등의 형성에 기본이 되었다. 따라서 나는 태어나서 오늘에 이르기까지 이 운명의 영향을 벗어날 수 없었다.

동시에 오늘의 나는 매일매일 생각하고 말하고 행동하는 모든 일들과, 성공하고 좌절하는 가운데 희 노 애 락을 체험하고, 때로는 열정과 인내심을 발휘하여 열심히 살기도 했으며, 때로는 오만과 나태함을 후회하고 성찰하면서 살아온 삶의 축적이라는 점에서 인과론적 존재이다. 즉 오늘의 나는 운명적 요인과 매일매일의 생활 과정이 섞이면서 만들어낸 결과물이라고 생각한다.

여기서 내가 중요하게 생각하는 점은 사람의 운명에 지대한 영향을 미치는 유전적 요인은 고정불변이어서 물려받은 유전자의 지시대로 살다가 그대로 후손에게 물려줘야 되는 것인지, 아니면 우리의 삶의 내용에 따라 긍정적이든 부정적이든 유전 형질에 어떤 영향을 주고 그래서 그 유전자를 자손에게 물려줄 수 있느냐 하는 점이다.

지금까지 과학자들은 유전자는 세포분열 과정에서 아주 드물게 일어나는 돌연변이에 의한 변형 외에는 대부분은 변하지 않으므로 인간은 물려받은 유전자에 그려진 대로 살아가게 된다는 유전자 불변설을 말하였다. 그러나 최근에 각광을 받고 있는 후성 유전은 우리가 이미 알고 있듯이 유전자는 자식 세대에 그대로 전달되지만 특정 시기 먹고 마시고 경험한 일에 따라 특정 유전자에 스위치가 켜지거나 꺼진 채로 자식에게 전해진다는 연구 결과를 발표하고 있다.

이 분야의 권위자인 네사 캐리 영국 런던 임페리얼 칼리지 교수는 그의 저서 〈유전자는 네가 한 일을 알고 있다〉에서 "유전자는 판박이를 찍어내는 '주형(鑄型)'이 아니라 연극의 '대본' 같은 것"이라고 말하고 있다. 같은 대본이라도 어떻게 연출하느냐에 따라 전혀 다른 작품이 나오는 것처럼 동일

한 유전자라도 어떤 스위치가 켜지고 꺼지는가에 따라 완전히 다른 운명을 만들어 낸다는 것이다. 여왕벌은 일벌과 유전자로는 100%로 동일하나 생후 3일간 로얄제리를 먹은 벌은 여왕벌이 되어 수년 간 살지만 먹지 않은 벌은 일벌이 되어 2~3주 밖에 못 산다. 특정 시기에 무엇을 먹었느냐에 따라 운명이 확연히 달라진 것이다.

사람도 다르지 않다. 제2차 대전 말기 덴마크에서는 6개월 동안 대기근이 발생했다. 이 기간 태어난 아이는 체중이 크게 줄었다. 이는 당대에만 영향을 준 게 아니었다. 이들은 이후 영양에 전혀 문제가 없었지만 이들이 성인이 되어 낳은 자식의 체중에도 영향을 미쳤다. 후성유전의 변형은 최소 4대까지 영향을 미친다는 것이다.

샤론 모알렘은 그의 저서 〈유전자, 당신이 결정한다〉에서 "트라우마 등 심리치료를 마치고 괜찮아졌다고 느끼고 난 오랜 후에도 우리들의 유전자는 그 경험을 절대 잊지 않고 있다" 그리고 "우리의 일상에서 하는 선택이 다음 세대 그리고 그 다음의 세대까지 큰 차이를 낳을 수 있다"고 말하고 있다.

후성유전자의 변형은 부정적인 방향으로만 일어나는 것이 아니라 긍정적인 방향으로도 일어난다고 한다. 즉 올바른 생활에 따라 나쁜 유전자는 스위치가 꺼지고 좋은 유전자는 스위치가 켜진 활성화 된 유전자를 자식세대에게 물려줄 수 있다는 것이다.

우리는 지금까지 유전에 대해 우리 힘으로 어찌해 볼 수 없는 운명적인 것으로만 생각해 왔다. 그러나 이제부터는 후성유전의 중요성을 의식하며 먹고 마시고 말하고 행동하는 모든 활동이 좋은 방향으로 유전자에 영향을 미칠 수 있도록 생각하는 삶을 살아야 하겠다.

너희들의 하루하루의 삶이 너희들의 운명뿐만 아니라 자손 세대의 운명에 까지 영향을 미친다는 엄숙한 사실을 명심하고 자손에게도 부끄럼 없는 삶을 살도록 노력해야 할 것이다.

명심하라! 유전자는 네가 한 일을 기억하고 있다. 그리고 네가 오늘 한 일이 너의 자손에까지도 영향을 미칠 수 있다.

* 세상의 훌륭한 가문 중에 덕을 쌓지 않은 가문이 없고, 천하에서 첫 번째 꼽아야 할 훌륭한 일은 공부하는 자세이다.

타산지석(他山之石)이 되길 바라며

지금부터 20여 년 전 나는 너희들의 어머니가 결혼하기 전에 〈시집가는 딸에게 보내는 아버지의 편지〉라는 글을 써 결혼을 준비하는 마음, 한 가정의 주부로서의 마음가짐, 태교와 가정교육, 어떻게 살 것인가 등 에 대한 나의 생각을 전해 준 바가 있다. 그 글을 쓴 목적은 "한 사람의 신사를 키우기 위해서는 3대에 걸친 노력이 필요하다"는 영국의 격언에 공감하였기 때문이다. 그 글이 너희들을 낳고 키우는데 어떤 영향을 미쳤는지는 알 길이 없다. 그러나 부정적인 영향을 끼치지는 않았을 것이라고 믿고 싶다.

이제 너희들은 10대 후반의 나이가 되었거나 곧 될 것이다. 이 글이 너희들에게 어떤 의미가 있을지 모르겠다. 다만 나이 많은 할아버지가 귀여운 손자들이 하나의 인간으로서 훌륭하게 살아가기를 바라는 간절한 소망의 글이며, 동시에 너희들 몸 속에 살아 숨 쉬고 있는 유전자의 25%를 물려준 자로서의 책임감도 포함되어 있음을 알아주었으면 한다. 이 글의 내용을 이해할 수 있는 10대 후반이 되거든 한 번 읽어 보도록 하여라.

내가 살아온 세상과 너희들이 살고 있고 또 앞으로 살아갈 세상은 너무나 다르다는 것을 잘 알고 있다. 그리고 나는 성공적인 삶을 살지도 못했다. 따라서 나의 이야기가 너희들 삶에 별 도움이 안 될 것이라는 것도 안다. 그러나 옛말에 타산지석(他山之石)이라는 말이 있다. 다른 산에서 나오는 돌도 내 산에서 캐낸 옥을 갈고 다듬는 데 쓸모가 있다는 말이다. 다시 말하면 나와 관계없이 보이는 것도 잘 활용하면 도움이 된다는 뜻이다.

사람의 생활은 문명의 이기(利器)에 따라 생활 방식은 다르지만 사람과 사람이 어우러져 사는 점에 있어서는 5천 년 전이나 오늘이나 그리고 앞으로도 큰 차이가 없을 것이다. 그런 점에서 이 글은 어떤 생각을 갖고 읽느냐에 따라 너희들에게 어떤 의미가 있을 수도 있고 없을 수도 있다.

내가 바라는 것은 너희들이 살다가 어느 순간 문득 나의 이야기의 어느 마디가 떠올라 때로는 격려가 되고 때로는 희망과 용기를 주고 , 때로는 한 줄기 위안이 되었으면 하는 것이다.

또한 먼 훗날 너희들의 아들과 딸들에게 어떤 부모가 되고 싶은지, 그리고 할아버지가 되었을 때 손자들에게 무슨 이야기를 들려주고 싶은가도 생각하면서 살아라.

과거가 있으므로 오늘이 있고 오늘의 삶이 내일을 만드는 것이라면 먼 미래상을 가지고 오늘을 살 때 보다 의미 있는 오늘이 될 것이다. 나는 지금 이 순간에도 너희들의 빛나는 미래상을 그려보고 있다.